主　　编：罗勇兵　江西省社会科学界联合会党组书记、主席
执行主编：刘清荣　江西省社会科学界联合会党组成员、副主席
副 主 编：赵华伟　江西省社会科学界联合会学术中心主任
　　　　　姚　婷　江西省社会科学界联合会学术中心副主任
　　　　　刘忠林　江西省社会科学界联合会学术中心副研究员

智汇

2021

江西省情调研成果选编

主　　编　罗勇兵

执行主编　刘清荣

副 主 编　赵华伟　姚　婷

　　　　　刘忠林

图书在版编目（CIP）数据

智汇·2021江西省情调研成果选编/罗勇兵主编.--南昌：江西人民出版社，2021.12
ISBN 978-7-210-13521-0

Ⅰ.①智… Ⅱ.①罗… Ⅲ.①区域经济发展—研究成果—汇编—江西—2021 ②社会发展—研究成果—汇编—江西—2021 Ⅳ.①F127.56

中国版本图书馆CIP数据核字（2022）第010017号

| 智汇·2021江西省情调研成果选编 | 罗勇兵 主编 |

ZHIHUI:2021JIANGXI SHENGQING DIAOYAN CHENGGUO XUANBIAN

责 任 编 辑：吴艺文
装 帧 设 计：章　雷

 出版发行

地　　　　址：江西省南昌市三经路47号附1号（330006）
网　　　　址：www.jxpph.com
电 子 信 箱：wuyiwen008@126.com
编辑部电话：0791-86898470
发行部电话：0791-86898893
承　印　厂：南昌市红星印刷有限公司
经　　　　销：各地新华书店

开　　　　本：787毫米×1092毫米　1/16
印　　　　张：19
字　　　　数：270千字
版　　　　次：2021年12月第1版
印　　　　次：2021年12月第1次印刷
书　　　　号：ISBN 978-7-210-13521-0
定　　　　价：66.00元
赣版权登字—01—2021—843

―――――――――――――――――――――――――――

版权所有　侵权必究
赣人版图书凡属印刷、装订错误，请随时与江西人民出版社联系调换。
服务电话：0791-86898820

前　言

党的十八大以来，习近平总书记高度重视哲学社会科学事业，号召广大哲学社会科学工作者积极为党和人民述学立论、建言献策，担负起历史赋予的光荣使命。

2021年，在江西省委省政府的正确领导下，江西省社会科学界联合会充分发挥"联"的优势，聚焦"作示范、勇争先"的目标定位，立足新时代江西改革发展的具体实践，组织引导省情研究特聘专家围绕全省经济社会发展的重大理论和现实问题，深入典型地区、典型领域、典型行业开展调查研究，推出了一批高质量、有影响的优秀省情调研报告，提出的政策建议得到省领导肯定性批示和有关部门的采纳和应用。

为进一步用好调研成果，编者从众多优秀的成果中精选了29篇，编辑成册、结集出版，以便为更多的专家学者提供借鉴和参考，凝聚社科研究力量。入选的优秀成果中，有15篇由省社联省情调研课题组提供。全书按内容分为改革创新、开发开放、绿色发展、重点产业、农业农村、文化旅游六个部分，比较直观地展示了一年来省情研究特聘专家坚持以习近平新时代中国特色社会主义思想为指导，紧跟中央和省委决策部署，唯实求真、协力创新，努力为全省经济社会发展出良策、建真言的探索和实践。

当前，"十四五"已全面开启，江西发展正处于厚积薄发、爬坡过坎、转型升级的关键阶段。新征程、新任务对哲学社会科学赋予了更光荣的使命，提出了更高的要求。今后，江西省社会科学界联合会将进一步团结带领全省社科界专家学者围绕中心服务大局，深入基层一线开展蹲点式调研、跟踪性研究，推出更接地气、更高质量的研究成果，为描绘好新时代江西改革发展新画卷，携手书写全面建设社会主义现代化江西的精彩华章提供理论支撑和智力支持。

目 录

改革创新

003　深化技术要素市场化配置改革　提升"十四五"时期江西省科技创新能力……………………省社联省情调研课题组

014　以数字化提升江西产业链现代化水平研究
……………………省社联省情调研课题组

024　实施更大规模减税降费政策后江西平衡财政收支矛盾的关键举措………………………省社联省情调研课题组

039　大力发展平台经济　为江西"换道超车"打造"高速路"
………………………彭峰　陈闽熔　曹强　欧阳锦

046　抢抓战略性重组的重大机遇　加快破解江西省国家重点实验室建设困境………………季凯文　王文强　陈熹

开发开放

057　补短板　通"堵点"　把江西打造为全国构建新发展格局的重要战略支点………………省社联省情调研课题组

067　打通江西省现代流通体系建设堵点的对策建议
……………………省社联省情调研课题组

| 076 | 江西打造赣粤高铁经济带的前瞻性思考与建议
……………………………………………………钟业喜 郭嘉慧 |

| 084 | 以建设国家陶瓷文化传承创新试验区为契机 加快推进景德镇新型美丽人文城市建设……………熊花 |

| 093 | 坚持创新核心地位 打造国内一流中医药科创城的策略研究………………中医药与大健康发展研究院课题组 |

绿色发展

| 105 | 江西"两山"双向转化的难点与建议
………………………………………省社联省情调研课题组 |

| 114 | 摸清企业能源利用情况 打好能源双控攻坚战
………………………………赵波 卢星星 罗小娟 黄信灶 |

| 120 | 警惕运动式减碳 有序推进江西省碳达峰碳中和行动
……………………………………………………钟静婧 李娟 |

| 126 | 紧抓内陆自贸区机遇 推进江西省"三品一标"绿色食品强链补链………………………………肖文海 杨头平 |

重点产业

| 135 | 加快构建具有江西特色现代制造产业体系的几点认识与建议………………………………省社联省情调研课题组 |

| 149 | 紧抓产业链关键环节建设 吸引电子信息制造业快速向江西转移………………………省社联省情调研课题组 |

| 164 | 数字经济背景下重塑"江西制造"辉煌的策略建议 …………………………………………… 陈春林 卢翔宇 邹慧 |

| 178 | 借鉴兄弟省市发展中医药创新举措 推进江西省中医药创新发展……………………………… 省社联省情调研课题组 |

| 186 | 明晰航空服务业体系构架 促进江西省航空服务业高质量发展………………………………… 省社联省情调研课题组 |

| 195 | 构建江西省"十四五"通航产业快速发展新优势 …………………………………………… 黄蕾 钟质文 王志国 |

农业农村

| 211 | 江西省农村集体产权制度改革成效评估与深入路径研究 ………………………………………… 省社联省情调研课题组 |

| 220 | 加快构建江西省乡村振兴新格局的新情况及因应之策 ……………………………………………………… 郑瑞强 |

| 228 | 江西加强畜禽种质资源保护与利用的对策建议 ………………………………………… 省社联省情调研课题组 |

| 236 | 借鉴重庆经验 推动江西省"十四五"丘陵山区农田宜机化改造的若干建议……………… 池泽新 彭柳林 |

文化旅游

| 245 | 以"五实"行动破解江西省新时代文明实践中心建设深化拓展面临的难题……………… 省社联省情调研课题组 |

255	运用红色资源提升高校党史育人实效性的对策 ……………………………………………… 省社联省情调研课题组
268	赓续红色血脉：打造江西党史学习教育暨红色旅游"江西样板"的思考和建议 ……… 尹敏　程宇昌　陈富国
274	呼唤南昌旅游进入"鄱阳湖时代"… 黄细嘉　赵恒　谢珈
281	做好江西省旅游康养产业的政策建议………… 曹国新

改革创新

深化技术要素市场化配置改革
提升"十四五"时期江西省科技创新能力

□省社联省情调研课题组

摘要：技术是从传统要素驱动转向创新驱动的关键，是长期经济增长的动力所在。江西技术要素市场化配置改革取得了一定成效，但依然面临着科技成果产权归属不明晰导致"不敢转"、科技成果市场竞争力不强导致"转不出"、科技成果转化平台不够导致"转不好"、科技成果专业运营能力弱导致"不会转"等瓶颈，为进一步推进技术市场发展，提升江西省科技创新能力，建议以成果确权为先、科技人才为核、市场生态为要、成果评价为基，在技术要素市场化配置改革上求突破。具体政策建议为：深化科技成果权属改革，健全科技成果转化政策；加大科技体制机制改革力度，激发科研人员创新活力；强化技术"供"与"需"有效对接，建立合理科技成果评价体系；加强技术转移平台建设，打造高效率转移转化生态。

2020年4月，中共中央国务院印发《关于构建更加完善的要素市场化配置体制机制的意见》，强调要加快发展技术要素市场。党的十九届五中全会指出，坚持创新在我国现代化建设全局中的核心地位，把科技自立自强作为国家发展的战略支撑。技术要素是长期经济增长的动力所在，技术要素市场化配置改革是提升科技创新能力的关键所在。面对"十四五"新形势新任务新要求，我们江西迫切需要以技术要素市场化配置改革为先导，激发技术的供给活力，提升科技创新能力和水平，助推江西高质量跨越式发展。

一、江西技术要素市场化配置改革面临瓶颈

2019年，江西印发《江西省技术转移体系建设实施方案》强调，进一步谋划加快技术市场发展，健全技术转移机制的政策举措，不断推动科技成果加快转化为经济社会发展的现实动力。近年来，江西技术转移体系建设取得了显著成效，技术合同成交额从2009年的9.91亿元增加到2019年的148.61亿元，而且2019年技术交易额首次突破百亿元。但是，在科技成果产权归属、科技成果市场竞争力、技术转移转化平台、技术转移机构运营能力等方面面临着一些瓶颈。

（一）科技成果产权归属不明晰导致"不敢转"

一是产权归属内在矛盾隐性存在。2015年以来，江西省相继出台"赣八条"、"赣十条"、《关于进一步促进高等学校科技成果落地江西的实施意见》等文件，明确了单位对科技成果的使用、处置和收益分配权。但涉及实际操作时，大部分高校和科研院所创新成果产权归单位所有，降低了科技成果转化活力。

二是收益分配执行问题依旧存在。2019年，江西省印发《关于进一步促进高等学校科技成果落地江西的实施意见》指出，在研究开发和科技成果转移转化中获得的净收入、股份或出资比例可提取60%至95%奖励给研究开发和科技成果转移转化的团队。省内很多高校结合自身情况，及时制定了相应的执行细则，但仍有部分单位没有贯彻文件精神，科技成果转移转化收益的分配方案仍延续老原则、老办法，未能充分调动科技人员进行成果转移转化的积极性。

三是人事等制度配套跟不上。当前，高校和科研院所大多以论文、项目、奖励数量来进行绩效考核和职称评定，而没有有效健全的成果转移转化激励机制，形成了科研人员"重数量轻转化"的现象，不利于调动科研人员的积极性和科技成果转化与技术转移。

（二）科技成果市场竞争力不强导致"转不出"

一是重技术前沿轻二次开发。2016—2019 年，江西省地方财政科技支出共 534.59 亿元，省本级地方财政科技经费支出共 60.99 亿元。2015—2019 年间成果登记总数为 3707 个。随着科技投入力度的不断加大，进一步提升了江西省科技成果转移转化能力。但是，科研管理体制机制还停留在传统的运作模式，高校和科研机构主要以项目形式从国家获得科研经费，对项目立项的要求一般侧重于技术前沿，使得科技人员在项目申请中缺乏实践调研，对于科研成果的二次开发、推广应用和转化关注度不够，最终形成科研成果缺乏市场需求。

二是技术转移服务人员缺乏。目前，江西省科技中介服务机构多为政府部门运营，缺乏规范化、市场化、规模大的民营科技中介服务机构，还未有效地建立技术供给方和企业需求方之间常态化联系，难以发挥市场调节资源配置的重要作用。此外，科技中介服务行业内缺乏高水平的专业人才，2017 年，江西省国家级孵化器管理机构从业人员位列全国第 16 位，火炬计划特色产业基地企业从业人员数位列全国第 16 位；相比之下，广东省国家级孵化器管理机构从业人员位列全国第 2 位，火炬计划特色产业基地企业从业人员数位列全国第 2 位。主要原因可能是缺乏对技术转移人才的专项职称认定、评审等激励政策，导致专业技术转移人员从业愿望不高，熟悉技术转移业务的跨学科、高素质的复合型服务人才严重缺乏。

（三）科技成果转化平台不够导致"转不好"

一是技术转移服务机构规模小，发展不平衡。截至 2019 年，江西省有国家自主创新示范区 1 个，国家级技术转移示范机构 5 个，国家级创新驿站 4 个，建有各类省级技术转移服务机构 230 个。但与兄弟省份还有较大差距，湖北建有国家级技术转移示范机构达 20 家，位居中部第一，近 50% 的技术成果在省内转移转化。与发达省份差距更是明显，江苏和广东国家级技术转移示范机构分别高达 45 家、31 家。同时，江西省技术转移服务机构在地市间发展不平衡。截至 2020 年 4 月，南昌市省级以上科技企业孵化器有 26 家，占全

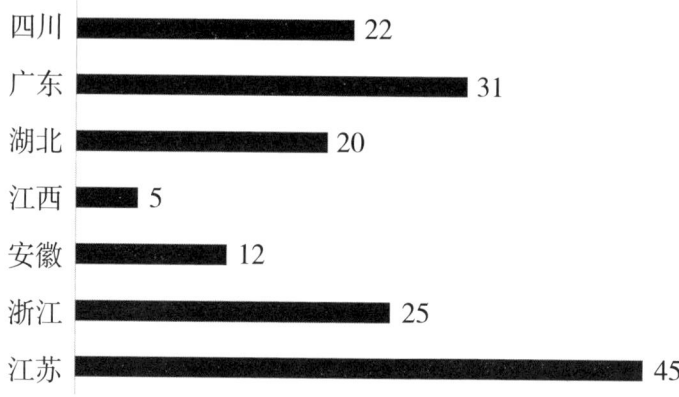

江西省与典型省份国家技术转移示范机构数量情况（单位：家）
（数据来源：《中华人民共和国科学技术部》）

省省级以上科技企业孵化器总数的31%，南昌、赣州、九江排名前三地市占全省省级以上科技企业孵化器总数的69%；鹰潭占比最低，仅为1%。

二是新型研发机构起步晚，发展慢。以新型研发机构、公共技术服务平台等为主要形式的科技创新服务平台，是贯连产学研的有效桥梁、推动科技和经济紧密结合的重要抓手。江西省新型研发机构建设起步较晚，2018年6月省人民政府办公厅才印发《加快新型研发机构发展办法》，2020年1月认定第一批20家新型研发机构，而且现建有新型研发机构"自我造血功能"不够，大多数依靠政府资金支持运营，未充分发挥市场在资源配置中的决定性作用。相比之下，早在1996年，深圳市政府就与清华大学联手组建了深圳清华大学研究院。2015年，广东省科学技术厅等十部门在全国率先发布《关于支持新型研发机构发展的试行办法》，为新型研发机构的蓬勃发展保驾护航，新型研发机构有近300家。

（四）科技成果专业运营能力弱导致"不会转"

一是科技金融与技术创新融合发展不够。为缓解科技型中小微企业"融资难融资贵"的问题，2015年江西省启动"科贷通"。截至2019年，科贷通累计贷款额达到 10.39 亿元，为 366 家科技型中小企业提供信贷支持，参与科贷通推广的市县（区）达到 42 个，覆盖率为 42%。相比之下，江西省为科技型企业贷款的覆盖率还不高。江苏的"苏科贷"，2019 年发放贷款 76.57 亿元，累计为 6294 个科技型中小企业发放贷款 553.31 亿元，已覆盖 81 个市、县（市、区）和国家级高新区，覆盖率高达 76%。

二是知识产权金融服务不健全。2019 年，江西省出台《关于加快提升专利质量推动知识产权高质量发展的若干意见》《进一步加强江西省知识产权质押融资等金融工作的意见》，知识产权事业高质量发展取得丰硕成果，实现"量质齐升"。中行江西分行、交行江西省分行、九江银行等机构创新推出"知识产权通宝""知融通""智享贷"等知识产权质押融资产品。截至 2019 年 11 月，全省实现专利权质押融资 11.29 亿元，同比增长 25%，商标权质押贷款超 3 亿元。相比之下，2019 年江苏 1118 家中小企业通过专利、商标等知识产权质押融资共 88.6 亿元。四川 2019 年知识产权质押融资金额达到 94.5 亿元，其中专利质押融资金额达 60 亿元。

三是成果评价体系不完善。目前江西省科技成果评价是以政府部门主导、行政运作为主的方式进行的，缺乏以社会咨询评估等外部第三方的市场化评价机构，政府既是成果评价的管理者，又是监督者，这种评价模式缺乏市场导向，难以建立市场化科技评价体系。同时，专利运营模式落后，专利保护意识不强，难以使优秀的科研成果落地转化，实现可观的经济效益。

二、"十四五"时期江西技术要素市场化配置改革的总体思路

技术要素市场化配置改革重在探索科技成果产权激励制度改革。江西乃至全国均存在原始创新能力不强、科技人员创新潜力尚未充分释放等问题，其关键是产权激励不到位。因此，"十四五"时期，江西要以科技项目研发与科技人员受益直接挂钩为突破口，激发科技人员积极性、主动性、创造性，提高科技供给质量和效率。

（一）以成果确权为先，在科技成果产权归属上求突破

目前技术要素市场化最大障碍就是高校院所职务科技成果产权归属问题，即，国有资产的界定需要从顶层制度上进行更大更系统化的突破，让科技研发人员愿意转化、自由转化。下一步改革突破口：

一是明晰产权让科技成果不再"躺着睡觉"。下放科技成果的使用权、处置权、收益权，让相关科技人员科研能够自主决定成果的实施、转让、许可和作价投资等事项。

二是建立以知识为导向的分配制度。以科技成果权益初始分配制度，健全科技人员分配政策，并对其进行约束，保障政策法规中规定的对科技人员的奖励得到有效落实。

三是加快科技市场建设。建立科技要素由市场评价价值、按市场价值决定报酬的机制，着重解决科技成果的产权归属问题，通过"去行政化"改革，建立有利于创新的知识产权激励制度。

（二）以科技人才为核，在技术创新激励机制上求突破

科技人才是创新驱动与核心技术突破的关键。只有完善技术创新激励机制，发挥市场激励和政府激励的不同作用，使科技人才创新热情进一步激发，才能充分繁荣科技成果市场，提升科技成果市场竞争力。下一步改革突破口：

一是避免唯"论文化"和"重硬轻软"。在科技创新资源配置中，政府在项目设置、目标、考核、验收等环节，注意市场化导向，注重成果的实际应用以及对社会经济发展，避免论文"唯一化"。同时，科研经费的使用，坚持人才为先，科技创新核心是人才，不是完全靠设备，需要政府作用与市场相结合，适应市场化要求。

二是"真金白银"激励科技人才。给予科研人员足够的物质激励：对从事应用技术研发的科研人员，加大科技成果转化收益的分配力度；对从事科技服务专业技术人员，引入市场评价的分配方式；对高层次人才，探索建立协议工资制、项目工资制等多种收入分配形式。

（三）以市场生态为要，在技术转化平台建设上求突破

江西省研发投入主要流向高校科研机构，要想将其产生的成果更多地应用到市场，就必须打通科技成果转化"最后一公里"，构建良好的技术市场生态。下一步改革突破口：

一是聚焦"中段"，启动科技成果转化"加速器"。跨越从基础研发到企业产品的"死亡之谷"，破解区域科技与经济发展"两张皮"现象。围绕"2+6+N"领域重点产业技术需求，积极引入国家级大院大所在江西省建立新型研发机构或启动"概念验证中心"建设，推动科技成果高效地转移转化。

二是健全科技成果转化"催化剂"——技术转化服务机构。技术转移机构最重要的能力是技术市场中要素的集成与配置。社会化的技术转移机构应该点面集合，需要完善面上的整合，要努力在区域内构建技术转移生态。支持地市和有关机构通过自建或引进的方式建立完善区域性、行业性技术市场，形成不同层级、不同产业技术交易有机衔接的新格局。重点围绕电子信息、有色金属、中医药、新材料、装备制造等江西省"2+6+N"产业，建立一批专业化、规范化的技术转化机构，提升技术转化机构服务能力，培育一批具有示范、引导和带动作用的骨干型技术转化示范机构。

（四）以成果评价为基，在技术"供""需"对接上求突破

供需矛盾问题是影响和制约科技成果转化的根本问题。只有提高要素供给的质量和能力，使其重大科技成果和核心知识产权满足企业需求，技术要素市场活力才能得以延续。而解决供需矛盾核心是科技成果评价机构和技术与市场中介人技术经纪人。下一步改革突破口：

一是建立"火眼金睛"的科技成果评价机构。积极探索面向市场的科技成果评价新机制，促进技术要素有序流动和价格合理形成，推进江西省科技成果评价专业化、规范化和社会化。探索适应不同用户需求的科技成果评价方法，提高科技成果转化成功率。

二是重视培育科技战略人才和技术经纪人。我国科技战略人才缺乏，亟

须培育具备"整合专利—形成专利包或专利池—转化好产品"等战略眼光和挖掘能力的科技战略人才。同时，技术成功转化成产品需要科研单位、科技人才、技术、企业、金融等多个环节要素的融合，亟须培育既精通技术、熟悉商业运作，又需要熟练掌握法律和财会知识的技术经纪人，打通各个环节。

三、"十四五"时期江西以技术要素市场化配置改革为先导提升科技创新能力的政策建议

（一）深化科技成果权属改革，健全科技成果转化政策

一是健全职务科技成果产权制度。探索科技成果混合制改革，即"先转化、后确权"改变为"先确权、后转化"。加快推进高校、科研院所与发明人对知识产权分割确权和共同申请制度试点。对利用财政资金形成的职务科技成果，由单位按照权利与责任对等、贡献与回报匹配的原则，分类改革：涉及国家安全、国家利益以及重大社会公共利益的科技成果，知识产权仍归相关单位，属性为国有；一般性科技成果，若单位与科研人员共同实施转化，可按照一定比例约定分成，属于共有；其他成果知识产权可由科研人员个人所有。探索建立赋权成果的负面清单制度。

二是开展科技成果转移转化区域试点。建议科技、教育、财政、人社、市场监督、税务、省委组织部等部门共同制定"省属高等学校、科研院所科技成果转化综合试点"实施方案。支持南昌大学、江西师范大学、江西省科学院等有条件的高校、科研机构建设科技成果转移转化试点，开展体制机制创新与政策先行先试，探索一批可复制、可推广的经验与模式。试点高校、科研机构要进一步增强科技成果转移转化的意识，完善制度设计，建立有效的科技成果转移转化管理一揽子工作体系，实施科技成果收益奖励补助制度，试点高校、科研机构可将科技成果转移转化所获得收益全部用于对科技成果完成人和为科技成果转移转化做出贡献的人员奖励，高校或科研机构留成部分由省科技创新发展专项资金给予补助。

（二）加大科技体制机制改革力度，激发科研人员创新活力

一是建立以科技创新质量、贡献、绩效为导向的分类评价体系。贯彻落实《关于进一步促进高等学校科技成果落地江西的实施意见》文件精神，相关部门有序推进科研机构、高等院校和科研人员分类评价改革，出台分类考核评价实施方案，破除唯"论文化"导向，考虑在高校院所设立科技成果转化类高级专业技术岗，在专业技术职务评聘、岗位等级晋升、年度考核等方面，加大科技开发、技术应用、成果转化等评价指标权重。建议高校院所的主管部门以及科技、财政等主管部门将技术合同成交额、技术推广等科技成果转化业绩纳入高校院所工作绩效考核评估，并对科技成果转移转化绩效突出的相关单位给予经费支持，适当提高高级专业技术岗位结构比例。

二是从源头引导科研方向市场转变。改革科技项目的形成机制，引入"市场思维"，给予一些高科技企业的技术负责人部分权限，共同形成科技项目选题。在项目立项评审中，让相关领域有代表性的企业负责人拥有更多的发言权，减少"学术思维"主导带来的立项误区。对于具有应用前景的项目，鼓励支持金融机构立项期介入，以市场机制，加快成果转化进程。

三是落实完善科技资源配置政策。贯彻落实《关于深化科技体制机制改革加快高质量发展的实施意见》文件，并对赋予科研单位科研经费更大管理权进行细化。在此基础上，探索绩效支出不单设比例限制，绩效支出纳入单位奖励性绩效单列管理，不计入单位绩效工资总量调控基数。对各级应用类科技项目结束后的绩效跟踪评价，重点关注项目成果转移转化、应用推广以及产生的经济社会效益，评价结果作为科研人员和科研项目承担单位绩效评价的重要依据，与职称评定、科技奖励以及后续配置科技资源挂钩。

（三）强化技术"供"与"需"有效对接，建立合理科技成果评价体系

一是培育发展技术转移机构和技术经纪人。建议人社、教育等相关部门研究建立完善技术经纪人培养体系，培育技术供需方经纪人和技术交易中介方经纪人。鼓励高技术人才从事技术供需方经纪人工作。在高校试点开设科技成果转化和技术转移的相关专业和课程，编写课程教材，同时建立起完善的职业经纪人从业资格考试制度。学习江苏经验，建立技术经纪人事务所，着力配合技术市场开展经纪人培育、管理和培训咨询工作，并依托省网上常设技术市场及江西企业资源，提供精选的供需项目，组织技术经纪人进行项目对接。

二是开展科技成果评价机构试点。建议科技厅遴选具备科技成果评价能力的专业评价机构作为试点。围绕有色金属、电子信息、航空、中医药、装备制造、新材料、半导体照明等"2+6+N"产业，政府牵头联合技术专家、产业技术创新联盟及行业协会等共同制定行业内科技成果转化评价标准。支持试点机构要积极探索科技成果评价与应用转化相结合的有效模式，主动为知识产权质押融资提供重要参考依据，降低银行贷款风险，缓解科技型中小微企业"融资难""融资贵"的问题。支持高等院校建立专利申请前评估制度，对拟申请专利的技术进行评估，强化需求导向。

三是推进新技术应用场景建设。新技术、新产品更需要的是市场和机会，而不是资金支持等。建议实施"新技术机会清单"制度，深度了解和收集企业产品技术研发和需求情况，定期发布新技术应用场景机会清单，借助"国家级大院大所产业技术进江西活动"等重大活动对新技术机会清单进行集中发布，同时在"江西网上常设技术市场"发布，引导全球新技术、新产品在江西省"首发首秀"，为全球投资者、企业及人才在江西发展提供市场和计划，将新技术应用场景具象为可感知、可视化、可参与的机会，实现从"给优惠"到"给机会"的深刻转变。

（四）加强技术转移平台建设，打造高效率转移转化生态

一是持续加大新型研发机构建设力度。落实好《江西省引进共建高端研发机构专项行动方案（2020—2025）》，以点带面，围绕电子信息、有色金属、中医药、新材料、装备制造等江西省"2+6+N"产业，出台支持江西省与国家级大院大所科技合作的专项政策，大力引进大院大所设立研发总部或分支机构，联合建立工程技术研究中心和重点实验室，共建一批高端新型研发机构，

培育一批科技战略人才，推进更多技术走向市场。

二是启动建设概念验证中心。"概念验证中心"在技术创新的第二个阶段——概念验证阶段就开始对技术转化进行扶持，是解决新技术转化"最初一公里"。建议制定《江西省概念验证中心建设实施方案》，结合江西省高校基础研究的优势、特色和"双一流"高校建设，优先选择建有创新创业载体以及科技成果转化公司／平台的高校作为支持主体，建设由社会力量主导的若干专业化概念验证中心，为高校技术概念验证提供种子资金、商业顾问、创业教育等个性化支持服务，打造科技成果转化的全链条服务支持体系。实施江西省"概念验证支持计划"，设立概念验证中心专项支持资金，每年面向全省征集若干个概念验证项目，对每个项目予以财政资金支持。

三是构建技术转移转化服务体系。针对各设区市首位产业和优势产业，推进大院大所与中科院江西中心在地方联合成立一批具备综合服务能力的区域性分中心，形成覆盖全省的科技服务网络，在江西省科技成果转移转化体系建设中，发挥引领示范作用，促进更多国家级大院大所技术在赣转移转化。支持省内高校院所普遍建立技术转移中心，健全省、市、县三级技术转移工作网络，构建全省技术转移信息服务"一张网"。

四是做强做大"江西省网上常设技术市场"。修订《江西省网上常设技术市场技术交易专项补助办法（试行）》中"实际技术交易额低于50万元的，暂不予补助"标准，扩大补贴对象范围；整合南昌科技广场、赣州科技广场、"技术江西"等各类平台技术要素资源，做大做强"江西省网上常设技术市场"；建立省市县（区）协同推进机制，加大宣传力度，扩大平台影响力。

课题组组长：

冯雪娇　江西省科学院科技战略研究所副所长、副研究员，江西省第二届省情研究特约研究员

课题组成员：

梁　成　江西省科学院科技战略研究所博士
章东亮　江西省科学院科技战略研究所博士

以数字化提升江西产业链现代化水平研究

□省社联省情调研课题组

摘要：以数字化提升江西产业链现代化水平，对于江西加快构建完善的现代产业体系、加快融入新发展格局、重塑"江西制造"辉煌具有重要意义。江西产业链现代化发展面临着产业价值链中低端锁定、产业链创新能力不足、产业链韧性不强等问题。建议以数字化打通"两大通道"、推进"三大工程"，全面提升江西产业链现代化水平，形成数字赋能驱动产业链现代化转型的江西方案。

党的十九届五中全会提出"提升产业链供应链现代化水平，推进产业基础高级化、产业链现代化，提高经济质量效益和核心竞争力"。提升产业链现代化水平，是加快发展江西现代产业体系的迫切需要，是推动江西省经济高质量发展的关键途径，也是融入新发展格局的重要支撑。"十四五"时期，江西把实施数字经济作为"一号工程"，必须抢抓数字经济和数字化发展的新机遇，以数字化提升江西产业链现代化水平，促进产业链从中低端向高端延伸，推进产业基础高级化，实现"江西制造"向"江西智造"转变，促进江西经济高质量跨越式发展。

一、以数字化提升江西产业链现代化水平的重要意义

（一）有助于江西加快构建完善的现代产业体系

伴随着互联网、大数据、云计算、人工智能等现代信息技术的不断突破，数字经济蓬勃发展，数字化成为推动传统产业转型升级和产业链现代化升级的重要动力。数字化在改造提升江西传统产业链中加固"底板"，推动传统制造业向中高端发展。数字化在培育发展新兴产业链中锻造"长板"，重塑产业链，提升产业链竞争力，在积极抢占未来产业链中布局"新板"中贡献力量，加快完善江西省现代化经济体系。

（二）有助于江西加快融入新发展格局

产业链供应链安全稳定是构建新发展格局的基础。由于国际上贸易保护主义抬头，逆全球化趋势加剧，加上新冠肺炎疫情的严重冲击，从供给和需求两端对江西省产业链造成冲击，江西省产业链供应链的断链风险增大。因此，高度重视增强产业链安全，通过数字化提升产业链自主可控能力，促进产业基础高级化、产业链现代化，必将为江西构建以国内大循环为主体、国内国际双循环相互促进的新发展格局提供有力支撑。

（三）有助于重塑"江西制造"辉煌

传统制造业优化升级在历史上主要是依托于制造技术和制造工艺的更新与变革，面对今天信息技术发展日新月异的新形势，则要充分利用数字化技术成果，提升产业链稳定性和竞争力，推动产业基础高级化、实施铸链补链强链系统工程，使江西制造业从全球价值链分工中由低端向高端跃进，进而增强"江西制造"韧性、稳固"江西制造"底盘、提升"江西制造"能级、重塑"江西制造"辉煌。

二、江西产业链现代化发展中存在的主要问题

中美贸易摩擦的升级、新冠肺炎疫情的全球蔓延、世界经济不确定性给中国产业链和供应链安全造成了巨大的冲击,江西也不例外,面临着产业价值链中低端锁定、产业链创新能力不足、产业链韧性不强等问题,产业链现代化水平有待进一步提升。

(一)产业竞争力不强,产业价值链陷入"中低端锁定"困局

一是产业基础较弱,工业规模依然偏小。2020年,江西省全部工业增加值8952.7亿元,占全国的比重仅为2.86%;全部工业增加值仅为安徽的76.8%。制造业占GDP比重逐年下降,从2015年的38.4%下降至2020年的32.1%。此外,江西省工业企业在产业链中多数以"两头在外"的委托加工和"低端集成"为主,产品附加值低。2020年,江西省规上工业企业户均营业收入仅为2.77亿元,企业营业能力有待增强。

二是产业结构欠优。钢铁、有色、建材、石化、纺织、食品等传统产业规上企业营业收入占全部规上工业企业比重依然在50%以上,占比偏高。传统产业向数字化、智能化、绿色化转型步伐较慢的局面仍未发生根本性改变。2020年,江西省高耗能行业增加值占规模以上工业增加值的比重为39.1%,高于湖南的28.5%、河南的35.8%。

三是产业发展缺乏新动能,高新技术产业、战略性新兴产业不大不强。2020年,江西战略性新兴产业增加值占规模以上工业增加值的比重仅为22.1%,较安徽的40.3%低18.2个百分点;江西规模以上装备制造业增加值占规模以上工业增加的比重仅为28.5%,低于安徽的33.5%、湖南的32.4%;截至2020年底,全省高新技术产业增加值占比为38.2%,不到40%。

(二)自主创新能力不强,创新链和产业链融合不够

一是研发经费投入偏少。2020年,江西省研发经费占GDP的比重为1.75%,

不足 2%，比全国平均水平低 0.65 个百分点；技术合同交易额 233.4 亿元，仅为湖北的 13.8%、湖南的 31.7%。

二是企业自主研发能力有待提升。2019 年，江西规模以上工业企业中，开展了创新活动的企业占比为 42.9%，较全国平均水平低 2.3 个百分点；有研发活动企业数占比仅为 33.2%，不足 40%；有研发机构企业数占比仅为 26.6%，不到 30%；研发人员总数仅占全国的 2.75%，不足 3%。

三是研发人才少。2019 年，江西规上工业企业中，研发人员合计 12.2 万人，占全国的比重仅为 2.75%。一方面，国家级大院大所缺乏，高等教育资源短板突出，且缺乏"双一流"高校，人才储备不足。2020 年全省研究生教育毕业生 1.3 万人，仅为湖南省的 52%；高等教育毛入学率仅为 52%，比全国平均水平低 2.4 个百分点。另一方面，本土人才留住难。2020 届毕业本科与研究生中，南昌大学留在省内就业的比例为 38.45%。省内高校 40% 以上的毕业生流向广东与浙江、上海等沿海经济较发达的地区。

四是产业链与创新链割裂。重点产业自主创新能力仍有待提升，尤其在人工智能、集成电路、高端芯片、光学光电等方面缺乏原创性创新成果，在中药提取和新药研发、精密制造、航空复合材料、高性能储能材料、稀有金属新材料、陶瓷新材料等领域缺乏引领性创新成果。企业对创新动力的培育有限，创新投入不足，对关键技术和核心技术缺乏控制力，创新链对产业链的支撑严重不足，导致自主创新品牌普遍缺乏，产业竞争力不强。

（三）具有"链主"地位的领航企业缺少，产业主导能力不强

一是从 2021 年世界 500 强排行榜来看，中国上榜企业数量达到 143 家，而江西仅江西铜业集团有限公司 1 家企业上榜。

二是从 2020 中国企业 500 强榜单来看，江西仅有 8 家企业上榜且排名靠后。与周边经济发达的广东（57 家）、江苏（45 家）和浙江（43 家）相比相差甚远。

三是从 2020 年江西企业 100 强榜单来看，营业收入过百亿企业仅 29 家，

规上工业企业中中小企业数量偏多，占比高达98.5%。

（四）产业链供应链内部融合度不高，产业链韧性不强

一是流通链的"堵点"未能有效打通，影响了江西省产业链供应链现代化的推进。江西省公路货物运输量占比超过90%，高于全国平均水平16个百分点，综合物流成本偏高，制约了产业链现代化的循环畅通。2019年江西省社会物流总费用与GDP的比率为16.3%，比全国平均水平高1.6个百分点，在中部仅低于山西。

二是产业链上下游企业之间的产业链供应链协同体系尚未完全构建起来。江西省在装备制造、钢铁、生物医药、石化、建材、纺织服装等领域已形成较为完备的产业体系，但由于上下游产业和配套产业距离较远，交通与人力等成本较高，产业链供应链上下游之间的整体配套能力偏弱，一旦链上一个关键企业停产，可能会导致整个产业链条崩断。

（五）产业链数字化基础弱，智能化升级慢

一是数字经济总量与数字产业规模偏小。2020年，江西数字经济增加值仍不足1万亿元，与湖北、河南、安徽、湖南等地相比，还存在较大差距，且江西省VR、"03专项"、移动物联、北斗等优势数字产业规模依然偏小，人工智能、区块链、量子计算等新技术新业态、新模式发展缓慢，数字产业体系依然缺乏特色与优势。

二是数字应用的广度与深入有待进一步拓展，产业数字化仍需提速。目前江西省制造业生产设备数字化率、装备数控化率与两化融合发展指数离全国平均水平还有一定差距，新一代信息技术与制造业融合的深度也有待加强。

（六）产业链与资金链尚未有机融合，影响了产业链现代化提升

一是直接融资渠道有待进一步拓展。2020年末，江西省辖区内有境内上市公司 55 家，与周边的安徽（126 家）、湖南（117 家）、河南（87 家）相比差距较大。

二是金融机构对制造业发展扶持的力度有待提升。2020 年江西省金融机构人民币贷款余额为 41667.7 亿元，其中制造业贷款余额为 2831.1 亿元，占比仅为 6.8%，且制造业贷款占比逐年下降，从 2015 年的 13.3% 下降到 2020 年的 6.8%，下降了 6.5 个百分点。

三、以数字化提升江西产业链现代化水平的对策建议

江西要充分认识江西省产业链现代化的战略意义和关键瓶颈，以数字化打通"两大通道"、推进"三大工程"，全面提升江西产业链现代化水平，形成数字赋能驱动产业链现代化转型的江西方案。

（一）以数字化打通产业链与创新链深度融合通道

一是以数字化打破创新链的技术瓶颈，补齐江西产业链短板。一方面，以江西产业链布局创新链。依托鄱阳湖国家自主创新示范区，高水平推进江西省优势产业链研发总部和省制造业创新中心建设，加强研发设计大数据应用能力，加快解决江西先进工艺、基础零部件、关键材料等产业"卡脖子"的关键短板。推进江西省科技创新平台与产业链中的龙头企业和高新技术企业精准对接，引导产业链各方协同开展重大技术攻关，打通基础技术、工艺和产品的研发、设计、应用等全流程，构建高精尖优的产业创新技术链。另一方面，以江西创新链培育产业链。依托大数据与物联网、高端装备制造、新能源汽车和电子信息等产业超前布局未来新兴产业，以创新链的建链、补链、延链、强链来催生壮大新兴产业，在重点领域建设一批科研成果转化中心，实现科技成果与传统企业的有效对接，增强江西省产业链供应链自主可控能力和抗风险能力。

二是以数字化提升产业价值链的附加值，锻造江西产业链供应链长板。

依托京九（江西）电子信息产业带、鹰潭"世界铜都"、赣州"中国稀金谷"、南昌"航空城"、宜春"亚洲锂都"等产业名片，促进数字技术与江西省优势传统产业的交叉融合，推动制造业向研发、设计、测试以及品牌、分销、服务环节延伸，实现制造业价值的"数字曲线"反转。推动生产型制造向服务型制造转变，打造协同研发制造、智能化供应链管理、个性化定制和智能服务等新型服务型制造模式，推进江西产业链的从中低端向高端延伸。

（二）以数字化打通产业链与供应链深度融合通道

一是以数字化疏通产业链供应链的堵点痛点，提高产业链韧性。依托数字技术打破产业链供应链各环节间的信息孤岛，借助大数据、机器学习等深度挖掘数据要素价值，加快产业链供应链内的信息传播和交流速度，降低产业链各环节沟通和交易成本。推进产业链中数据资源的"虚拟集聚"，及时获取存储生产和消费环节产生的实时数据，推动企业运用大数据更精准地刻画消费者需求、重塑产业形态和商业模式。

二是建设数字产业链供应链，促进产业链协同联动发展。以江西国家大数据综合试验区等国字号平台建设为契机，建设数字产业链供应链，提高产业链供应链的柔性和快速响应能力。创新上游采购、中游生产与下游销售的有机衔接和利益共享的产业链联动模式，促进需求结构和产业链供应链精确匹配。

三是以数字化优化产业链布局，形成产业链双循环发展新格局。建立全省产业链布局大数据平台，通过指导目录等形式优化全省产业链布局，积极对接粤港澳大湾区、长江经济带和长三角，利用贸易、承包和投资等方式拓宽产业链发展新空间，促进国内外产业链联动发展，在更高层次的开放合作中形成更强大的产业链。

（三）以数字化推进产业基础再造工程

一是打造省级工业互联网平台，做强制造业产业链。依托南昌VR产业、鹰潭移动物联网产业、上饶和抚州大数据产业和沪昆高铁沿线"数字经济走廊"等载体,打造省级工业互联网平台。聚焦江西省"2+6+N"产业,打造子行业工业互联网,建设一批面向特定行业、集群、场景的生产流程优化、质量分析、设备预测性维护等工业APP。重点发展工业机器人、数控机床、智能仪器仪表等高端智能装备,实施智能制造试点示范,实现数字化采集、智能化生产、网络化供应、服务化延伸和智能化管控等新模式应用。

二是培育"链主企业",形成大中小企业共荣生态。发挥江西省"2+6+N"产业高质量跨越式发展行动计划引导作用,紧盯靶向标杆性企业,引进行业领军企业,培育一批"专精特新"企业、专业化"小巨人"企业、制造业单项冠军企业、"独角兽企业"和"瞪羚企业"等产业链潜力企业。鼓励"链主"企业补链强链扩链,以"链主"企业为核心,发挥大企业引领支撑和中小微企业协作配套作用,创新大中小企业利益联结机制,培育"1+N"大中小企业共存共荣的产业生态系统。

(四)以数字化推进产业链现代化治理水平提升工程

一是搭建产业链供应链知识图谱,建立产业基础能力系统评估制度。以构建产业链供应链知识图谱为依托,引导全省各个产业链供应链入图上"云",对纳入全省链群管理系统的企业实施统筹接入、汇总管理、发展能级测算与链条参与度评估,精准分析创新链、供应链、产业链和价值链分布情况,定期评估和准确把握江西产业链供应链的关键短板和整体水平。加强新型数字基础设施建设,构建江西产业链大脑,促进区域决策、链群决策与企业决策的协同优化。

二是搭建全景动态的江西产业链供应链地图系统,建立风险监测预警机制。运用数字化技术开发先进的江西产业链供应链地图系统,实现江西产业链供应链的全景动态监测,形成不同空间尺度、行政端口的定期体检与风险预警机制。构建以"链—图—策"全景动态的数字化区域产业链供应链治理模式,打造从产业链供应链图谱、数据监测评估到技术攻关、风险防控与处置的闭环，提升产业链供应链风险识别和治理水平，保持产业链供给链安全稳定。

（五）以数字化推进产业链现代化要素保障工程

一是强化现代化产业链建设的资金要素保障。依托产业链的交易数据、资金流和物流信息，运用大数据、区块链等金融科技，推进全产业链企业信用信息共享、信用增进和信用培植，缓解企业融资难问题。探索"资本＋数据"和"数字金融"等要素组合新形态，提升支持工业互联网平台的金融保险服务，拓展产业链升级的资金来源。探索金融链长制与重点产业链的"链链对接"创新模式，形成覆盖全产业链大中小企业的综合金融服务方案。

二是强化现代化产业链建设的人才要素保障。创新"劳动＋数据"、"数字经济新劳动者"等要素深度融合模式，对产业链发展亟须人才纳入紧缺人才开发目录，支持南昌大学、东华理工大学等设立专门学院，根据企业特殊要求，培养电子信息、工业软件和人工智能等方面专门人才，加大对员工数字技能培养，深化产教融合和校企合作，打造与产业链供应链现代化需求相匹配的人才队伍。

三是强化现代化产业链建设的产业政策保障。加快形成产业链供应链安全政策，建立产业链保护机制，建立产业链核心企业"白名单"。制定面向全产业链的创新政策，加快形成产业链供应链效率政策，建立产业链供应链上下游补偿机制，促进产业链供应链合作有序和良性竞争。

本文系 2021 年度江西省情调研课题《以数字经济提升江西产业链现代化水平研究》（项目编号 21SQ08）的研究成果。

课题组组长：

麻智辉　江西省社会科学院经济所所长、研究员，江西省第二届省情研究首席专家

课题组成员：

卢小祁　江西省社会科学院经济所副研究员

李华旭　江西省社会科学院经济所助理研究员

麻骏斌　江西省社会科学院科研处助理研究员

实施更大规模减税降费政策后
江西平衡财政收支矛盾的关键举措

□省社联省情调研课题组

摘要：实施更大规模减税降费政策，既有效促进了江西省经济发展，同时也一定程度上抑制了财政总收入规模的增长，改变了财政收入结构，财政赤字规模有所增大。江西省财政收支平衡面临经济基础薄弱制约税收收入增长，政府性基金收入和国有资本经营收入增长受制于资产和土地的有限性，地方政府可支配财力薄弱，政府支出刚性强等问题。平衡江西省财政收支矛盾，要优化经济增长方式，实现经济与税收显著增长；加大预算绩效管理，优化支出结构，减少财政浪费；深化分税制财政管理体制改革；争取更多转移支付，增加地方可支配财力。

2015年2月，国务院召开常务会议，确定了进一步减税降费的若干措施。2016—2019年累计实现减税降费约5.36万亿元。2020年，为了应对新冠肺炎疫情，减税降费规模远大于前，根据最新估算，2020年全年减税降费规模将达到2.5万亿元。

减税降费在促进经济增长的同时，也带来了较大的财政收支缺口，尤其地方压力陡增。以江西省为例，2019年江西省为企业减负共计1450亿元；2020年第一季度，全省累计实现减税降费81.86亿元。在更大规模减税降费背景下，平衡江西省财政收支矛盾成为一个亟须解决的重大现实问题。

一、实施更大规模减税降费政策后江西省财政收支状况

(一)财政总收支及财政收支状况

2015—2019年,江西省财政总收支绝对额、财政总收支缺口数额均呈逐年上升态势。在同一时期,江西省财政收入绝对额虽然呈逐年上升趋势,但增长率有所下降,增长率依次为12.71%、4.01%、9.69%、10.1%、5.42%。2020年1—9月财政收入估计可能会和2019年持平。(见表1-1)

表1-1 江西省财政总收支及财政收支状况

单位:亿元

	2015年	2016年	2017年	2018年	2019年	2020年1—9月
财政总收入	4356.9362	4507.967	5603.3624	6996.508	7049.9	-
财政总支出	6544.4491	6974.0022	8334.7173	10166.7207	10948.9	-
财政总缺口	2187.5129	2466.0352	2731.3549	3170.2127	3899	-
财政收入	3021.8303	3143.0214	3447.7187	3795.7936	4001.5	3257.7
财政支出	4412.5491	4617.4022	5111.4673	5667.5207	6402.6	5126.8
财政收支缺口	1390.7188	1474.3808	1663.7486	1871.7271	2401.1	1869.1

注:(1)-代表数据缺失(下同);
(2)2020年1—9月增长率为同比增长率(下同)。

虽然江西省财政总收入、财政收入绝对额均逐年增加,但与中部其他省份相比,连续几年都处于垫底水平。此外,受收入水平限制,江西省财政总支出及财政支出数额也相对较小。以2019年为例,与中部其他五省相比,江西省财政总收入、财政收入均排名第五,排名第一的是河南省,湖北省、安徽省、湖南省次之,排名最后的是山西省。由此可见,江西省财政收支压力较大。(见表1-2)

表1-2 2019年中部省份财政状况比较

单位：亿元

排名	一般公共预算收入	政府性基金收入	国有资本经营收入	社会保险基金收入	财政总收入	财政收入
河南	4041.6	4080.2	49	3623.2	11794	5875.82
湖北	3388.4	3474.9	35.4	4399.2	11297.9	5684.85
安徽	3182.5381	3374.1877	102.9645	2726.1255	9385.8158	5363.3053
湖南	3007	2993.9	45.2	2915	8961.1	4842.1398
江西	2486.5	2537.4	83	1943	7049.9	4001.5
山西	2292.6	845.71	41.17	1744.24	4923.72	3677.92

注：（1）山西省财政总收入是由2018年数据计算而成，财政收入为2019年数据；
（2）财政总收入数据来源于2018、2019年各省预算执行情况报告。

（二）"四本预算"收支状况

1. 一般公共预算收支状况

2015—2019年，江西省一般公共预算收支绝对额呈波动上升趋势。其中，一般公共预算收入增长率依次为15.09%、-0.66%、4.44%、5.60%、4.78%，2020年1—9月一般公共预算收入同比增长0.1%；同时，一般公共预算支出增长率依次为13.65%、4.64%、10.70%、10.88%、12.97%，2020年1—9月一般公共预算支出同比下降0.9%。此外，同一时期内江西省一般公共预算收支缺口也在逐年增加。

2. 政府性基金收支状况

从总量上看，2015—2018年江西省政府性基金收支规模呈逐年上升态势，但2019年收支规模又出现小幅下降，下降率分别为1.21%、2.9%，这也就导致了2019年政府性基金收支缺口有所下降。

3. 国有资本经营收支状况

2015—2018年江西省国有资本经营收支数额呈波动上升趋势，但2019年后又大幅下降，下降率分别为26.5%、46.8%。此外，总体而言，2015—2019

年国有资本经营收支缺口呈波动上升态势。

4.社会保险基金收支状况

2015—2019年,江西省社会保险基金收支绝对额呈逐年上升态势。其中,收支增长率在2015—2018年逐年增加,收入增长率从19.5%上升至20.5%,支出增长率从23.5%增加至27.7%;2019年收支增长率又有所下降,增长率分别为-3.1%、15.1%。此外,社会保险基金收支缺口在同一时期内也呈波动上升趋势。(见表1-3)

表1-3 江西省"四本预算"收支状况

单位:亿元

	2015年	2016年	2017年	2018年	2019年	2020年1-9月
一般公共预算收入	2165.7362	2151.4670	2247.0624	2373.008	2486.5	2022.8
一般公共预算支出	4412.5491	4617.4022	5111.4673	5667.5207	6402.6	5126.8
一般公共预算收支缺口	2246.8129	2465.9352	2864.4049	3294.5127	3916.1	3104
政府性基金收入	1128.6	1157.9	1687.6	2568.6	2537.4	1629.9
政府性基金支出	1178.9	1230.3	1810.5	2681.4	2577.3	2748.8
政府性基金收支缺口	50.3	72.4	122.9	112.8	39.9	1118.9
国有资本经营收入	15.3	12.7	55.5	111	83	13.6
国有资本经营支出	14.3	9	61.77	92.6	49.4	7.1
国有资本经营收支缺口	-1	-3.7	6.27	-18.4	-33.6	-6.5
社会保险基金收入	1047.3	1185.9	1613.20	1943.9	1943	—
社会保险基金支出	938.7	1117.3	1350.98	1725.2	1919.6	—
社会保险基金收支缺口	-108.6	-68.6	-262.22	-218.7	-23.4	—

二、实施更大规模减税降费政策对江西省财政总收入的影响

(一)有力地推动了经济发展

首先,2015—2019年,江西省宏观税负(含非税收入)依次为12.91%、11.70%、11.23%、10.79%、10.04%,2020年1—9月宏观税负为11.00%。宏

观税负总体而言呈逐年下降态势。

其次，2015—2019年，江西省经济发展速度远高于同期税收收入增速，GDP增速在全国处于前列。（见表2-1）2019年江西省GDP增速在全国排名第四，中部省份排名第一。

再次，江西省产业结构不断优化。第一、二产业增长率在2015—2019年都呈波动下降态势，与之相反，第三产业增长率却出现了小幅上升。2019年江西省产业结构呈现出3∶2∶1的格局。

最后，减税降费对江西省投资、消费也带来了积极影响。2015—2019年，虽然固定资产投资总额增长率有所下降，但固定资产投资总额却在逐年增加，保持着良好的发展态势。此外，社会消费品零售总额在同一时期内呈逐年上升趋势，且增长率也相对稳定。（见表2-2）

表2-1 江西省税收收入增长率、GDP增长率和宏观税负状况

单位：%

	税收收入增长率	GDP增长率	一般公共预算收入增长率	税收收入/GDP	一般公共预算收入/GDP
2015年	9.84	6.48	15.1	9.04	12.91
2016年	-3.03	9.58	-0.66	8.00	11.70
2017年	2.98	8.80	4.44	7.57	11.23
2018年	9.78	9.89	5.60	7.57	10.79
2019年	5.0	8.6	4.78	7.06	10.04
2020年1—9月	-3.8	2.5	0.1	7.28	11.00

表2-2 江西省三大产业增加值、消费、投资及其增长率状况

	2015年	2016年	2017年	2018年	2019年
第一产业增加值（亿元）	1773.0	1904.5	1953.9	1877.3	2057.6
增长率（%）	3.9	4.1	4.4	3.4	3
第二产业增加值（亿元）	8487.3	9032.1	9972.1	10250.2	10939.8
增长率（%）	9.4	8.5	8.3	8.3	8
第三产业增加值（亿元）	6463.5	7427.8	8892.6	9857.2	11760.1

续表：

	2015年	2016年	2017年	2018年	2019年
增长率（%）	10.0	11.0	10.7	10.3	9
固定资产投资总额（亿元）	17388.1	19694.2	22085.3	24536.7	26794.1
增长率（%）	15.3	13.3	12.1	11.1	9.2
社会消费品零售总额（亿元）	5896.0	6634.6	7448.1	7566.4	8421.6
增长率（%）	11.4	12.0	12.3	11.0	11.3

注：数据来源于2015—2019年江西省国民经济和社会发展公报

（二）更大规模减税降费政策的实施对江西省财政状况的不利影响

1. 一定程度上抑制了江西省财政总收入规模的增长

一是减税降费政策影响了财政收入增长。2015—2019年，江西省一般公共预算收入增长率、税收收入增长率均呈波动下降态势，2020年前三季度这两项增长率则下降更快。一般公共预算收入增长率及税收收入增长率的变化情况表明：更大规模减税降费政策影响了江西省财政收入增长。

二是中央级税收收入和地方级税收收入增长率有所下降，地方政府财权与事权不相匹配。2015—2019年江西省中央级税收收入和地方级税收收入增长率呈波动下降趋势，其中，中央级税收收入变化率快于地方级税收收入变化率。（见表2-3）此外，同一时期内江西省财政总支出规模不断扩大，地方政府承担了较多事权责任。在地方税收收入增长率不断下降的情况下，这就会导致地方政府财权与事权不相匹配，不利于地方财政的可持续性发展。

表2-3 江西省中央与地方税收收入情况

项目 年份	中央级税收收入（亿元）	增长率（%）	地方级税收收入（亿元）	增长率（%）
2015年	971.3453	7.34	1513.8117	9.85
2016年	1093.8019	12.61	1498.2372	-1.03
2017年	1367.3485	25.01	1513.3852	1.01
2018年	1616.9998	18.26	1662.1031	9.83

续表：

项目 年份	中央级税收收入 （亿元）	增长率 （%）	地方级税收收入 （亿元）	增长率 （%）
2019 年	1611.6927	-0.33	1745.9645	5.05
2020 年 1—9 月	1289.7551	-3.2	1338.2961	-3.8

注：2015—2018 年数据来源于《中国税务年鉴（2016—2019）》；2019 年、2020 年前三季度数据来源于国家税务总局江西省税务局官网。

三是"营改增"后减税力度持续推进，增值税收入增长率持续下降。增值税是减税降费的核心内容。2018 年、2019 年江西省"营改增"规模分别为 558.7976 亿元、650.4165 亿元，2020 年 1—8 月"营改增"规模为 444.2298 亿元。与此同时，2017—2019 年江西省增值税收入增长率分别为 62.54%、15.79%、12.2%，2020 年 1—8 月增值税同比下降 8.6%。增值税收入增长率呈快速下降趋势。

四是降费后社会保险基金收入呈下降态势。在降低实体经济税负同时，目前降费的一个重点是降低社会保险缴费率。2019 年江西省社会保险基金收入为 384.7206 亿元，同比下降 11%。其中，工伤保险收入下降得最多，同比下降了 39.1%。机关事业单位基本养老保险、城镇居民医疗保险、失业保险收入也都出现了负增长，增长率分别为 -27.2%、-5.7%、-1.5%。

2. 一定程度上改变了江西省财政收入结构

在减税降费政策实施过程中，虽然税收收入占江西省一般公共预算收入比重没有显著变化，但税收收入占财政总收入的比重呈波动下降态势。（见图 2-1）

更大规模减税降费政策会对一般公共预算收入造成较大影响。地方政府一般从政府性基金收入、国有资本经营收入、中央对地方的转移支付及税收返还中寻求增加财政总收入的途径。其中，中央对地方的转移支付及税收返还是地方政府无法控制的收入；在其余两项收入中，虽然国有资本经营收入逐年增加，但其规模占"三本预算"收入比重较低，这种收入增加无法弥

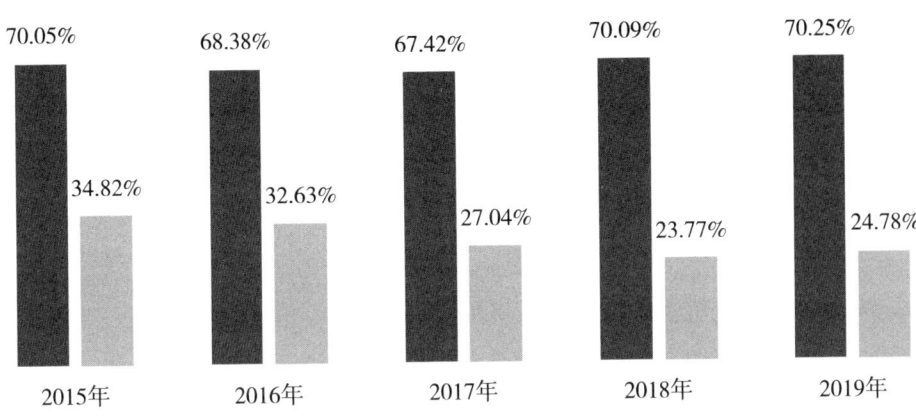

图 2-1 税收收入占不同收入比重变化情况

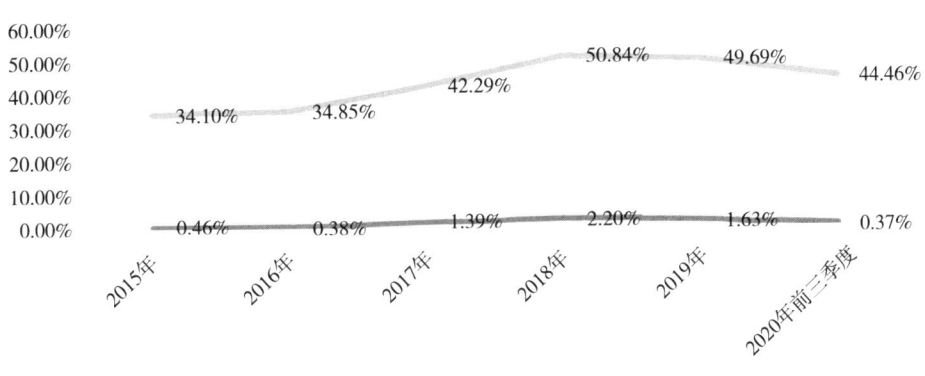

图 2-2 不同地方财政收入结构变化情况

补一般公共预算收入的减收。因此,地方政府可能会更加依赖于政府性基金收入。(见图 2-2)地方政府财政收入结构的变化,表明江西省地方财政存在潜在波动性和脆弱性。

3. 更大规模减税降费后江西省财政赤字规模有所增大

2015—2019 年,一般公共预算收支差额及"三本预算"收支差额占同期 GDP 的比重均呈逐年上升态势。从 2015 年起,减税降费规模扩大的同时,江西省地方财政赤字规模也在明显增加。此外,短期内在财政支出增速保持相

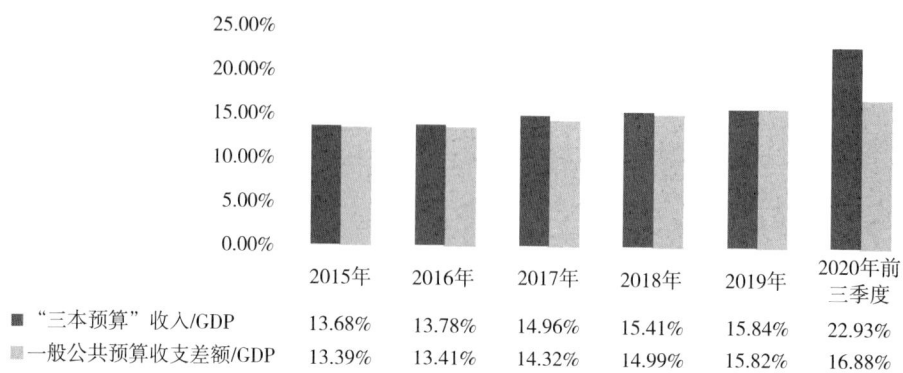

图 2-3 不同口径地方财政赤字率变化情况

对稳定的前提下,江西省地方财政赤字率仍存在上升趋势。(见图 2-3)

三、当前江西省财政收支平衡面临的主要问题

(一)经济基础薄弱制约税收收入增长

与全国平均水平相比,江西省工业质量效益和可持续发展能力总体偏低,且在全要素生产率和企业创新研发方面存在明显短板。虽然近年来江西省经济发展明显提速,但产业发展及税收收入贡献力度仍不足,与中部其他省份相比,存在较大差距。(见表 3-1)

表 3-1 2019 年中部地区 GDP 及税收收入完成情况

	GDP(亿元)	GDP 增长率(%)	税收收入(亿元)	税收增长率(%)
江西	24757.5	8.6	1746.8	5.0
河南	54259.2	7.0	2841.06	6.9
湖南	39752.1	7.6	2061.92	5.22
湖北	45828.31	7.5	2530.64	2.7
安徽	37114	7.5	4571	3.4
山西	17026.68	6.2	1783.5	8.4

注:数据来源于各省 2019 年国民经济和社会发展统计公报

（二）政府性基金收入和国有资本经营收入的增长受制于资产和土地的有限性

2015—2019年，江西省政府性基金收入不断上升，其占同期财政总收入比重总体上呈波动上升趋势。其中，作为政府性基金收入主体的国有土地使用权出让收入也出现了较快增长。与此同时，国有资本经营收入绝对额也增加较快，这主要是由于有的地方国有股权出让收入增加较多。由于土地和资产的有限性，政府性基金收入和国有资本经营收入增长具有不可持续性。（见表3-2）

表3-2　江西省政府性基金收入相关情况

年份 项目	政府性基金收入增长率（%）	政府性基金收入/财政总收入（%）	国有土地使用出让收入（亿元）	国有土地使用出让收入/政府性基金收入（%）
2015年	-12.5	25.90	931.3	82.52
2016年	2.6	25.69	981.1	84.73
2017年	45.75	30.12	1476.3	87.48
2018年	52.20	36.71	2294.4	89.32
2019年	-1.21	35.99	2294.2	90.42
2020年1—9月	26.2	—	1489.2	91.37

（三）地方政府可支配财力薄弱

2015—2018年，江西省地方政府可支配财力绝对额呈逐年上升趋势。（见表3-3）这主要是由于江西省一般公共预算收入、中央补助收入绝对额在逐年增加而上解中央支出数额波动下降产生的。

但与中部其他省份相比，江西省地方政府可支配财力较为薄弱。以2018年为例，当年江西省地方政府可支配财力在中部六省中排名第五，仅高于山西省，与排名第一的河南省相比差了3216.542亿元。（见图3-1）

此外，江西省企业职工基本养老保险一直以来都存在资金缺口。为此，2020年江西省首次实施划转51亿元国有资本充实社保基金。在国有资本经营收支缺口不断加大的情况下，这会对江西省地方政府可支配财力产生影响。

表 3-3　2015—2018 年江西省地方可支配财力状况

单位：亿元

	一般公共预算收入	中央补助收入	上解中央支出	地方可支配财力
2015 年	2165.7362	1953.46	14.08	4105.1162
2016 年	2151.467	2145.89	12.56	4284.797
2017 年	2247.0624	2328.29	17.65	4557.7024
2018 年	2373.008	2460.81	12.63	4821.188

数据来源：《中国财政年鉴（2016—2019）》

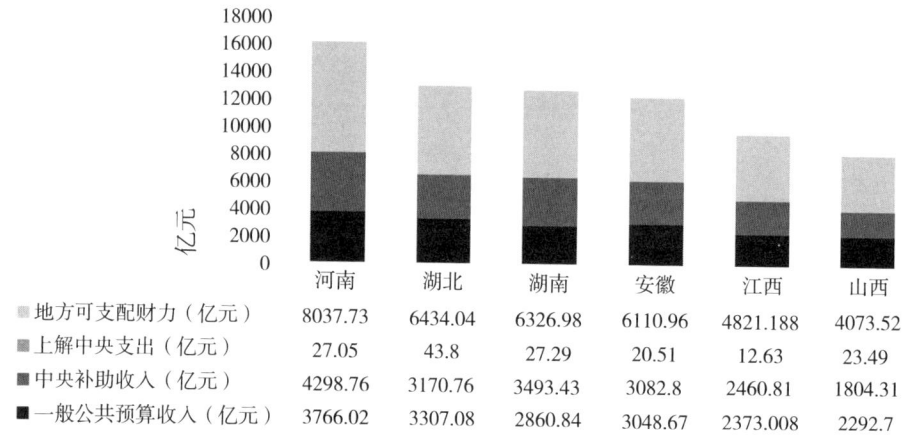

图 3-1　2018 年中部省份地方可支配财力状况

（四）政府支出刚性强

2015—2019 年，江西省一般公共预算支出表现出较强劲的增长态势，2020 年前三季度也出现了小幅增长。一方面，这主要是由于近年来江西省重点民生支出、社会公共事业发展资金需求不断上升，"财政八项支出"力度不断增加。以 2019 年为例，当年江西省"财政八项支出"总额占同期一般公共预算支出比重约为 77.78%。另一方面，随着地方政府债务管理体制不断完善，债务还本付息支出也成为地方财政预算中较为固定的开支。2019 年江西省债

务还本付息支出为93.1亿元,同比增长26.6%。上述两个方面都使得政府的刚性支出需求不断增加。(见表3-4)

表3-4 2019年江西省"财政八项支出"情况

	支出总额(亿元)	增长率(%)	占一般公共预算支出比重(%)
一般公共服务	600.7	14.4	9.38
公共安全	316.1	5.2	4.94
教育	1149.1	9	17.95
科学技术	183.3	24.6	2.86
社会保障和就业	820.1	7.8	12.81
医疗卫生与计划生育	632.1	8	9.87
节能环保	196.9	21.2	3.08
城乡社区	1081.6	60	16.89
总计	4979.9	—	77.78

四、平衡江西省财政收支矛盾的关键性举措

受多重复杂因素影响,近年来全国财政运行处于"紧平衡"状态。为确保财政可持续发展,各省市纷纷围绕"增收、减支、提效"来缓解财政收支矛盾。在借鉴其他中部省份平衡财政收支矛盾经验的基础上,平衡江西省地方财政收支矛盾可以考虑从以下几个方面取得突破。

(一)开源节流

1.优化经济增长方式,实现经济与税收显著增长

一是在深化供给侧结构性改革基础上,促进传统优势发展,提高税收总量。江西省税收收入主要来源于制造业、批发和零售业、交通运输仓储和邮政业、房地产业等传统产业。建议在深化供给侧结构性改革基础上,积极推动江西省传统产业做大做强、提质增效,进而优化升级,提高传统产业税收贡献度。

二是增加小型企业财政支持力度,促进实体经济发展。在江西省所有类

型企业中，小型企业的税收贡献度最高。建议为小型企业的发展营造更加公平的营商环境，尤其要积极推动完善财政支持普惠金融发展政策，缓解小型企业融资难、融资贵的难题，促进实体经济的发展。

三是大力发展第三产业，促进产业结构优化升级。近年来第一、二产业对江西省税收贡献度下降，而第三产业的税收贡献度在逐年提高。建议持续扩大对第三产业的财政投入力度，推动第三产业发展壮大，推进产业结构优化升级。

四是积极发展新经济业态，培植新税源。当前税收贡献度最大的产业集中于传统行业，新兴产业税收贡献度仍相对较低。建议加大财政资金投入力度，大力推进物流、现代金融、新基建、科技创新平台的建设，促进数字经济与实体经济的深度融合，实现经济与税收的稳步发展。

五是培育一批高技术含量、高税收贡献率的纳税主体。建议进一步扩大开放程度，加快形成较完善的市场机制和良好的市场环境，在更大程度上加强江西省与沿海地区及国际经济的交流合作，营造吸引国内外资金和人才的独特优势。此外，在土地财政、风投模式、疫情冲击等多方面影响下，加大承接高科技产业转移力度，加速制造业的数字化、智能化、绿色化、融合化发展，聚焦航空制造业、中医药业、电子信息业、装备制造业、新能源业和新材料业等新兴优势行业，着力推动移动物联网、VR、LED产业的发展。

2. 加大预算绩效管理，优化支出结构，减少财政浪费

一是加强全面预算绩效管理。探索建立适合江西省的全面绩效评价体系，加大政策和项目绩效评价力度，将所有财政支出都进行绩效预算、绩效评价、绩效考核，充分运用预算绩效考核结果提高财政支出效率。

二是优化财政支出结构，减少财政浪费。一方面，硬化预算约束，严格控制行政经费增速，压缩"三公"经费规模，控制"三公"经费增长。另一方面，调整优化民生支出结构，控制民生支出的过快增长。

三是进一步提高政府管理效率、降低行政成本、促进各部门信息共享，最大限度降低地方政府支出成本。

（二）深化分税制财政管理体制改革，规范转移支付，争取赋予地方更多可支配收入，减少地方债务风险

1. 深化分税制财政管理体制改革

迄今为止，我国尚未形成完善的地方税体系，建议根据中央统一部署，深化分税制财政管理体制改革，建立健全地方税体系，增加地方税收收入，平衡地方财政收支矛盾。

一是为房地产税的征收创造有利条件。根据我国财税体制改革的设想，省级以下政府应该构建以房地产税为主的地方税体系，而房地产税的征收需要完善的征管信息系统和纳税人较高的纳税意识。建议江西省地方政府积极做好准备，为征收房地产税创造有利条件。

二是通过消费税改革缓解省本级税源问题。根据未来地方税建设设想，消费税有望由中央税转为中央与地方共享税，同时，将消费税征收环节后移至零售环节。若改革到位，将为省级政府提供可观的税收收入，缓解税收紧张状况。

三是调整并完善省、市、县税收分成比例。目前江西省主体税种的分配比例在省级政府承担更多事权和支出责任的情况下，加剧了省级政府财政困难。建议适当调整增值税、企业所得税、个人所得税三项主体税在省级政府及市县间的税收分成比例。

2. 争取更多转移支付，增加地方可支配财力

一是向中央争取更多转移支付资金。在争取了更多的转移支付资金后，加大财力下沉力度，充实江西省基层财力。在此基础上，在省级政府统一组织下，尽量争取发达省份的横向转移支付，研究制定设区市间横向转移支付制度，促进各地可支配财力的协调发展。

二是配合中央政策，逐步争取提高地方财政资金留用比例。为有效应对疫情的影响，财政部指出，2020年3月1日至6月底，在已核定的各地当年留用比例基础上统一提高5个百分点。这期间各地因提高留用比例增加的现金流，建议全部通过提高县级财政资金留用比例或增加日常资金调度的方式

留给县级使用，避免在省级财政滞留；建议向中央呼吁，继续延续这一政策，按照历年测算的税收返还及转移支付比例提高地方留用比例。

三是运用好发行地方专项债券政策。抓住地方专项债券扩容机遇，在地方债发行过程中增加一般债务限额，适当调整新增一般债务限额与新增专项债务限额结构，增强地方政府可支配财力的灵活性。此外，健全债务管理制度，逐步化解地方债务风险，提升债务资金使用效益。

课题组组长：

席卫群　江西财经大学财税研究中心主任、教授，江西省首届省情研究
　　　　特约研究员

课题组成员：

杨青瑜　江西财经大学博士生

唐小明　江西财经大学博士生

大力发展平台经济
为江西"换道超车"打造"高速路"

□彭峰　陈闽熔　曹强　欧阳锦

摘要： 平台经济是江西"换道超车"的重要突破口，对于正处于厚积薄发、爬坡过坎、转型升级关键期的江西来说，平台经济发展机不可失。当前，江西对平台经济的认识度不高、对平台企业的吸引力不大、对数字平台的监管能力不强。大力发展平台经济，为江西"换道超车"打造"高速路"，必须深化对平台经济的认识，对平台经济开展分类指导，优化平台经济发展环境，对平台经济实行包容审慎监管。

"平台"并非新生事物，古老的集市、现代的商场都是我们熟悉的平台。平台经济也不是一种完全崭新的商业模式，中介公司所扮演的就是平台型企业的角色，其从事的经济活动即属于平台经济。只有与互联网深度融合之后，作为生产力组织方式的互联网平台经济才应运而生。

习近平总书记指出，平台经济有利于提高全社会资源配置效率，推动技术和产业变革朝着信息化、数字化、智能化方向加速演进，有助于贯通国民经济循环各环节，也有利于提高国家治理的智能化、全域化、个性化、精细化水平。这为平台经济发展指明了方向，提供了遵循。江西省"十四五"规划和2035远景目标纲要提出，促进平台经济、共享经济健康发展。各地都在抢占平台经济的"风口"，江西省平台经济发展也大有可为。近期，我们为此作了初步研究，以资借鉴。

一、平台经济是江西"换道超车"的重要突破口

当前,我国平台经济发展正处在关键时期,电商平台竞争已进入白热化,工业互联网平台竞争群雄逐鹿,社交平台、出行平台一家独大。对于正处于厚积薄发、爬坡过坎、转型升级关键期的江西来说,平台经济发展机不可失。

（一）平台经济可以在短时间内爆发式增长

传统意义上,一个企业或产业要由小做大、由弱做强,需要数家乃至数十家企业参与竞争,加上产业链上下游企业的集中,才产生一定的规模效应,这个过程一般需要较长时间。而得益于互联网的发展,平台经济的经营可以不受时间、空间、自然资源等条件限制,只要平台配对"供需"足够高效、提供的服务足够便捷,就能够吸引全国乃至全球的消费者和市场资源加入,迅速产生规模经济效应,获得几何倍数的增长,创造出巨大价值。比如,微信用户数上线433天达1亿,2年达3亿,7年超10亿;滴滴出行2012年成立,2015年全平台的订单量就达到14.3亿,成为"网约车"的龙头企业。

（二）平台经济可以加速产业转型升级

平台企业自身为了实现高附加值和高成长性,要进行技术创新和商业模式创新。同时,平台经济的发展不仅仅局限于自身,通过平台对产业资源、市场资源的整合,会驱动各类市场主体进行持续创新,这些创新将会带动整个产业的发展。特别是在制造业竞争日益激烈的当下,高效的平台能够打通制造和流通之间的瓶颈,实现产品制造链和商品流通链的有效衔接,加快制造业与服务业的深度融合。比如,苹果应用商店模式的创新发展引来众多企业效仿,从而带动了"硬件制造—软件开发—信息服务"整条产业链的创新发展。

（三）平台经济可以释放消费潜力

在平台经济发展的早期，直接面向终端消费者的电商平台率先崛起。电商缩短了生产者和消费者之间的距离，减少了中间环节，让消费者可以购买到更廉价的商品。消费者可以通过互联网平台与更多商家直接沟通交流，打破信息不对称的局面。现在，无论是购物、出行，还是吃饭、学习，平台经济影响到几乎所有市场主体和消费者。据《中国数字经济发展白皮书（2020年）》显示，2019年我国互联网平台服务企业实现业务收入3193亿元，同比增长24.9%。例如，淘宝网等电子商务平台已成为人们日常消费的优先选择，而支付宝等第三方支付平台以及网络银行的普及为人们带来了更多便捷，仅2020年"双十一"，天猫销售额就突破了4900亿元。此外，医疗健康、教育、养老家政、旅游、体育等领域都有巨大的需求空间，但也都存在优质供给严重不足的问题。在这些领域，加快互联网平台赋能，有利于激发更多的新供给形成，进而引领消费升级。

二、江西平台经济发展面临的问题

（一）对平台经济的认识度不高

对平台经济的研究还不多，对其特点、作用、内在运行规律以及对外在的影响和要求知之不深、知之不透。有的对平台经济在产业转型升级中的作用和机理认识不清，把平台简单等同于信息系统，看作是线上交易或信息服务的媒体。有的认为平台型企业类似于供应链企业，不是实体经济，不生产任何产品，而且业务大多"两头在外"，税收上缴国家财政，支持其发展的地方只有付出没有回报。因此，各地支持平台经济发展的积极性不高、出台针对性的政策措施比较少，在提高企业参与平台建设的主动性方面有所欠缺。特别是县（市、区）和开发区层面，有的甚至担心平台型企业发展得太快，导致基数过高，将来考核会受影响。

（二）对平台企业的吸引力不大

相对于"阿里""京东"等平台"巨无霸",江西的平台型企业规模小、影响力有限,从事平台集成服务、技术开发、营销推广、模式创新等工作的核心人才普遍匮乏。数量众多、分工细密的平台服务提供商是平台经济发展必不可少的支撑,而江西中介服务业和专业服务业质量和数量都有限。虽然江西省印发了《关于促进平台经济规范健康发展的实施意见》,提出了工业互联网、数字农业、金融服务、电商物流、人力资源、大宗商品交易、数字文化和旅游、数字教育、智慧医疗、生活服务、创新创业等11类平台的支持政策,但是,平台型企业尚无认定标准,平台经济也没有统计口径,一些政策不能很好落地。省产业发展引导基金一般投向实体经济,平台型企业体量增大之后获得金融支持比较困难。

（三）对数字平台的监管能力不强

平台经济拥有大量的数据资产,头部平台利用其所积累的大数据优势迅速形成先发优势,形成进入壁垒,容易形成垄断,造成赢者通吃和大到不能倒的现象,不仅破坏市场公平,还会侵犯消费者权利,这也是国家推动平台经济领域反垄断的原因之一。而且,平台经济并非万能,由于运行不透明和对资金、信息操控等因素,发展中也暴露出大数据"杀熟"、个人信息泄漏等诸多问题和风险,监管体制机制跟不上、不适应的问题较为突出。虽然江西在加快构建以信用为基础的新型监管机制,但推进"互联网+监管"方式的前提是要有信息数据共享平台。目前,覆盖各地区各部门、各类市场主体的信用信息"一张网"还远未形成。

三、发展平台经济的建议

（一）深化对平台经济的认识

平台经济的实质是为了更好解决信息不对称问题,实现更大规模的信息交互和更加精准的供需匹配，从而实现更加高效的资源配置和价值交换，提升经济运行效率。当年，阿里巴巴不生产任何商品，只是一个"买全国、卖全国"的交易平台，在北京、上海、杭州的对比中选择了杭州，原因之一就是杭州市政府认为尽管当时税收不多，但却是代表未来发展方向的新业态，选择了"将信将疑地坚定支持"，提出"政府负责营商环境，阿里巴巴负责茁壮成长"。20多年后，阿里巴巴已经形成了一个通过自有电商平台沉积以及UC、高德地图、企业微博等端口导流，围绕电商核心业务及支撑电商体系的金融业务，以及配套的本地生活服务、健康医疗等，囊括游戏、视频、音乐等泛娱乐业务和智能终端业务的完整商业生态圈。而浙江通过这个平台，不仅推动了电子商务迅猛发展，也帮助制造型企业、外贸型企业构建了国内营销网络，让更多"浙江制造"销往全国乃至全球。供应链平台型企业虽然也是业务"两头在外"，但通过技术支撑将数据集中化管理，不仅能够打通产业链上下游，驱动优化供应链服务，还可以孵化出垂直行业的"科创新星"，其中专注做食品、医药、连锁餐饮及新零售的服务供应链管理运营平台的"晶链通"就是例子。因此，要高度重视平台经济，着力推动其规范、健康、有序发展，从而推动江西省产业转型升级、现代化经济体系建设和高质量跨越式发展。

（二）对平台经济开展分类指导

目前，电商平台有天猫、京东、拼多多等，社交平台有微信、新浪微博、今日头条、抖音等，竞争异常激烈，新入局者很难再脱颖而出，只有等待时机或另辟蹊径才有机会换道超车。建议通过分类指导、重点扶持、扩量提质等方式，不断完善平台型企业的培育成长链条，促进平台经济高质量跨越式发展。一是在"电商平台"上抢抓机遇。2021年4月，国家依法对阿里巴巴集团实施"二选一"垄断行为开出182.28亿元的"天价"罚单。在国家强化平台经济领域反垄断监管的背景下，电商平台面临"洗牌"，这对于江西来说却是重大机遇。建议抓住国家规范和引导平台经济持续健康创新发展的机遇，大力鼓励支持电商平台企业加快发展，做大做强，迎头赶上。二是在"供应链平台"上抢占先机。我国现代供应链管理产业起步晚、发展快，还没有形成垄断之势。近年来，商务部等八部委一直在开展全国供应链创新与应用示范创建工作，沿海地区已经领先一步。比如，深圳推动供应链高质量发展，提出要打造全球供应链管理中心，汇聚了全国80%的供应链管理企业总部，前20强企业中有3家是供应链企业。中西部地区供应链产业发展势头初见端倪，供应链平台的头部企业或许是下一个电商领域的"阿里巴巴"。江西要"见势早""下手准"，像当年杭州"将信将疑地坚定支持"阿里巴巴一样，千方百计引进、培育供应链平台龙头企业并支持其发展壮大。同时，鼓励省内龙头制造企业引进为其服务的供应链企业，建设和完善各类供应链平台，推动供应链与互联网、物联网深度融合，打造大数据支撑、网络化共享、智能化协作的智慧供应链体系。三是在"工业互联网平台"上深耕细作。工业互联网是支撑产业融合发展的关键基础设施，要以此为抓手推进服务业企业平台化发展。在有色、钢铁、装备制造、电子信息等江西省优势行业，培育一批企业级工业互联网平台。积极推动江西省工业企业与阿里、海尔、华为等国内知名工业互联网平台企业进行合作对接，加快工业互联网平台企业与江西省重点企业合作项目的落地布局。

（三）优化平台经济发展环境

江西作为欠发达省份，在吸纳集聚先进生产要素上拼基础、拼投入是很难行得通的，关键要靠拼服务、拼软环境。一是完善发展政策。尽快出台支持平台经济发展的具体办法，制定平台型企业认定标准，不能"萝卜白菜都往里装"。明确普惠性支持政策和重点扶持的龙头企业，构建平台生态，激发市场活力。对体量较大、增长较快的平台型企业实行单列考核，解除市、县的后顾之忧。二是加大金融支持。鼓励金融机构创新产品和服务，加大对平台型企业融资贷款支持，引导社会资本参与平台发展。鼓励种子投资、风险投资、天使投资等参与平台型企业融资。引导各类产业资金支持平台经济发展，在省产业发展基金中切出一块"蛋糕",支持龙头平台型企业的发展。三是加大帮扶力度。将重点平台型企业的发展问题纳入破解高质量跨越式发展难题调度机制,实行"高位化调度、集成化作战、扁平化协调、一体化办理"。对重点企业,开展深入调研和"一对一"帮扶,切实解决企业反映的难题。

(四)对平台经济实行包容审慎监管

平台经济是与传统行业完全不同的新业态、新模式,传统的"一刀切"或"自由放任"监管模式很容易导致"一放就乱、一管就死"的局面,因此,既要发挥"无形之手"的调节作用,更要发挥"有形之手"的监管作用,创新监管理念与方式,实行包容审慎监管。一是监管理念创新。为平台经济新业态留足生存、创新、发展的空间,实施包容审慎监管,要分类分级区分。比如,对涉及金融活动的,全部纳入监管;对一时看不准的,设置一定的"观察期";对非法经营或垄断行为,严格监管、依法处置。二是监管机制创新。既要充分协调政府监管和平台企业监管,也要结合社会参与、行业监管,健全协同监管机制。三是监管方式创新。平台经济是互联网经济,传统监管方式难以应对平台经济的新技术挑战,要依托大数据、人工智能等技术,推进"互联网+监管"方式,提升智慧监管的水平。

作者:

彭　峰　江西省贸促会副会长、高级经济师,江西省第二届省情研究首席专家

陈闽熔　江西省人民政府研究室区域处副处长

曹　强　江西省人民政府研究室区域处一级主任科员

欧阳锦　江西省人民政府研究室社会处三级主任科员、助理研究员,江西省第二届省情研究特约研究员

抢抓战略性重组的重大机遇
加快破解江西省国家重点实验室建设困境

□季凯文　王文强　陈熹

摘要：国家重点实验室作为国家科技创新体系的重要组成部分，迎来了重组的重大机遇。江西起步晚、数量少，创新人才吸纳不足，管理体制机制不畅，整体实力及竞争力较弱，亟须系统性加以解决。建议以国家重点实验室体系重组为契机，充分发挥特色学科及产业优势，尽快制定江西省国家重点实验室五年倍增计划，在加强现有国家重点实验室建设的同时，确立一批新的国家重点实验室申报建设目标，集中资源予以重点扶持，全面提升科技创新活力和竞争力。

国家重点实验室是国家组织开展基础研究和应用基础研究、聚集和培养优秀科技人才、开展高水平学术交流、具备先进科研装备的重要科技创新基地，是国家创新体系的重要组成部分，是科技创新的"国家队""主力军"。为适应新时代对科技创新的新要求，国家层面已经明确提出重组国家重点实验室体系，这充分体现了国家深化科技改革、优化国家重点实验室布局的决心。重组就是重新给国家重点实验室赋能，使国家重点实验室更好地服务于创新驱动发展战略。目前，江西省国家重点实验室数量少、实力弱，且主要集中在食品科学、生物医药、核资源、轨道交通领域。推动江西省加快迈入创新型省份行列，就必须抓住国家重点实验室体系重组的机遇，发挥特色学科及产业优势，在对现有国家重点实验室进行调整提升的基础上，努力新建一批国家重点实验室,加快形成特色明、效率高、带动强、影响广的国家重点实验室体系,挺起科技强省的脊梁。

一、国家重点实验室体系迎来战略性重组

(一)从运行情况看,迫切需要对现有国家重点实验室进行梳理调整

国家重点实验室建设计划从 1984 年开始组织实施,迄今已有 37 年。截至 2020 年底,全国共有国家重点实验室 522 家,其中学科类 299 家、企业类 174 家、省部共建类 49 家。总的来看,国家重点实验室为基础研究发展做出了突出贡献,但也存在以下突出问题:一是国家重点实验室现有的开展基础研究和应用基础研究的定位已经不能满足国家发展的需求,部分国家重点实验室的研究方向或技术相对落后。截至 2020 年底,在历次国家重点实验室评估中,有 7 家国家重点实验室未通过评估被剔除出国家重点实验室名单,29 家限期整改。二是国家前沿领域及部分重大基础领域重点实验室数量少,特别是量子信息、光子与微纳电子、网络通信、人工智能、生物医药、现代能源系统等新兴前沿科技领域布局建设明显不足。三是区域上存在"高度集中、分布失衡"的问题。截至 2020 年底,东部及港澳、中部、西部地区重点实验室数量依次为 343 家、101 家、78 家。四是现有单个实验室的人员规模普遍偏小,且管理体制机制不畅,多数实验室并没有实现真正的相对独立。作为国家战略科技力量的重要组成部分,国家重点实验室不仅要瞄准国际前沿的热点问题,也要立足于国家有重大需求、亟须解决的关键技术问题,迫切需要打破现有国家重点实验室分类体系,建立基础研究、应用基础研究、前沿技术研究融通发展的新体系。

表 1 2020 年国家重点实验室省级分布数量

北京	139	四川	14	江西	5
上海	45	浙江	14	山西	5
江苏	39	天津	14	贵州	5

续表：

湖北	28	吉林	12	澳门	4
广东	27	河北	12	新疆	3
陕西	24	安徽	11	宁夏	3
山东	21	重庆	10	内蒙古	3
湖南	19	甘肃	10	海南	3
辽宁	17	福建	10	广西	3
河南	16	黑龙江	9	青海	2
香港	16	云南	6	西藏	1

表2 2020年国家重点实验室各类各领域数量

学科类		企业类		省部共建类	
数量（家）	299	数量（家）	174	数量（家）	49
领域	数量（家）	领域	数量（家）		
生物	82	化学	28		
材料	64	制造	26		
工程	53	矿产	24		
信息	52	数理	23		
医学	50	医药	22		
地学	47	交通	15		
能源	32	社科	4		
总计					522

备注：数据来源于科技部公布名单及历年评估结果；部分有多个归属依托单位的重点实验室，在省级分布上存在重复统计。

（二）从政策导向看，国家重点实验室重组已列入科技创新重点工作任务

习近平总书记多次对重组国家重点实验室体系工作作出重要指示批示，强调国家重点实验室建设的重要意义。2018年中央经济工作会议明确提出，抓紧布局国家实验室，重组国家重点实验室体系。2019年、2020年、2021年国务院总理李克强所作的政府工作报告,连续强调重组国家重点实验室体系。2021年3月,国家"十四五"规划和二〇三五年远景目标纲要明确指出,聚焦量子信息、光子与微纳电子、网络通信、人工智能、生物医药、现代能源系统等重大创新领域组建一批国家实验室,重组国家重点实验室,形成结构合理、运行高效的实验室体系。目前,科技部已将国家重点实验室体系重组列为2021年11项重点工作之首,并在制定国家重点实验室体系重组方案。教育部、中国科学院、中国工程院等也在积极协商推进国家重点实验室体系的重组工作。

(三)从具体思路看,将聚焦国家目标对现有国家重点实验室进行重组

在国家重点实验室重组的背景下,优势前沿领域国家重点实验室迎来提级领跑发展机遇,弱势前沿领域实验室迎来成长壮大机遇,长期跟跑无重大成果实验室面临淘汰转型。具体体现为:一是研究方向或技术比较落后、不适应当前发展的国家重点实验室将会被淘汰,研究方向相近的国家重点实验室面临合并;二是将面向世界科技前沿、面向经济主战场、面向国家重大需求、面向人民生命健康,在一些重要、新兴学科领域新建一批国家重点实验室;三是将结合区域发展、行业发展需要,通过产学研结合等形式,实现基础研究、应用基础研究、前沿技术研究融通发展;四是将围绕创新和行业发展选择优势单位和团队布局建设,并适当向布局较少或尚未布局的地方、行业部门倾斜,国家科技前沿领域、中西部地区、部分实验室缺乏的行业、企业类与省部共建类国家重点实验室建设迎来重大机遇。

二、当前江西省国家重点实验室建设面临的困境

截至2021年5月,江西省共有国家重点实验室6家,其中省部共建类、企业类、学科类国家重点实验室分别为3家、2家和1家。与发达省份及中部兄弟省份相比,江西省国家重点实验室整体实力及竞争力较弱,具体体现为:

（一）起步晚且数量少

从起步时间看，2007年江西省成立了第一家国家重点实验室——食品科学与技术国家重点实验室，且为江南大学、南昌大学合建，未赶上国家1984—1997年国家重点实验室建设的起步期，同时晚于湖北1988年、安徽1989年、山西1991年、湖南1995年的起步时间，仅赶上了国家重点实验室发展期的末班车。从数量看，江西省拥有国家重点实验室6家，位列全国第22位，在中部6省与山西共同位列倒数第1，明显低于湖北的29家、湖南的19家、河南的16家、安徽的11家。

（二）培育目标少且组建速度慢

从培育目标看，江西省尚未有新的国家重点实验室培育基地，而湖南有培育基地3家，安徽有培育基地2家，河南有培育基地2家，湖北有培育基地1家，山西有培育基地2家与重点申报目标1家，凸显江西省国家重点实验室"数量少、目标少"及缺乏长远规划的现状。从组建速度看，2016—2020年，全国共新建国家重点实验室71家，而江西省仅新建1家省部共建国家重点实验室，落后于湖南和河南各新建4家、湖北和安徽各新建3家的速度，说明江西省国家重点实验室组建速度相对较慢。

（三）领军人才不足且核心竞争力不强

从学术指导团队看，江西省多数国家重点实验室学术委员会院士数量在1—2名，只有2家实验室院士数量在4—6名，而成熟的国家重点实验室学术委员会院士数量在4—8名。从研究团队组成看，江西省仅有2家国家重点实验室拥有院士领衔的研究团队，2家国家重点实验室固定研究人员数量在40人及以上，4家国家重点实验室研究团队无院士领衔、固定研究人员数量在25人以下，而成熟的国家重点实验室拥有以院士领衔、各类中青年人才梯度配置的研究团队，固定研究人员在40—80人左右。

(四)科研项目偏少且与产出不高

从承担的科研项目看,江西省多数国家重点实验室年均承担的973计划、863计划、科技重大专项、国家自然科学基金等国家级项目不足50项,仅有1家实验室年均承担各类国家级项目85项以上,且不为江西省独立依托的实验室。从获得的科研奖励看,江西省国家重点实验室成立以来共获得国家科学技术发明、国家科学技术进步二等奖及以上奖励20余项,而以江西省为独立依托的国家重点实验室获得此类奖励的仅有1家。从发明专利数量看,江西省多数国家重点实验室年均授权发明专利数量不足20项,仅有1家重点实验室年均授权发明专利在160项以上,且不为江西省独立依托的实验室。无论是科研项目还是发明专利数量,均低于全国单个国家重点实验室年均承担相关等级项目80—90项、年均授权发明专利30—40项的平均水平。

三、国家重点实验室体系重组形势下江西省应对策略

(一)抢抓重组机遇,实现"五年倍增"目标

一要建立本省实验室报告和评估机制,尽快全面摸清全省各级各类实验室总体建设运行状况,评估各类省级实验室申报国家重点实验室及培育基地的条件。二要以江西省建设发展需求为导向,以各类省级实验室评估条件为基础,聚焦国家重点实验室建设重点和领域,谋划制定全省国家重点实验室五年倍增计划,着力绘制全省国家重点实验室建设发展蓝图。三要坚持强化建设和重点扶持"两条腿"走路,在全面加强现有国家重点实验室建设的同时,尽快确立一批新的国家重点实验室申报目标,集中资源予以重点推进。四要以国家重点实验室体系重组为契机,紧跟国家《基础研究十年行动方案(2021—2030)》制定方向与步伐,提早谋划制定江西省基础研究及应用基础研究十年行动方案。

（二）发挥特色学科及产业优势，构建梯次发展格局

一要聚焦有色金属、电子信息、航空制造、生物医药、虚拟现实、新能源、新材料、装备制造等优势领域，加快创建稀土科技与材料、持久性污染控制与资源循环利用、航空应急救援等国家重点实验室。二要针对未来五年企业类、省部共建类国家重点实验室仍是全国建设重点，对接江西省"2+6+N"产业高质量跨越式发展行动计划，上下联动推进国家重点实验室及培育基地的申报建设。三要支持本省规模相对较小但科研实力突出的省级重点实验室联合省内外、同领域或相近领域的实验室，共同申报建设国家重点实验室及培育基地。四要在挖掘整合现有资源的基础上，依托中科院赣江创新研究院积极创建稀土新材料国家实验室，积极争取省外国家实验室在赣设立科研机构和基地，适时与江苏协商协同推动食品科学与技术国家重点实验室申报建设国家实验室。

（三）聚焦"高精尖、归缺专"，打造高水平人才队伍

一要做大做强国家重点实验室研究队伍，聚焦航空、电子信息、中医药、有色金属、虚拟现实、移动物联网、核资源、轨道交通、食品科学等，构建能够把握国际学科前沿、富有创新活力、承担重大战略科技任务，院士领衔、以中青年科技人才为主、结构合理的科研人才队伍。二要组建高水平建设发展指导团队，邀请行业领域内知名院士专家组成顾问团队，对江西省国家重点实验室及重点培育目标进行"问诊把脉"，凝练发展方向，设立发展目标，制定完善的实验室建设运行方案。三要制定专门针对国家重点实验室科研人才的优惠政策，对于引进的各类科研人才，按照适当高于湖北、湖南、河南、安徽等兄弟省份的标准给予政策优惠，增强重点科研人才吸引力。四要加强对本地青年科研人员的培育力度，以"一人一案"的方式制定人才培养方案，积极在企业类国家重点实验室探索试行工程硕士、博士培养资格。

（四）多渠道筹集建设经费，提高科技产出水平

一要积极向国家申请提高对中西部省份、赣南等原中央苏区的实验室专项建设经费标准，并适当提高江西省国家重点实验"专项建设经费"标准，提高单家实验室专项建设经费标准，促进实验室平台建设。二要推动省、市各级政府及依托单位科研经费向国家重点实验室适当倾斜，增加实验室科研收入，支持国家重点实验室承担更多国家及省市重大科研项目，提升实验室影响力。三要针对投入基础研究及应用基础研究的企业制定出台税收优惠政策，支持鼓励省内外大型集团公司、上市企业单独或联合在赣建立国家重点实验室，携资参与国家重点实验室科研项目，助推科研成果转化。四要注重组织科研人员进行核心技术集中攻关，破除存在的"卡脖子"核心技术限制，集中产出一批高质量专利、论文及产品等科研成果。

（五）健全管理体制机制，激发内在活力

一要优化国家重点实验室科研奖惩机制，落实以创新质量和贡献为导向的绩效评价体系，加大对承担国家关键领域核心技术攻关任务科研人员的薪酬激励，实行"一项一策"和"清单式管理"。二要对国家重点实验室建立"自由探索和颠覆性技术创新活动免责"机制，赋予科研单位与科研人员更大技术路线决策权、科研项目经费管理使用自主权。三要制定科技成果转化激励机制，对推进和完成科技成果转化具有重大贡献的国家重点实验室及其人员给予一定比例资金、股权奖励，进一步提高江西省科技成果转化率。四要改革管理体制，发挥国家重点实验室的主体作用，学习推广"贝尔实验室"创新模式（即研究不设目标、研究主体决定、事后评审奖惩），提高实验室运行效率。

作者：

季凯文　江西师范大学江西经济发展研究院院长、研究员、博士，江西省第二届省情研究特约研究员

王文强　江西师范大学地理与环境学院硕士研究生

陈　熹　南昌大学经济管理学院副教授、博士，江西省第二届省情研究特约研究员

开发开放

补短板 通"堵点"
把江西打造为全国构建新发展格局的重要战略支点

□省社联省情调研课题组

摘要：构建新发展格局，关键在于实现经济循环流转和产业关联畅通，推动生产、分配、流通、消费等国民经济循环各环节的"血脉"畅通高效，形成一个强有力的循环体系。目前，江西在打通生产、分配、流通、消费各环节中还面临一些"堵点"。在主动融入构建新发展格局过程中，江西要主动把握发展大势，充分发挥比较优势，全面提升江西省产业链、供应链、创新链在全国的地位，努力把江西打造成为全国构建新发展格局的重要战略支点。

2020年中央经济工作会议提出，2021年经济工作要围绕构建新发展格局来展开。加快构建新发展格局，既要在战略上布好局，也要于关键处落好子。当前，江西要打通国民经济循环的"堵点"，找准融入构建新发展格局的"着力点"，扬长补短、扬优成势，积极探索融入新发展格局的有效路径，打造全国构建新发展格局的重要战略支点。

一、江西在打通国民经济循环中面临的"堵点"

构建新发展格局，关键在于实现经济循环流转和产业关联畅通，推动生产、分配、流通、消费等国民经济循环各环节的"血脉"畅通高效，形成一个强有力的循环体系。而目前江西在打通生产、分配、流通、消费各环节中还面临一些"堵点"。

（一）生产环节的"堵点"：创新驱动动能不足，离高质量供给有差距

一是研发投入有待加大。近年来，虽然江西研发经费保持较快增长，但依然面临投入总量少、投入强度低的局面。2019年，江西研发经费投入总量为384.31亿元，仅占全国的1.73%，列全国第18位、中部第5位，约为湖北的40.1%、湖南的48.8%、安徽的50.9%。江西研发经费投入强度为1.55%，低于全国平均水平0.68个百分点，列全国第17位、中部第4位，远低于湖北的2.09%、安徽的2.03%、湖南的1.98%。

二是创新平台有待做实。江西共有19家国家级开发区，数量位居全国第5位、中部第1位。但拿到"牌子"后用足用好的谋划不到位，普遍存在"重争取、轻做实"的情况，作用发挥得还远远不够。与发达地区相比，江西省国家级开发区还存在经济总量偏小、产业特色不明显、体制机制不顺畅、产城融合较差等问题。比如，主营业务收入过1000亿的开发区只有4个，有的开发区还不足300亿；17家国家级开发区都布局了电子信息产业，其中9家将其列为主导产业；开发区的职责和管理权限不匹配，管理体制不够科学，运行机制效率不高；大部分开发区与所在城市的衔接性不强，忽视人们的生活居住需求，园区公共服务设施配套严重不足。

三是供给质量有待提高。随着收入不断提高和消费不断升级，人们对产品和服务的质量也提出了更高的要求。江西供需方面出现一定程度的结构性失衡，供给体系呈现内部循环不畅、对需求的适配性不足的现象。尤其是中低端产品和服务明显过剩，其种类和品质难以满足多层次、个性化市场需求，导致高端产品和服务供不应求。比如，近些年江西省居民对优质产品和服务的需求增加，为了解决高端消费需求在境内"买不到"的问题，人们出境旅游购物热情高涨，全球各地的免税店始终是游客的最爱。据统计，2019年，南昌航空口岸出入境旅客人数接近100万，增长近20%，再次刷新历史纪录。

四是产业链安全有待重视。长期以来，江西的产业普遍缺失关键共性核

心技术，产业技术基础体系不完善，导致江西制造业整体处于产业链价值链中低端，尤其是集成电路、智能制造等高端产业与发达地区差距较大，成为严重制约江西省"2+6+N"产业高质量跨越式发展的"卡脖子"问题。随着全球新冠肺炎疫情持续蔓延，江西省产业链供应链安全风险加大，部分企业面临原料进口停摆的窘境。比如，南昌经开区电子信息龙头企业欧菲光的芯片等核心元器件还依赖国外进口，如果外部形势持续恶化、进口不畅，有可能出现关键原材料断供，发生重大的"掉链"风险。

（二）分配环节的"堵点"：收入水平整体偏低，持续扩大内需有空间

一是居民人均可支配收入较低。由于经济欠发达，江西城镇就业人员收入总体偏低且增长乏力。2019年，全省居民人均可支配收入仅有2.6万元，是全国平均水平的85.4%；城乡居民收入比为2.31∶1，近5年都在2.3以上；南昌市年工资收入高居全省榜首，也只有5.3万元，其他设区市均不足5万元。而且，江西省低收入群体较多、中等收入群体偏少。大量低收入群体虽然有强烈的改善生活需求，但是购买力不足、形不成有效需求，这些都构成了对经济循环的明显阻碍。

二是财政收入质量有待提升。江西财政收入增长较快，全省财政总收入占GDP的比重稳步提高，2003—2011年保持在10%~14%之间，2012年以来稳定在15%以上，2019年达到16.2%。但财政收入结构还有待优化，税收收入占一般公共预算收入的比重70.2%，税收比率仍处于相对较低的水平，一般公共预算收入稳定性偏弱。2016年"营改增"后，增值税迅速增长。2019年实现增值税800.0亿元，占一般公共预算收入的32.2%；企业所得税、个人所得税合计占比仅10%左右。

三是要素收入结构不合理。江西通过劳动力要素获得的劳动性收入较多，资本技术数据等要素获得的财产性收入较少。2019年，江西省居民劳动性收入占人均可支配收入的比例为74.2%，其中工资性收入占比56.3%左右，分别高于全国平均水平2.1、1.9个百分点。江西省居民经营净收入、财产净收

入占人均可支配收入比例分别为17.8%、6.71%,分别低于全国平均水平2.4、2.2个百分点左右。

(三)流通环节的"堵点":物流体系建设滞后,要素配置失衡流通不畅

一是农产品冷链物流体系亟须完善。江西拥有很多享誉全国的农产品品牌,如赣南脐橙、南丰蜜橘、鄱阳湖大闸蟹等,由于冷链物流体系建设相对滞后,导致江西省优质农产品销售渠道不畅通。2019年,江西省农产品冷链综合流通率、果蔬冷链流通率、水产品冷链流通率分别为14.2%、4.1%、6.8%,仅为全国平均水平的48%、21%、26%。江西省冷链物流存在"规模小、档次低、布局散"等问题,全省无一家全国百强冷链物流企业,尚未形成多功能的区域性农产品冷链物流基地,缺乏城市大型生鲜产品配送中心,造成农产品深加工、流通配送不能形成有效的集约化发展。

二是社会物流运输成本总体偏高。2019年,江西省社会物流总费用为4060.1亿元,物流总费用占GDP的比重为16.4%,比全国平均水平(14.7%)高1.7个百分点,高于发达省份约2个百分点。江西省的运输结构不合理,公路、铁路、水运运输比重为89.9∶3.3∶6.8,公路运输占比太高(近90%)。而从经济里程来看,公路运输运费一般为0.35—0.50元/吨公里,是铁路运输的3倍、水路运输的60倍。此外,由于信息不对称等导致物流的供需双方对接不顺畅,"车等货"与"货等车"现象并存,导致公路运输空载率高达40%,也提高了运输成本。以公路运输为主的货物运输结构,直接导致江西省物流成本总体偏高,影响了"江西制造"的综合竞争力。

三是金融服务实体经济力度不够。2019年,江西贷款余额同比增长16.78%,贷款增速在全国排名第1位,年度贷款增量首次迈过5000亿元大关。总体看,江西省金融业快速发展,但金融"脱实向虚"也比较明显。从产业投向看,制造业贷款增量仅占全部贷款增量的6.8%,比重明显偏低;从融资方式看,直接融资仅占社会融资规模的15.4%,融资结构还需大力优化;从信贷结构看,小微企业贷款增量仅占全部企业贷款增量的26.31%,融资难、融资贵问题依然突出。

四是外贸出口结构调整任务较重。江西省虽有前海国信、立讯制造、欧菲光进入2019年全国出口100强，但生产企业自营出口比重仍然不高，大部分外贸企业仅负责加工生产，出口取决于母公司和海外客户。而且江西省大部分出口产品通过"头部企业"出口，初级产品多且附加值不高，以电子信息产品为例，江西智能手机出货量约占全国2成，但出口量还不到全国的3%。在江西省参加第123届广交会的企业中，79%的参展企业没有在境外注册商标，自主品牌出口占全省出口总额不足10%，多数企业仍以贴牌出口为主。

（四）消费环节的"堵点"：居民消费率不够高，消费需求总体乏力

一是消费规模不大。2019年，江西省实现社会消费品零售总额8421.6亿元，占GDP的比重为34%，远低于全国的41.5%；总量在全国排第17位，低于GDP排名（第16位）和人口排名（第13位）；比重只占全国的2.04%，远少于GDP占比（2.5%）和人口占比（3.3%）。江西省最终消费需求对经济增长的贡献率为51.4%，远低于全国的57.8%。

二是消费结构不优。随着社会进入消费升级时代，人们对于商品质量的追求越来越高，但江西省消费的商品还主要集中在吃、穿、用等领域。2019年，在江西省限额以上单位商品零售额中，粮油、食品等基本生活类商品增速较快（增长20.7%），汽车等消费升级类商品增速缓慢（增长5.8%）。而且，江西省选择网上购物消费的人也不多，商品网上零售比例有待进一步提升。江西网上零售额和实物商品网上零售额分别为1588.2亿元和1374.1亿元，占社会消费品零售总额的比重分别为18.8%和16.3%，低于全国的25.8%、20.7%。

三是消费潜力受限。江西省优质教育供给不足，医疗卫生相对滞后，养老供需矛盾突出，这些势必增加大部分家庭的刚性支出压力，对消费形成挤压效应。据统计，江西城市家庭平均每年在子女教育方面的支出占家庭子女总支出的76.1%，占家庭总支出的35.1%，占家庭总收入的30.1%；全省卫生健康支出占一般公共预算支出的10.3%，每万人医疗卫生机构床位数为53张，

每万人卫生技术人员数为57人,每万人医生数为21人;全省各类养老机构1955家,养老床位数16.5万张,每千名老人拥有养老床位数仅为23张,均远低于全国平均水平。

四是消费意愿不足。由于住房、教育、医疗和养老等社会保障制度不完善,居民对未来支出缺少稳定预期,从而通过提高储蓄、降低消费来应对未来的风险或不确定性。据2020年第三季度江西省居民问卷调查显示,排在前三位的未来准备增加支出的项目依次是教育(40.73%)、医疗保健(33.73%)、旅游(28.62%)。由于收入被房贷、上学、看病和养老等刚性需求挤占,中低收入群体或无钱消费或不敢消费,倾向于"更多储蓄"的居民占比40.85%,"更多消费"的居民仅占比24.62%。

二、江西主动融入构建新发展格局的对策建议

在主动融入构建新发展格局过程中,江西要主动把握发展大势,充分发挥比较优势,全面提升江西省产业链、供应链、创新链在全国的地位,努力把江西打造成为全国构建新发展格局的重要战略支点。

(一)以科技创新驱动为引领,着力催生新发展动能

一是做实做强做优重大创新平台。推动中科院赣江创新研究院等"国字号"创新平台与江西省现有"地方军"创新平台加强科技协同创新,在重点领域布局一批制造业创新中心,强化关键环节、关键领域的核心技术攻关,打通支撑经济循环的全流程创新链条。二是建设重大科技基础设施。抓住江西鄱阳湖国家自主创新示范区建设的契机,以9个国家级高新区为承接载体,向国家部委争取在江西省设立中医药、稀土、新材料、新能源等国家重点实验室。三是鼓励发展新型科技中介服务机构。建立政府引导、市场运作、专业服务的科技服务超市,实现"找成果、找专利、找仪器、找企业、找资金、找政策、找人才"一站式服务。四是试点科技经纪人制度。组建专职科技经纪人队伍,

为企业和高校、科研院所架起科技成果供需信息精准对接的"金桥",引导更多"沉睡"在实验室的科技成果走向市场,加快科技成果的转化和产业化。

(二)以产业强链培育为核心,着力增强新发展优势

一是提升产业基础能力。充分发挥江西的产业配套优势和毗邻"长珠闽"区位优势,实施产业基础再造工程,进一步夯实江西省产业基础特别是基础材料、基础零部件、基础工艺、基础软件,补齐产业链供应链的短板。二是重点培育产业链"链主"企业。在落实好产业链链长制的基础上,在产业链的终端产品、关键环节、高附加值的领域,培育一批具有产业生态主导力的"链主"企业,推动企业"龙头昂起"引领产业链自主可控,培育嵌入全球制造业供应链的"撒手锏"产品。三是打造产业链要素供需对接平台。抓好江西省14个重点产业链的要素保障,及时帮助解决重点企业在物流、人流、资金流、数据流等方面的堵点问题,更多地推动产业链相关企业、研发机构跨区域协同创新,推动优势产业"硬核"带动产业链优化升级。四是加大替代企业扶持力度。聚焦受国外供应链影响较大的芯片、集成电路、特高压设备、高档数控机床、工业机器人等重点产品,遴选一批优质的替代企业,培育一批细分领域的"单项冠军"。

(三)以促进消费升级为重点,着力挖掘新发展潜能

一是发放重点领域电子消费券。在餐饮、服装、化妆品、汽车、电器、智能家居等重点消费品领域发放电子消费券,围绕居民衣食住行等方面开展促销活动,有效激发此前被疫情抑制的消费需求。二是加快打造本土高端消费品牌。运用互联网金融、大数据和电子商务等方式,在消费品领域遴选和培育一批江西本土高端品牌,定期举办"江西品牌峰会",积极打造"赣鄱精品",突出自主品牌宣传、保护和特色体验,提升"江西品牌"的知名度和美誉度,推动更多优质地理标志产品进入消费供应链。三是积极争取市内免税店政策。用足用好国家相关政策,支持南昌、赣州等有条件的设区市设立市内免税店,

引导相关企业开发专供免税渠道的特色优质商品,推动高端品牌集聚,促进海外消费回流,解决大家想买但"买不到"的问题。四是打造夜间经济消费集聚区。总结推广上饶"葛仙村"经验,顺应后疫情时期人们文旅消费升级需求变化,积极出台省级夜间文旅消费集聚区建设指南和支持政策,开发夜间文旅体验项目,努力打造一批"网红景区"。

(四)以健全流通体系为关键,着力激发新发展活力

一是构建冷链物流基础设施网络。加快建立江西冷链物流公共信息服务平台,推进物流园区、农产品批发市场、生鲜食品配送中心等冷链物流配套设施建设,鼓励产地批发市场、大型龙头连锁企业和农民合作建设产地冷藏保鲜库。二是完善现代物流服务体系。积极推进南昌向塘陆港、赣州内陆港等国家物流枢纽建设,依托省级示范物流园,规划建设一批省级物流枢纽,构建支撑双循环的"通道+枢纽+网络"物流运作体系。三是建设铁路集疏运体系。借鉴赣州内陆港的成功实践,在南昌、九江、上饶等有条件的地方布局内陆港,加强铁路枢纽与中心城市、产业园区的集疏运体系建设,积极对接沿海港口发展铁海联运、多式联运,全面提升铁路物流水平和运输能力。四是全力支持九江港超常规发展。从省级层面加大对九江港货源开发的政策支持,促进省内货物到九江港集散转运,研究支持九江港建设通江达海区域性航运中心的综合配套措施,构建江西货物水路运输的"大通道"。

(五)以提升开放水平为抓手,着力拓展新发展空间

一是实施"优进优出"战略。用足用好江西内陆开放型经济试验区政策,积极争取更多高端资源、先进产业、优质项目落户江西,高水平"引进来"产业链供应链中的关键要素;发挥江西省矿产资源、光伏、农业、中医药、文化旅游等领域的比较优势,全面深化国际产能合作,鼓励支持江西制造、产品、技术和品牌高质量"走出去";加快推动赞比亚江西多功能经济区等海外重点示范合作项目建设,在"一带一路"沿线地区建设境外经贸合作园区,为双循环构建强有力的海外支点。二是创新跨境电商业态模式。以南昌、赣州、九江跨境电子商务综合试验区为载体,加快发展数字贸易、市场采购贸易、离岸贸易、保税检测、汽车平行进口等新业态新模式,积极争取开通跨境电商"9710""9810"业务。三是提升外贸综合服务水平。围绕江西省14个重点产业链需求,大力引进外贸供应链企业,开展供应链贸易、供应链物流、供应链金融等业务;推进外贸综合服务境外设点,支持江西省企业在境外建立海外仓、中转仓、保税仓以及营销中心、品牌中心等;充分发挥外贸转型升级基地示范功能,支持进贤医疗器械产业园等产业集聚区申报国家外贸转型升级基地。四是探索融入粤港澳大湾区的"飞地经济"合作模式。抓住赣深高铁即将开通的重大契机,在南昌、吉安、赣州等地建设"飞地工业园",承接粤港澳高端制造和电子信息产业转移;加快布局面向粤港澳的生态休闲、绿色康养、红色旅游业态,把江西省打造成大湾区的优质"生活圈";依托江西省规模农产品基地,打造"飞地农业基地",搭建粤港澳绿色有机农产品供应平台,抢占大湾区"菜篮子"市场。

(六)以补齐民生短板为基础,着力厚植新发展根基

一是以加大技能人才培养力度推动高质量就业。以建设江西(安义)大学职教城、构建部省共建职业教育创新发展高地为契机,加大返乡农民工、高校毕业生、退役军人、上岸渔民、脱贫人员等群体的职业技能培训力度,加强职业型、应用型、技能型人才培养,提升江西省劳动力市场供给和需求的适配性。二是建设人才安居保障房。统一建设省市县机关事业单位人才保障性住房,房租价格不超过市场价的50%,让新入职人员免除住房后顾之忧;根据国家开展用城市郊区闲置用地、农村集体建设用地、企业自有用地建设租赁住房试点的政策,建设青年人才公寓,为毕业3年内创业就业的无房大学生提供廉租房。三是试点中小学教师城乡互通模式。探索建立城市教师到乡村挂职锻炼、乡村教师到城市跟班学习的"双向"流动机制,推动城市教师在晋升中高级职称时先到乡镇中小学执教一年、乡镇教师入职后到城市中

小学实习一年。四是加强养护型养老服务机构建设。鼓励全省城市公立医院设立老年护理和康复机构，支持社会资本开办规模化、连锁化的养老机构，推动城市公办养老机构和大型民办养老机构与农村敬老院建立长期稳定的对口帮扶机制，提高护理型养老床位的数量和比重。

课题组组长：

欧阳锦　江西省人民政府研究室社会处三级主任科员、助理研究员，江西省第二届省情研究特约研究员

课题组成员：

戴朝敏　江西省科技金融管理服务中心硕士
胡　舵　江西省科技金融管理服务中心硕士
李永卫　江西省科技金融管理服务中心硕士
刘杨程　江西财经大学产业经济研究院硕士

打通江西省现代流通体系建设堵点的对策建议

□省社联省情调研课题组

摘要：现代流通体系是畅通江西经济循环的"大动脉"，处于先导性、基础性和决定性的地位。然而，江西省流通体系现代化程度仍然不高，存在仓储物流运行不畅、产销流通双向受阻等问题。现阶段江西省流通业还存在以下堵点亟须打通：特色产业与流通体系缺乏有效对接，多式联运衔接不畅；农产品冷链运输"最先一公里"建设滞后，冷链短板亟待补齐；城乡一体化配送体系建设滞后，物流信息化水平不高痛点依然存在；应急物流短板明显，缺乏多方联动响应机制和物流信息统一平台；流通主体企业小而散，行业集中度低，创新投入不足。解决上述堵点问题，需要进一步建设物流多式联运骨干网络，促进现代流通与特色产业深度融合；加强农产品产地冷链物流体系建设，打通"最先一公里"；数字化赋能城乡一体化配送体系，提升物流信息化和标准化水平；加快全省应急物流运输网络建设，提升应急物流运作能力；大力推动物流企业转型升级，培育一批具有国际竞争力的现代流通企业。

建设现代流通体系对构建新发展格局具有重要意义。2020年9月，习近平总书记主持召开中央财经委员会第八次会议时强调，流通体系在国民经济中发挥着基础性作用，构建新发展格局，必须把建设现代流通体系作为一项重要战略任务来抓。现代流通体系是畅通国民经济循环"大动脉"、实施扩大内需战略、构建新发展格局的关键着力点。江西要用好技术手段、发挥创新力量，着力补短板、强支撑，统筹推进现代流通体系硬件和软件建设，打通流通环节堵点，建设和形成内外联通、安全高效、协调发展的现代物流网络，贯彻落实江西交通强省战略，为构建"双循环"新发展格局、助推江西高质量跨越式发展提供有力支撑。

一、江西省现代流通体系建设的主要堵点

近年来，江西省现代流通体系建设取得明显进展，物流信息化步伐逐步加快，物流园区建设日趋专业化规模化，电子商务规模和速度迅速增长，流通新经济、新业态不断涌现，形成了具有江西特色的现代流通产业体系。同时，流通体系现代化程度仍然不高，还存在不少堵点亟待打通。

一是特色产业与流通体系缺乏有效对接，多式联运衔接不畅。江西省围绕特色产业的综合交通运输体系尚未完全形成。例如，赣州南康家具批发市场、中国南方稀有金属贸易集散中心、赣州新能源汽车特色产业集群、樟树医药产业集群、江西鄱阳湖小龙虾产业集群等地方特色产业的运输方式较为单一，不同运输方式难以进行合理分工和有效衔接，沿海和内陆集疏运体系不配套，各种运输方式之间信息不共享，交通运输资源综合利用效率不高，海铁联运比例不到2%（发达国家已达20%）。与周边省份相比，2019年江西多式联运

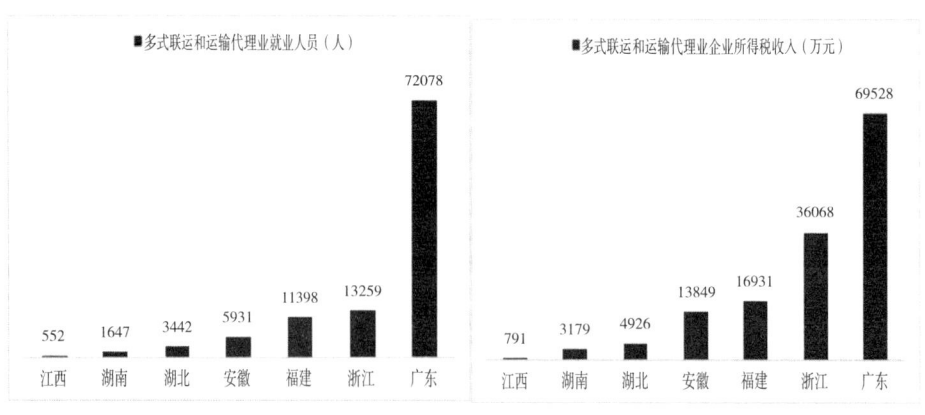

图1 江西与周边省份多式联运和运输代理从业人数及所得税收入比较

和运输代理业企业所得税收入以及就业人员数差距悬殊，所得税收入不及广东的2%，就业人员不及广东的1%。（见图1）

二是农产品冷链运输"最先一公里"建设滞后，冷链短板亟待补齐。江西农产品物流建设比较突出的问题是农产品冷链物流运输"最先一公里"问题。农产品从产地采摘、预冷、加工、仓储到移交物流运输，由于缺乏高效的冷链物流，肉禽、水产品等易腐食品和蔬菜水果等生鲜农产品腐损率极高。从硬件看，江西省城乡冷库建设空间布局不平衡，农村地区冷链基础设施薄弱、流通成本偏高，省内严重缺乏国家级的农产品冷链物流中心、冷链储藏配送中心和冷链周转库；从软件看，由于供需不匹配、配送体系不完善和运营模式不成熟等原因，产业链协作能力差，冷链市场主体规模小，运营环节多、成本高，不利于特色农产品形成品牌价值和效益价值。

三是城乡一体化配送体系建设滞后，物流信息化水平不高。虽然江西省2016—2019年社会消费品零售总额整体呈增长趋势，但是从人均总量来看，全省人均社会消费品零售额均低于安徽、福建、湖南、湖北等周边省份（见图2）；从结构来看，城乡消费差距明显，城镇仍居主导地位，2019年江西省城镇实现社会消费品零售总额7120.7亿元，占社会消费品零售总额的84.6%，乡村实现消费品零售总额1300.9亿元，仅占社会消费品零售总额的15.4%，前者

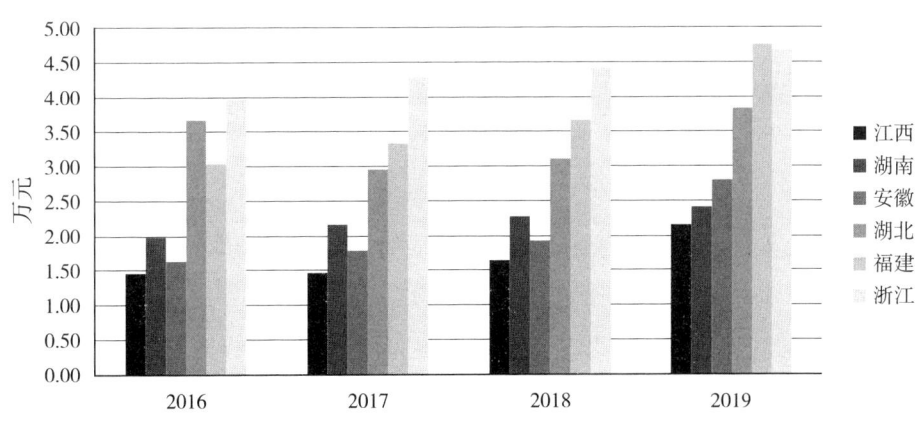

图2　2016—2019年江西省及其周边省份社会人均消费品零售额对比

是后者的 5 倍多。总的来看，江西省城乡流通不平衡和一体化配送体系建设滞后，快递配送成本高以及物流基础设施建设落后，流通技术装备水平较低，信息化网络不健全，预冷、分级、包装、运输等重点流通环节及产地批发市场等重点流通节点的基础设施与装备相对落后，省内各地流通行业公共服务平台建设进展依然较为缓慢，尚未具备数据交换、信息发布、智能配送、库存管理、决策分析等综合性服务能力。此外，"农超对接""农社对接"、电子商务等新兴流通业态的配套设施有待完善，信息化手段提升农村物流运作水平的能力较低，物流供需不能高效匹配，"车等货"与"货等车"现象并存。

四是应急物流短板明显，缺乏多方联动响应机制和物流信息统一平台。此次新冠肺炎疫情大考暴露出江西应急物流系统依然存在运行不畅、物资断链现象严重等诸多不足。一是缺乏应急物流多方联动响应机制，造成疫情初期应急物流体系出现多头指挥、各自为战等现象，严重制约了各方的有效合作，政府强大的动员能力与庞大的社会物流服务能力未能有效匹配，影响应急物流的实施效率和效果。二是缺乏统一的应急物流信息平台，导致应急管理部门难以及时了解和掌握应急物资的来源、需求和供给，以及运力的数量和能力等信息，无法对物资运输做到实时性掌控，难以制定正确的应急物流决策，物资供应、调度、配送流程效率低下。

五是流通主体企业小而散，行业集中度低，创新投入不足。根据统计资料，江西流通企业 90% 是中小企业，大型的组织化、网络化企业较少，没有强有力的核心企业。对比中部其他省份，江西省也相对落后，上亿元规模的物流企业很少，未形成集聚规模效应。一是现有的第三方物流企业大多规模较小，A 级物流企业总数仅有 186 家，并且顺丰、京东等大型物流企业入驻率低。二是批发零售企业以个体经营为主，分布散，集中度低。2019 年江西省批发和零售业经营单位的数量约 92.16 万个，其中个体经营户数量约 80.18 万个，占零售企业整体的 87%。三是流通企业科研创新中投入不足，2019 年，江西省流通企业用于信息技术和装备方面的投资仅占总资产的 0.6%，在信息技术、设备的投资力度上与其他省份相比具有较大的差距，而相邻的浙江省和广东省的比重则分别达到了 1.05% 和 1.17%。

二、打通江西省现代流通体系堵点的对策建议

现代流通业高质量发展越来越依赖流通创新，从某种意义上来说，流通领域存在的问题和短板，恰恰是经济转型升级的机遇和空间。江西省要深入贯彻落实《江西省推动物流高质量发展促进形成强大国内市场三年行动计划（2020—2022 年）》，围绕"2+6+N"领域重点产业需求，完善流通节点，打通各类流通渠道瓶颈，努力建设与江西省经济社会发展阶段相适应、与新发展格局要求相匹配的现代流通体系。

（一）建设物流多式联运骨干网络，促进现代流通与特色产业深度融合

一是加快推进特色产业区域的物流枢纽建设。重点推进南昌、九江、赣州、鹰潭国家物流枢纽建设，在南昌、赣州、景德镇等特色产业集群地和产业园区，延伸和开发公路、高铁、运河多种交通路线，服务中国南方稀有金属贸易集散中心、赣州新能源汽车特色产业集群、樟树医药产业集群、南昌安义铝合金产业、景德镇和高安陶瓷产业、赣州南康家具建材产业、新干箱包皮具产业和余江眼镜等当地特色产业，分别建设以生物医药、陶瓷、家居建材等产业为主的商贸类物流园区。二是加快建设铁路专用线。在南昌、赣州等城市的大型物流园区、南昌龙头岗码头、九江城西港区引进和建设铁路专用线，将铁路货场的功能前移至港口，设立无轨铁路港场，加快推进南昌铁路口岸专用线建设，实现陆路口岸和向塘铁路一级物流基地无缝衔接。三是加快建设多式联运公共信息平台。建立和完善特色产业与流通产业互通信息数据库，加速物流业和特色产业深度融合，推进铁路运输企业与港航企业深入合作，建设一体化公共信息平台，打通各类信息孤岛。四是加快建设铁水联运网。建设赣州、上饶、鹰潭、樟树等内陆港的水运班轮与铁水联运枢纽货场，开行集装箱铁水联运班列，搭建与宁波、深圳、厦门、福州等出海口连接的

铁海联运班列，扩大九江港至上海洋山港、宁波至舟山港江海直达运输船舶规模和航线；创新"班轮+班列"运输模式，构建起"铁水联运枢纽货场+无轨铁路港场网"的铁水联运网，实现水铁无缝衔接。五是加快发展高品质、专业化定制物流。与阿里巴巴集团、京东集团、顺丰集团等知名物流企业签订框架合作协议，为江西特色产业提供包装、仓储、运输的标准化定制服务，积极引导物流企业参与特色产业和特色小镇建设，提高特色产品的物流运输吞吐量、周转率和运输时效，为地方特色产业高质量发展注入新动能。

（二）打通农产品冷链"最先一公里"，补齐冷链物流短板

一是加强农产品产地冷链物流建设。聚焦农产品流通"最先一公里"，在赣南脐橙、南丰蜜橘、万年贡米、鄱阳湖龙虾水产、庐山云雾茶、婺源绿茶、共青板鸭、都昌珍珠等农产品密集区域，引导农产品批发市场等市场主体建设中转冷藏保鲜设施和果蔬配送中心，鼓励和支持企业利用产地现有常温仓储设施改造或就近新建"田间地头"产后预冷、贮藏保鲜、分级包装等冷链物流基础设施。二是加快全省城乡冷链骨干网络和重大项目建设。集中建设一批农产品冷链物流中心、冷链储藏配送中心和冷链周转库等项目，利用移动集装箱完成产地预冷，支持改造提升现有批发市场，建设冷链物流中心，大力开展冷链货运班列和"点对点"铁路冷链运输。三是实施农产品冷链基础建设优惠政策。积极提供税收优惠，争取国家地方专项债券支持符合条件的物流项目；鼓励企业购置节能环保的冷链运输车辆，鼓励企业加强全程温湿度自动监控系统和追溯体系建设，并予以政策优惠；积极引导民间投资进入冷链物流领域，建立和完善社会冷链基础设施体系。四是依托电商助力省内特色农产品销售。支持在知名电子商务平台开设江西农产品旗舰店等网络销售专区，支持农业企业、新型经营主体入驻"赣农宝"电商平台、天猫商城"江西原产地商品官方旗舰店"和京东商城"中国特产江西农特产馆"，积极发展"生鲜电商+冷链宅配""中央厨房+食材冷链配送"等冷链物流新模式，提高农产品流通效率。

（三）数字化赋能城乡一体化配送体系，提升物流信息化和标准化水平

一是全面推广流通业信息技术。借助物联网、大数据、云计算、区块链、人工智能等信息技术，推进物流基础设施网络建设，制定流通业网络体系标准化、智能化技术准则，加强自动结算、电子数据交换、地理信息系统（GIS）等技术应用，打造云制造、分布式制造、第三方制造模式下的现代化流通业。二是大力发展智慧物流和绿色物流。大力发展智慧物流，提升物流业信息化、智能化水平，推进物流基础设施数字化改造升级，推动数字市场、智慧商圈、智慧零售、智能取件柜等数字生活服务体系等建设；以江西流通产业数字化发展为动力，加快物流信息化建设，积极发展绿色物流，加快推动流通产业创新转型。三是加快省级流通公共信息平台建设。推进数字化、智能化改造和跨界融合，与铁路、民航、商务等相关部门实现跨行业数据交换与共享；推动大型物流产业园区和物流企业信息化提升改造，加强冷链物流、仓储设施、业态建设和城乡配送体系大数据平台建设，推进物流公共数据互联互通和开放共享。四是促进流通产业创新转型。推动以"互联网+流通"为核心的新流通模式，对省内整个商品流通行业进行全链条升级，构建O2O/B2B2C模式的商业生态，打通品牌商、代理商与零售终端、消费者之间的壁垒，建立"点对点"用户直接配送体系，建立高速的、顺畅的、成本低廉的城乡一体化物流体系。五是全面推进物流标准的衔接。对接国际和国内标准，推动江西制造业、物流业、流通业单元化物流标准的衔接，建设统仓共配城乡配送体系，提高仓储、加工、产品开发、包装、销售、物流配送的标准化水平，采用标准的设备、标准的工具、标准的流程、标准的技能，提高顺畅运行和精准高水平定制化，打通实体物流流动中的"肠梗阻"。

（四）加快全省应急物流运输网络建设，提升应急物流运作能力

一是构建应急网络化交通运输线。适量增加省内应急物流基地、应急物流中心、应急配送中心、第三方应急物流企业数量，建立公路、铁路、航空、水路多维立体化、网络化、互补型运输网络，形成高效的配送系统。二是加

强应急物流信息系统建设。采用区块链先进理念和技术,确保物资供应体系,加强应急物流信息平台建设,全面提升应急物流信息水平,实现应急物流实时控制和物资精准投送。三是进一步加强组织机制建设。建立多方组织响应机制,加快建立健全省内应急物流组织机构,专门负责应急物资的供应保障,加强应急物流统一指挥调度,形成和完善政府部门之间、政府和企业之间以及政府与社会组织之间的联动机制,提高系统效率。四是建立应急物流信息平台。建立健全统一的应急物资保障信息管理平台,通过信息系统和即时物资配送体系,及时掌握应急物资的来源、需求和供给及运力的数量和能力信息,实时掌控物资运输,提高物资供应、调度、配送流程效率。五是整合社会资源。以市场化方式与专业物流企业签订合作协议,在紧急情况下启动应急物流运作,开发和利用社会资源,鼓励应急物流社会化和产业化。

(五)大力推动物流企业转型升级,培育一批具有国际竞争力的现代流通企业

一是重点培育骨干物流企业。大力推动物流企业转型升级,扩大 A 级物流企业数量和规模,特别是支持扩大冷链物流企业规模,大力发展第三方冷链运输物流企业主体,加快形成一批实力雄厚、经营理念和管理方式先进、核心竞争力强的大型冷链物流企业,通过规模化经营提高冷链物流服务的一体化、网络化水平。二是大力培育"链主"型企业。积极引进国内外龙头企业在赣建立区域性配送中心和运营机构,例如吸引顺丰集团、阿里巴巴和京东等大型企业入驻江西,建设物流中转基地,并且通过战略合作、交叉持股、并购重组等形式,推进物流企业加快兼并重组,建成一批供应链"链主"型企业。三是加快建立流通企业社会诚信体系。进一步规范市场秩序,加快建立商业诚信体系,营造规范的市场环境,构建规范高效的现代流通体系,提高流通效率和交换收益,有效降低共性和外部性的市场交易成本;采用大数据、区块链信息技术手段溯源技术优化供应链,加快建立和完善重要产品追溯体系,进一步优化和完善社会信用体系,形成有效的信用联动机制。四是加快

物流产业集群发展。积极推动南昌高新技术产业开发区等国家级开发区的新建物流园区建设项目,紧密对接大宗货物年货运量在百万吨以上的工矿企业,完善流通领域制度规范和标准,发挥物流产业规模效应,形成全省重点物流产业集聚。五是推进流通领域新技术、新业态、新模式。鼓励传统企业加快电商化改造,支持线下经营实体加快新理念、新技术、新设计改造提升,支持实体零售企业实现体验式、互动式、数字化、智慧型发展,大力发展新批发、新零售、智慧物流、无接触配送、电商直播、网络货运、社区电商等流通服务,提升流通服务水平和发展活力。

课题组组长:
周小刚　华东交通大学经管学院教授、江西省第二届省情研究特约研究员
课题组成员:
高　阔　瑞昌市人民政府副市长
王立元　江西中医药大学副教授

江西打造赣粤高铁经济带的前瞻性思考与建议

□钟业喜　郭嘉慧

摘要：随着赣深高铁即将开通，赣粤两省间的区域联系将更为紧密，将有利于江西引进广东先进技术、人才等优质资源，并以此为助力，形成"通道效应"，走向世界舞台，与广东共谋发展。基于两省间紧密的交通联系、密切的经贸往来和日趋增多的跨省合作平台优势，建议从做好顶层设计和战略规划、建设高铁沿线产业发展带、完善开放合作体制机制、塑造旅游发展新业态以及构筑高铁绿色生态走廊等五个方面入手，打造赣粤高铁经济带，助推江西高质量跨越式发展。

随着我国"八横八纵"高铁网络建设的推进，高铁经济带正成为区域之间重要的经济合作方式。目前，昌赣高铁已通车运营，赣深高铁预计2021年年底通车，广汕高铁和广湛客专正在抓紧建设，为今后赣粤两省高铁沿线设区市开展合作提供了重要契机。江西与广东将更为紧密地联系在一起，两省间的人才交流、资源互补、区域合作将更为高效便捷，为江西的发展带来了难得的机遇。而如何发展临站经济，串"点"成"线"，打造赣粤高铁经济带，进一步优化全省区域布局，提升江西在全国的战略地位，是当前江西应着重研究的问题。

一、赣深高铁开通给江西带来的重大机遇

随着昌九城际、沪昆高铁等的开通，江西在 2014 年大步迈入了高铁时代，为全省经济社会发展带来了不少机遇。2019 年，江西省发布了《江西高铁经济带发展规划（2019—2025 年）》，从各方面为江西发展高铁经济带进行了总体布局。2020 年江西省省长与广东省省长在泛珠三角区域合作行政首长联席会议会见后共同表示，希望以赣深高铁开通为契机，合力打造赣粤高铁经济带，促进赣粤合作发展不断深化、取得新成效。赣深高铁开通将给江西发展带来新鲜的血液。

（一）有利于江西承接外来辐射，促进优质资源"引进来"

赣深高铁的开通有利于发挥江西作为广东经济腹地的区位优势，更好地承接广东及粤港澳大湾区的产业转移，引进优质资源，助力江西"2+6+N"产业高质量跨越式发展。一是有利于引进广东及粤港澳大湾区新一代信息技术产业项目、技术等资源，利用"数字广东"建设和粤港澳大湾区数据产业园等平台谋求合作机会，以突破柔性电路板、CPU 专用工艺等先进材料、技术缺口，增强推进赣州、龙南经开区电子信息产业集群、赣州 5G 智能产业园，鹰潭移动物联网集聚区等的建设合力。二是有利于引进广东智能检测与装配装备、真空管道等高端装备及先进制造工艺和材料，培育发展江西机器人、高档数控机床、3D 打印等新兴产业，引领带动江西战略性新兴产业跨越式发展，推动江西制造转型江西智造。三是有利于引进广东分布式能源、生物质供热等先进技术，带动江西新能源汽车、绿色建材、高效节能家电等绿色低碳产业发展，以绿色助力江西建材、汽车等产业突破五千亿元大关。四是有利于引进广东高特异分子诊疗、生物芯片、生物基材料等先进技术及材料，助力中国（南昌）中医药科创城、赣州青峰药谷和抚州生物医药产业基地建设，推动江西中医药产业突破千亿元快速发展。

（二）有利于江西形成"通道效应"，面向世界舞台"走出去"

依托赣深高铁，有利于江西更好地形成"通道效应"，以广东为平台，借力发力，面向世界舞台"走出去"。一是有利于江西更好地发挥作为全国唯一承担新一代宽带无线移动通信网国家科技重大专项试点示范省份的优势，通过赣深高铁，让大数据、电子信息等数字经济产业走向周围省份乃至沿海发达省份，将江西打造成中部地区乃至全国领先的电子信息产业集群。二是有利于围绕铜、钨、稀土等重点领域，更好地发挥江西有色金属资源优势，加深与广东、粤港澳大湾区、长珠闽等经济圈在新材料等新兴产业上的联动发展，加快赣州"中国稀金谷"、鹰潭"世界铜都"和九江星火有机硅产业集群建设，培育全国重要的有色金属产业材料基地。三是有利于瞄准广东先进标准打造大南昌都市圈先进装备制造业基地，建设高端装备智能制造产业协作区，大力发挥吉安（深圳）产业园、赣州"三南"承接加工贸易转移示范地等的产业承接功能，形成配套粤港澳大湾区世界级先进装备制造重要基地和延伸带。四是有利于更好地承接粤港澳大湾区新能源产业集群配套能力建设，依托上饶光伏城和宜春、新余、赣州、吉安锂电产业集聚区，打造世界级晶硅电池及组件基地，建设全国知名的锂电新能源基地。

（三）有利于赣粤两省加深合作，勠力同心共谋发展

赣深高铁的运营将有利于推动赣粤两省建立跨区域合作机制，推动重大基础设施对接和互联互通、产业对接互补和生态共建共享。一是有利于两省产业对接互补，联合打造优势产业联动发展带。有利于高铁沿线城市间资源、技术互融互通，并联动两省其他城市资源，协作培育电子信息、新能源、有色金属、智能装备制造、生物医药等产业集群，构建出一条省际先进制造业联动发展带。二是有利于两省生态共建共享，打造文化旅游观光带。有利于加深两省间生态治理理念交流，协同推进东江源流域水环境治理，推广清洁生产技术，发展绿色产业，共同构建南部生态屏障，并以生态助力沿线旅游业发展。与此同时，江西红色文化、广东客家文化等碰撞与交流的加深，有

利于打造一条省际"红、绿、古"的彩色文化旅游观光带。三是有利于两省共同打造科技成果转化基地，提升科技创新能力。推动相互开放国家级和省级重点实验室、中试基地等试验平台，共同构建科技管理信息数据库。有利于围绕航空汽车、新能源新材料、中医药等重点产业关键技术，加强两省院校和科研机构产学研合作，共建一批重点产业技术创新联盟，联合开展重大科技攻关，并健全两省间的人才双向流动机制。

二、江西打造赣粤高铁经济带的优势分析

江西步入高铁时代后，高铁成为驱动江西经济社会发展的重要力量。直至今日，江西经济发展、新型工业化、新型城镇化水平不断提升，对内对外双向开放合作持续深化，交通网络密度和水平进一步提升。不断茁壮的发展优势，为江西打造赣粤高铁经济带奠定了良好的基础。

（一）赣粤两省交通联系紧密

高速铁路方面，截至2020年底，江西高铁里程达1941公里，位居全国第六位；广东高铁里程达2156公里，位居全国第二位。两省高铁高度发展，交通互通有助于完善两省高铁网络体系。高速公路方面，粤赣、韶赣、龙河、南韶高速等多条高速公路的建设加强了两省间的互联互通，2021年雄信高速公路的建设也将再为两省间人流、物流互联互通开辟一条快速通道。口岸通道方面，"深赣欧""粤赣欧"铁海联运、跨境电商班列的开行，打造了华南跨境电商货物的首选和必选通道。区位优势和便捷的交通使得江西相对于中西部的大部分其他区域，在引入广东的技术、人才等方面具有时间和运输成本优势。

（二）赣粤两省经贸往来密切

广东常年居江西利用省外资金第一位，是江西承接产业转移的主要来源地。经贸合作方面，江西利用赣港、赣深经贸活动等重要平台主动承接产业

转移，举办对接粤港澳投资合作推介会，积极开展"请进来活动"。2018—2020年6月，江西引进广东项目2383个，投资额5516.18亿元，分别占江西引进内资项目总数、总额的25.4%和27.9%，2019年，1046个赣商返乡投资项目中，来自广东的多达336个，占比32%。金融、科技合作方面，依托深圳"高交会"平台，江西落户了华为云计算中心等一批重点项目。2020年江西对接粤港澳大湾区投资合作推介会上共签约项目156个，涉及电子信息、新能源等多个产业。物流运输方面，赣州国际港与广州港合作签署了《赣州国际港与广州港共建铁海联运通道合作备忘录》等多个文件，共同开展了多项合作。2021年江西共开行"深赣欧"班列34列，大湾区方向铁海联运班列259列。

（三）赣粤跨省合作平台日趋增多

产业园区方面，赣粤产业合作示范区、南山示范园等多个重点承接地在承接广东与粤港澳大湾区产业转移方面发挥着极强的示范作用。交流平台方面，赣商大会、赣港会、港台会、瓷博会和药交会等展会平台资源丰富，赣州经开区与广州经开区合作举办招商推介活动等多个开发区间合作活动日趋增多。物流平台方面，赣州国际港与广州港建立了战略合作关系，"深赣欧""粤赣欧"铁海联运、跨境电商班列相继开行，赣粤大运河工程正在加紧建设，两省间区域合作进一步推进。与此同时，江西先后获批赣江新区、中国跨境电子商务综合试验区等国家级开放平台，成为中部拥有数量最多的国家级开发开放平台的省份，并打造了南昌综合枢纽、赣州内陆港等重要支点。

三、江西打造赣粤高铁经济带的对策建议

打造赣粤高铁经济带，既有加速资源、要素流入和集聚，促进经济增长和发展升级等正面效应，也存在着虹吸效应以及加剧区域竞争等负面效应。只有科学谋势、谋篇、谋略，才能最大限度释放高铁经济带的正效应。

（一）做好顶层设计和战略规划

一是加快组织编制《江西省赣粤高铁经济带发展规划》。依托江西产业布局、交通发展等现状，在《江西省高铁经济带发展规划(2019—2025年)》基础上，尽快明确赣粤高铁经济带的发展思路和定位。加强前期研究，找准定位和对接点，科学制定产业发展、城乡统筹、交通运输、旅游等专项规划。二是加大统筹协调力度。建立由相关市、县区领导及部门共同参与的联席会议制度，协调解决沿线重大基础设施、高铁新城建设、产业布局和区域合作等重要事项，适时组织开展高铁经济交流会和招商引资推介会。三是适时出台有针对性的扶持政策。统筹考虑高铁沿线城市的开放合作、产业布局、城镇建设、综合交通和生态环保，适时出台支持高铁经济发展的政策措施。鼓励和引导高铁沿线城市规划建设高铁新城和高铁经济实验区，并给予财税、土地和金融等方面的优惠政策。

（二）谋划建设高铁沿线产业发展带

一是打造特色农业发展带。利用赣州"世界橙乡"、信丰萝卜等优质农产品特色，整合信丰、定南等高铁站点所在市、县优质农产品基地资源，建设现代农业示范园区，并带动井冈蜜柚、南丰蜜橘等其他市、县特色农产，建立面向广东和粤港澳大湾区的优质生态农副产品供应基地。完善农产品商贸流通体系，加快储藏、保险、冷链等大型现代物流园区建设。推动现代农业与旅游、健康养老、文化创意等融合发展，大力发展休闲农业和特色农产品。二是打造先进制造业联动发展带。以赣州、龙南等经开区为主要载体，有序承接广东及粤港澳大湾区产业转移，优化高铁沿线制造业布局。加强与广东各级政府、开发区、龙头企业、战略投资者的合作，采取共建共管、委托或托管等方式发展"飞地"经济。充分利用赣州"中国稀金谷"等资源，推动赣州"两城两谷一带"建设，联动吉安电子、鹰潭铜等资源打造一条配套粤港澳大湾区世界级先进装备制造和电子信息产业集群等先进制造业联动发展带。三是打造高铁服务业集聚带。坚持"以站兴商、以商带城"发展战略，强化赣州市对服务业的集聚带动作用，培育服务业集聚区，发展与高铁相适应的商贸物流、总部经济、休闲娱乐等商业现代服务业。

（三）完善高铁经济带开放合作体制机制

一是积极开展对接合作活动。推动两省间重大基础设施互联互通、产业对接互补和生态共建共享。建立高层交流与互访制度，积极与广东对接，深入推进实施《战略合作框架协议》以及科技领域合作协议，并适时召开高铁经济合作投资洽谈会，加快推动更多项目落地。二是共同打造开放合作平台。加快推进赣深"港产城"一体化示范区等重大开放合作平台建设，利用赣商大会、赣港会等平台资源，创新产业承接模式，引导赣州与河源、惠州等设区市共建产业园区，探索"飞地"经济，打造特色产业基地等。并推动赣州国际港与赣州综合保税区、赣州经开区联动发展，搭建面向粤港澳大湾区的合作平台。三是加强高铁经济带人才合作开发。建立高铁经济带创业创新人才基地和人才资源信息平台，推动大众创业万众创新。完善人才、智力、项目相结合的人才建设机制，鼓励高铁沿线市、县各社会科学院、智库机构等深度合作，打造高铁经济带智库联盟，加强人才交流、信息共享、成果交换。

（四）塑造高铁旅游发展新业态

一是完善旅游综合配套服务。以旅游景区为基点，加强旅游目的地与高铁站接驳，同时畅通高铁与其他交通方式的有机衔接，形成快速公交、公路客运等多层次便利交通网络。推进旅游厕所服务体系建设，构建覆盖高铁沿线的旅游厕所服务体系。二是整合开发沿线旅游资源。突出"红、绿、古"三大旅游王牌。打响赣州作为"红色故都"的红色旅游品牌，彰显"江南宋城"绿色生态品牌，在赣州建设地域性非物质文化遗产园，打造非物质文化旅游品牌。三是推动旅游模式和产品创新。依托以高铁为中心的交通网络推动"快旅慢游"模式，大力发展商务、婚庆、探险等旅游新产品，实现旅游产品结构由观光为主向观光、休闲、度假复合发展转变。四是构建省内省际旅游联盟。

省内建立赣深、沪昆和京九等高铁旅游营销联盟，规划出"赣州—南昌高铁两日游""赣州—井冈山高铁一日游"等中短途产品，共同开发旅游市场；赣粤两省共同推动高铁沿线赣州、惠州等省市建立高铁旅游城市联盟，谋划赣粤旅游圈。

（五）构筑高铁绿色生态走廊

一是加强赣州县市环境综合整治。深入推进赣州"赣南模式"水土保持生态治理模式，开展污染治理、生态建设和修复、景观改造、绿化亮化、安全防护等综合治理，集中解决赣州西站至定南站区段存在的生态破坏、垃圾乱堆、建筑物乱搭乱建等影响沿线景观和行车安全的问题。二是提高沿线居民特别是乡村居民的环保意识。创新工作方法，建立联合执法、联合生态污染应急演练机制，推进环境环保协作执法、资源共享、利益互惠，保障区域生态环境安全。三是加强高铁沿线城市生态环保领域合作。推动赣州同河源、惠州等设区市建立生态协同联动机制，创新体制机制，加强生态建设合作，加快建立生态补偿机制和生态环保联防联治合作体系，加快建立各地区信息通报制度和监测数据共享机制，构筑高铁绿色生态走廊。

作者：

钟业喜　江西师范大学区域发展与规划研究中心主任、教授、博导，江西省第二届省情研究特约研究员

郭嘉慧　江西师范大学江西经济发展研究院20级管理科学与工程专业硕士生

以建设国家陶瓷文化传承创新试验区为契机加快推进景德镇新型美丽人文城市建设

□熊花

摘要：更加注重美丽人文城市建设，是人类城市发展的普遍规律和本质要求，是对我国城市现阶段主要矛盾的深刻把握和道路自觉，也是国家赋予景德镇国家陶瓷文化传承创新试验区先行先试的重大使命。2017年来，景德镇大力推进"双创双修"，城市特色风貌和文化生态不断提升，但离美丽人文城市还有一定差距。要紧扣"复兴千年古镇、重塑世界瓷都、保护生态家园、建设旅游名城，打造一座与世界对话的城市"的发展定位，以建设国家陶瓷文化传承创新试验区为契机，在深化产城融合、加强生态修复、强化科技赋能、延续历史文脉、完善城市功能等五方面再发力，进一步打造经济活力美、生态自然美、智慧科技美、人文特色美、生活幸福美的新型美丽人文城市。

2019年5月，习近平总书记在视察江西时，提出"要建好景德镇国家陶瓷文化传承创新试验区，打造对外文化交流新平台"的重要要求。同年8月，国家发展改革委、文化和旅游部印发《景德镇国家陶瓷文化传承创新试验区实施方案》，鼓励试验区先行先试，积极开展美丽人文城市发展指标体系研究。景德镇如何抢抓建设国家陶瓷文化传承创新试验区的战略机遇，用足用好用活国家支持政策，加快推进新型美丽人文城市建设，走出一条具有世界意义、中国价值、新时代特征、景德镇特点的优秀传统文化传承创新发展新路子，是当前面临的一项重大课题。

一、更加注重美丽人文城市建设是衡量城市发展的新尺度

两千多年前古希腊哲学家亚里士多德曾认为,"人们来到城市是为了生活,人们居住在城市是为了生活得更好。"随着城市化水平的提升,生态宜居越来越成为城市发展的重要方向,"城市让生活更美好"也正在变成城市规划建设管理的主要任务。"生态文明贵阳国际论坛2016年年会"围绕"建设中国特色'美丽城市'"主题,深入探讨中国特色"美丽城市"的内涵、评价标准和发展路径,发布了"美丽城市"贵阳标准,明确提出中国特色"美丽城市"是指全面彰显"生态自然美、人文特色美、经济活力美、社会和谐美、政治清明美、生活幸福美",具有自身特色,能够满足人的全面发展需求的城市。这是遵循人类城市发展普遍规律,针对中国经济和城镇化实际作出的科学判断,为建设美丽人文城市提供了有益借鉴。

（一）更加注重美丽人文城市建设,是人类城市发展的普遍规律和本质要求

纵观城市8000多年的发展历史,普遍经历了三个阶段：古代"以政治、军事为根本目的"的"政治城市",现代"以工业、商业为核心功能"的"经济城市",当代"以生态环境和生活质量为主要内容"的"人文城市"。人文城市是一种以文化资源和文化资本为主要生产资料、以服务经济和文化产业为主要生产方式、以人的"知识、智慧、想象力、创造力"等为主体条件、以提升人的生活质量和推动个体全面发展为社会发展目标的城市理念、形态与模式。当代国际城市本质上都是人文城市,如北京、纽约、巴黎、伦敦、东京等,每一座城市都有其鲜明的历史文化,独特的建筑风格和城市风貌,带给人不一样的城市韵味。城市在政治和经济发展到一定阶段后,社会和文化领域的问题便逐渐凸显出来,如何用好城市历史文化积淀、培育出城市特质的人文精神、为市民提供一种"有价值、有意义、有梦想"的生活方式,是城市发展面临的新命题。

（二）更加注重美丽人文城市建设，是对我国城市现阶段主要矛盾的深刻把握和道路自觉

中华人民共和国成立前，中国城市发展有着明显的政治性，特别是在封建社会，城市依附于政治力量，城市体系具有森严的等级层次，城市兴衰更替与国家、政治、统治者意志息息相关，城市文化服务于封建统治。中华人民共和国成立后特别是改革开放以来，我国城镇化建设取得了显著成效，同时也存在生态环境破坏、历史文化流失、城乡差距悬殊等突出问题，城市转型升级刻不容缓。中国特色社会主义进入新时代，基于社会主要矛盾的变化，我国适时作出了建设"美丽中国"、推进"新型城镇化"的重大战略决策，先后印发了《国家新型城镇化规划（2014—2020年）》《中共中央国务院关于进一步加强城市规划建设管理工作的若干意见》《住房和城乡建设部关于加强生态修复城市修补工作的指导意见》等系列文件。这些重大政策举措的深入推进，标志着对"美丽人文"的追求已全面融入城市建设发展实践，彰显了中国特色城市发展之路的道路自觉。

（三）更加注重美丽人文城市建设，是打造美丽中国"江西样板"的应有之义

2019年5月，习近平总书记视察江西时，提出了"作示范、勇争先"的目标定位和"五个推进"的更高要求，强调"要加快构建生态文明体系，繁荣绿色文化，壮大绿色经济，创新绿色制度，筑牢绿色屏障，打造美丽中国'江西样板'"。近年来，江西省先后出台了《江西省污染防治攻坚战考核办法》《江西省生态环境保护工作责任规定》《江西省城市功能与品质提升三年行动方案》等文件，生态环境治理取得了显著成效，为美丽人文城市建设奠定了扎实基础。2019年，全省优良天数比例为89.7%，全省地表水水质优良比例为92.7%，全省PM2.5年平均浓度达国家二级标准，7个设区市空气质量达国家二级标准，生态环境质量处于全国领先水平。景德镇作为江西唯一全国城市"双修"试点，有责任为全省开展国家生态文明试验区建设、打造美丽中国"江西样板"的具体实践作出新的更大贡献。

二、景德镇具有打造新型美丽人文城市的独特优势

一座城市选择什么样的发展模式，不仅要遵循城市发展规律的大逻辑，也跟自身历史文化底蕴和自然条件紧密相关。景德镇作为举世闻名的千年瓷都，既有灿烂悠久的陶瓷历史文化，也有国家陶瓷文化传承创新试验区建设和全国第二批"城市双修"试点城市的金字招牌，具有打造新型美丽人文城市得天独厚的优势。

（一）陶瓷文化历史底蕴深厚特色鲜明

景德镇拥有千年制瓷历史，是首批24个国家历史文化名城之一，2014年荣膺"世界手工艺与民间艺术之都"。景德镇陶瓷文化遗存丰富，拥有150多处老窑址、108条老街区、"十大瓷厂"老厂房等，地上文物300余处，老城区地下60%都是历代窑业堆积物，还拥有大量的手工制瓷传统技艺等非物质文化遗产，其中景德镇手工制瓷技艺、景德镇传统瓷窑作坊营造技艺均已列入国家级名录。现有国家级、省级文化产业示范基地16家、非物质文化遗产生产性保护基地8家、非物质文化遗产保护名录26项、非物质文化遗产代表性传承人68人，形成了完善的陶瓷历史文化资源"活态"保护传承体系。景德镇吸引了3万多名"景漂"，其中有5000多人为"洋景漂"，"景归"数量也达到2万人，其中陶瓷文化领域近1万人。景德镇厚重的历史积淀和博大精深的陶瓷文化，是打造美丽人文城市的根基所在。

（二）城市"双创双修"试点卓有成效

2017年10月，景德镇全面启动同步创建全国文明城市、创建国家卫生城市，全面实施生态修复和城市修补，扎实推进以"改善生态环境、补齐功能短板、提升服务水平、转变发展方式"为主要内容的城市建设改革工作，走出了集

自然生态修复、城市基础功能提升、城市文化功能复兴于一体的"城市'双修'3.0版"。2019年空气质量达到二级标准，入选第三批国家生态文明建设示范市，城市特色风貌和文化生态得到进一步提升，再现了1000年陶瓷文化遗迹、600年御窑文化遗址和100年陶瓷工业遗存。

（三）国家陶瓷文化传承创新试验区建设带来的重大战略机遇

《景德镇国家陶瓷文化传承创新试验区实施方案》明确提出了加强陶瓷文化保护传承创新、推动陶瓷文化产业创新发展、发展陶瓷文化旅游业、加强陶瓷人才队伍建设、提升陶瓷文化交流合作水平五大任务。景德镇要按照《景德镇国家陶瓷文化传承创新试验区三年行动计划（2019—2021）》的要求，瞄准世界水平，以国家级试验区的眼界和水准，坚持科学与艺术结合、文化与经济结合、传承与创新结合、民族与世界结合，着力讲好以陶瓷文化为特色的中国故事，力争在新型美丽人文城市建设方面创造出一批可推广可复制的改革新成果。

三、加快推进具有景德镇特色的新型美丽人文城市建设的政策建议

新时代城市建设和发展，必须更加注重满足人民群众日益增长的美好生活需要，更加注重生态、智慧、人文建设，让城市因生态而美丽、因智慧而宜居、因人文而厚重。景德镇要紧扣"复兴千年古镇、重塑世界瓷都、保护生态家园、建设旅游名城，打造一座与世界对话的城市"的发展定位，充分借鉴其他城市的先进经验，结合景德镇的生态资源优势和文化产业特色，在深化产城融合、加强生态修复、强化科技赋能、延续历史文脉、完善城市功能等五方面再发力，进一步打造经济活力美、生态自然美、智慧科技美、人文特色美、生活幸福美的新型美丽人文城市"景德镇样板"。

(一)在深化产城融合上再发力,进一步提升经济活力美

产城融合是新型城镇化的必由之路。要坚持以产兴城、以城促产,做精艺术陶瓷,做优做强做大日用陶瓷,推动陶瓷文化创造性转化、创新性发展,大力发展航空和现代旅游等服务业,不断增强经济发展的活跃度。一是打造陶瓷特色产业集群。要优化陶瓷产业布局,大力实施陶瓷龙头企业培育工程,做强做大景德镇陶瓷集团等一批骨干企业。加快完善陶瓷产业生态链,有序推进小微企业及作坊"退城进园"。大力引进海内外高技术陶瓷企业落户,推动形成国家陶瓷文创产业、陶瓷新材料产业及其配套产业集群。依托景德镇陶瓷大学、景德镇三宝国际陶艺村人才聚集的优势,大力发展文创产品研发和创意设计,加快推进中国(景德镇)知识产权保护中心设立,推动传统设计向高端综合设计服务转变。二是大力发展陶瓷文化旅游业。以创建国家全域旅游示范区为引领,丰富旅游业态,精心打造陶瓷文化旅游核心产品和精品线路,形成"省内融合、区域合作、国际对接"的文旅大格局。大力开展博览会展、文化交流、学术研修、游学培训等活动,实现观光游、会展游、研学游"三位一体",促使"一日游"向"过夜游"转变,实现国内游和入境游"两轮驱动"。三是大力发展航空产业。依托中航工业直升机设计研究所和昌河飞机工业集团,高标准打造通用航空产业综合示范区,大力支持航空研发、飞机制造、航空小镇建设,推动陶瓷在航空领域的应用,大力发展航空配套产业,促进航空小镇与旅游业融合发展。

(二)在加强生态修复上再发力,进一步打造生态自然美

"看得见山,望得见水,记得住乡愁",这不仅是市民的期盼,也是城市竞争力的核心要素。要树牢绿色发展的理念,既注重城市开发建设,更注重山体、植被和水生态的修复,做到修旧如旧、补新以新,在生态保护与文化传承中实现城市的有机更新,把景德镇打造成为精致、精美、精品之城。一是推动青山绿水治理保护常态化。要在巩固提升"双创双修"成果的基础上,集中开展背街小巷"城市细部"综合整治,净化美化亮化城市的核心区域和

重要窗口，不断提升宜居宜业宜游指数。按照"山水林田湖草"系统治理思路，建立健全长短结合、标本兼治的体制机制，接续推进城市绿色生态品质全面提升。二是加强海绵城市建设。要针对市政公共道路广场、城市住宅区、公园绿地、学校、工业园区等不同特点，采取相应的雨水收集利用系统规划，进一步完善地下综合管廊建设，最大限度地实现雨水在城市区域的积存、渗透和净化，争取在2030年之前完成城市建成区80%以上的面积能将70%的降雨就地消纳和利用。三是建立垃圾分类处理系统。要加快建立分类投放、收集、运输、处理的垃圾处理系统，加大垃圾分类宣传，将垃圾分类转化为市民自觉行动。可以学习杭州把垃圾处理终端建成花园式工厂，如九峰焚烧厂就是杭州最大的花园式垃圾焚烧厂，可供市民学习参观，进行科普教育。

（三）在强化科技赋能上再发力，进一步铸就智慧科技美

科技赋能城市发展是大势所趋。要顺应科技发展大势，把科技应用到城市的规划与治理，不断提升城市治理体系和治理能力现代化水平。一是加快智慧城市基础设施建设。当前，我国智慧城市已经从分散式建设的1.0模式，大数据集中式的2.0模式，走到了以人为本，挖掘数据价值，实现大数据应用的3.0模式。要加快推进人工智能、5G、大数据、物联网、云计算、区块链等新基础设施建设，为智慧城市建设筑牢硬件基础。可学习深圳、上海、广州等多个城市的做法，通过引进中国平安集团"平安智慧城市"，建成1套"智慧城市"云平台，有力支撑智慧政务、民政、财政、安防、交通、口岸、教育、医疗、房产、环保、养老等多个板块，着力打造新型智慧城市"江西样板"。二是提升政府智慧化服务水平。要全面用好赣服通平台，加强城市管理数字化平台建设和功能整合，推动电子政务发展从追求个体效率（部门信息化）向追求整体效率（政务协同共享）转变，实现资源融合和信息共享。

（四）在延续历史文脉上再发力，进一步彰显人文特色美

文化传承是人文精神、人文要素融入城市建设的重要路径，是实现人文

美的主要方式。景德镇是一个有文化、有故事的开放城市，承载着传承历史、弘扬文化、传播声音的重任，要深入挖掘深厚的陶瓷文化底蕴，发展有历史记忆、地域特色、民族特点的美丽人文城市。一是全面加强陶瓷文化遗址保护传承。要以加快推进御窑厂遗址申报世界文化遗产为龙头，对老窑址、老街区、老里弄、老厂房等进行全面保护，坚持"保老城、建新城"和"城市有机更新"相结合，创新发展有历史记忆、有景德镇特色、有时代气息的新型人文城市，形成古今协调、情景交融、底蕴深厚、道德高尚、文化繁荣的城市状态。二是多元展示陶瓷文化。博物馆、城市雕塑是城市文化的重要载体，要加强博物馆建设，健全博物馆体系，建立景德镇博物馆联盟，加强与考古发掘单位及国外博物馆合作。要精心打造陶瓷文化特色的城市雕塑，与旅游业相融合，持续积累城市文化。便利性、可及性是评价公共文化服务效率和均等化的一个重要标准，要凸显公共图书、文化活动、公益演出等的陶瓷文化元素，支持陶瓷文化实体书店、书吧发展。可借鉴杭州"漂流书亭"的做法，在城市的大街小巷设立"漂流书亭"供他人阅读，为群众提供便民、惠民的公共文化服务。三是大力拓展陶瓷文化对外交流。加快推进陶瓷特色孔子学院建设，力争陶艺课纳入孔子学院基础课范畴。积极融入"一带一路"，高质量办好国际陶瓷博览会、陶瓷文化展等，积极参与国家外事外交文化活动、高端论坛等，大力开展国际合作办学、文化交流和研学游学等，着力打造陶瓷文化交流中心。

（五）在完善城市功能上再发力，进一步达成生活幸福美

要坚持以人为本，加快城市公共服务设施建设，打造便捷舒适生活圈，不断增强群众的获得感、幸福感和安全感。一是提升市民生活品质。聚焦群众期盼的热点，大力实施便民服务行动和绿化靓化行动，不断完善城市管理和服务，重点打造15分钟便民服务圈和15分钟绿色生态休闲圈，打通公共服务的"最后一公里"，让人民群众在城市生活得更方便、更舒心、更美好。二是筑牢民生保障。要按照兜底线、织密网、建机制的总体要求，进一步完

善社会救助、社会福利、慈善事业、优抚安置等制度，健全老年人关爱服务体系。全面推进县域医共体建设，以强化急救、全科、儿科、老年病科、康复护理和中医药等服务为重点，提升基层医疗卫生机构服务条件和能力，实现基本医疗服务能力达标升级。可学习杭州江干区精心打造的教育"新共同体""四诊四定"分级诊疗、医养护一体化服务、"大温暖"养老服务等做法，创新市民教育、医疗、养老等模式，真正让人民共享发展成果。三是夯实基层基础。可学习衢州探索建立"互联网＋社区"治理机制，构建数字化社区智慧治理和智能服务体系，打造数字化社区智慧治理和智能服务平台，推动社区、社会组织、社会工作者之间的互动互助和共商共赢。可学习杭州江干区以"网格化党建、网络化支撑、全科＋全能、全员＋全域"为主要内容，创新打造"双网双全"社区治理模式，有效推动社区服务机制与治理机制深度融合。

作者：

熊花　景德镇陶瓷大学管理与经济学院党委书记、研究员、硕导，江西省首届省情研究特约研究员

坚持创新核心地位
打造国内一流中医药科创城的策略研究

□ 中医药与大健康发展研究院课题组

摘要：建设中国（南昌）中医药科创城是深入贯彻落实习近平总书记对江西中医药发展的重要指示，也是助推江西中医药强省建设迈出的坚实步伐。目前，按照"一中心、五区"发展定位，科创城各项工作正在稳步推进，但也存在一定不足。借鉴总结国内外科创城成功经验，建议高位推动、先行先试、汇聚创新人才、提升创新能力、打造创新服务平台、完善创新体系、营造创新环境，"五位一体"赋能全省中医药产业发展，助推中医药强省战略。

科技创新是医药产业的命脉，科创城是引领产业科技创新、促使产业集群发展的引擎，是提升产业集群创新能力的抓手。近年来，江西省委省政府高位推动、重点推进一批科创城建设。以《关于印发中国（南昌）中医药科创城建设方案的通知》（赣府字〔2017〕19号）为标志，中国（南昌）中医药科创城（以下简称"科创城"）立足于打造"一中心、五区"（中医药创新中心、创新驱动先行区、高端人才集聚区、产业发展引领区、文化交流传播典范区、健康智慧新城区）的中医药创新综合体，在基础设施建设、重大项目落地、创新平台招引、人才引进等方面均取得了阶段性成果，但也存在一定不足。

本研究坚持创新核心地位，对标建设方案寻找难点，对标先进科创城探寻痛点，对标医药产业发展需求寻找堵点，在学习借鉴国内外成功经验基础上，提出构建汇聚创新人才、提升创新能力、完善创新体系、营造创新环境、打造创新平台"五位一体"的中医药科技创新生态，推进科技创新与产业发展深度融合，破解科创城发展的难点、痛点、堵点，为打造国内一流科创城、推动中医药强省战略、赋能中医药高质量发展提供政策建议。

一、科创城建设现状

根据"一年定框架、两年见形象、三年出成效、五年大发展"总体要求，按"一中心、五区"定位，2020年科创城已基本完成阶段性建设目标，各功能区块影响力和辐射力显著提升。

（一）中医药创新中心基本建成

面向国内外，科创城引进和集聚了一批高端中医药创新资源，中药国家大科学装置预研中心（赣江中药创新中心）、中国中医科学院健康研究院相继落地。全力创建国家中药产业创新中心、国家中药资源与制造技术创新中心，打造中医药江西省实验室。系列高端创新平台的建设为打造国际一流、国内领先的中医药创新中心夯实了基础。

（二）创新驱动先行区稳步推进

坚持创新在科创城发展中的核心地位，营造创新环境，构建创新平台，完善创新服务，科创城建成的华润江中科研中心、创新综合体、公共研发中心Ⅰ期、桑海生物医药孵化器、标准厂房Ⅰ期、大数据中心和会展交易中心等，形成了约50万平方米创新创业、孵化加速基地，正逐步承接各类产业化创新成果。

（三）高端人才集聚区初见成效

深入对接国家、省、新区重点人才工程，以重大创新平台为高地，实施引智工程，已汇聚4位两院院士、2位国医大师、3位全国名中医、2位岐黄学者、2位长江学者等高端人才及团队在科创城创新创业，雁群效应初步显现。

（四）产业发展引领区雏形初现

江西赣江中医药科创城建设投资集团有限公司正式成立，注册资本金增至25亿元；省引导基金发起设立南昌嘉泰新世纪生物医药投资合伙企业（有限合伙），已投项目和铂医药落地科创城；已签约重大项目9个，总投资约275亿元，其中新绿药健康文化小镇项目、中车复星总部基地和医药产业示范基地及智能制造产业示范基地项目、华润江中现代中药生产基地项目投资均超过50亿元，引领全省中医药产业未来布局。

（五）文化交流传播典范区成效凸显

2021年上海合作组织传统医学论坛在科创城成功举办。江西中医药大学与乌兹别克斯坦、葡萄牙共建的中乌传统医学中心、欧洲（葡萄牙）中医药文化体验中心项目建成并挂牌试营业。疫情期间，6名中医专家随中国政府（江西）赴乌兹别克斯坦联合工作组开展医疗援助工作，探索实践了中医药战"疫"的江西经验，乌兹别克斯坦总统专门致信致电习近平主席表达谢意。科创城成为交流传承传统医药文化的亮丽名片，进一步推进中医药文化国际传播认同。

（六）健康智慧新城区扩容提质

新祺周互通立交连接线、科创城核心区道路提升（一期）工程已相继完工；前湖大道快速路全线通车；星海湖提升工程已竣工；会议服务中心、公共服务中心、时珍雅苑建设工程等项目建设有序推进；工商银行等13家银行机构在赣江新区设立分支机构；人保财险绿色保险实验室、恒邦财险绿色保险事业部、国寿财险赣江新区中心支公司、济民可信保险经纪公司等入驻科创城；赣江新区新设2家政府性融资担保机构、3家融资担保公司、3家小额贷款公司、1家商业保理公司；赣江新区人民医院主体建设已完成。通过打造产城融合新空间，科创城集聚力和辐射力不断提升。

二、存在的问题

在充分肯定科创城建设取得阶段性成效的同时,也要清醒地认识到存在的不足和差距,主要表现为引领带动全省中医药产业发展作用有限,建设方案中"引领中医药产业主营业务收入突破1000亿元,中医药产业占全国的比重提升至10%"目标未能如期实现。究其原因,除了受中医药产业整体下行、统计口径调整等外部因素影响,主要原因是:

(一)创新引领产业发展动力不足

创新在引领科创城发展的核心地位不够凸显,科创城赋能与带动全省中医药产业发展新格局没有形成。以企业为主体、产学研用相结合的协同创新体系不完善,汇聚创新要素、激发创新潜能、提升创新能力、推进成果转化、培育创新型初创企业等关键领域亟待加强。

(二)公共服务平台建设滞后

科创城研发创新、众创空间(孵化器)、培训服务、供应链服务等公共服务平台及金融服务、企业入驻、人才服务、产学研对接、知识产权保护、国际交流合作、媒体推广等产业促进平台建设明显滞后,药物筛选平台、药效试验平台、药物安全性评价平台、分析测试平台、医药新品中试基地等专业服务平台尚待建设,影响创新资源集聚,对初创型创新企业吸引力不足。

(三)高层次人才缺乏

科创城两院院士、国医大师、产业高端人才多为柔性引进、候鸟式工作,真正扎根科创城、长期在科创城开展研究工作的高层次领军人才并不多。引领创新发展的顶尖技术人才缺乏,具有国际视野的高级管理人才和掌握最新前沿技术的产业开发人才不足。

(四)体制机制建设不够完善

科创城区域互动合作与成果转化共享机制尚待进一步建立,相互协同效果不强。桑海核心区作为赣江新区直管区以来,赣江新区加强了科创城建设力度,成立了赣江新区科创城管理委员会,但只承担桑海核心区的管理工作;而随着湾里区撤销,只剩1名熟悉江中药谷核心区的建设管理工作人员,建设推进力度更加弱化。

三、国内外科创城建设经验

(一)国内外典型科创城

归纳总结国内外医药科创空间的建设共性,对本课题的研究具有一定的借鉴意义。

1. 大波士顿地区

全球最具活力的生物产业集聚区之一,涵盖新药研发和生产、医疗健康产品等领域。区内聚集百健等240多家企业,主要经验有:

一是依托研究机构进行技术创新。区内拥有麻省理工、哈佛等世界名校,还有麻省总医院、新英格兰医学中心等优质临床资源,以及众多生命科学、分子生物学等领域的优质学科群和顶尖实验室,形成"临床—实验室—临床"的发展模式。

二是强有力的财政和政策支持。该地区实施马萨诸塞州生命科学计划,通过十年内投资10亿美元支持生命科学领域研究,且提供多种税收鼓励政策、补助金政策等,有力地强化了成果转化能力。

2. 神户医药产业城

神户医药产业城汇聚10余所日本尖端医疗研究机构,有近两百家著名医药企业和团体,主要经验有:

一是协同组合的管理模式。由日本中央政府、神户市政府和20家民间企业共同出资102亿日元成立"协同组合"来负责运营管理,极大地节约了政府管理成本，促进了园区共同事业的发展。

二是多元参与的创新合作体系。倡导和推进政府研究机构、民间企业、大学三方的合作和交流，促进科技与产业共同发展；同时，改革成果转化体制，鼓励创办创新企业。

3. 中关村生物医药园

中关村生物医药园是面向从事生物技术产品、天然药物、化学合成药的生物医药专业孵化器，主要经验有：

一是完备的硬件设施。总建筑面积3万平方米，配备了49个可供企业独立使用的标准实验室，建设了开放的生物工程GMP中试车间、分子生物学实验室等。

二是专业的技术服务体系。联合中国疾病预防控制中心、北京生物等多家机构和平台型企业共同组建了分离纯化技术、分析检测技术等专业技术服务体系，全力营造专业化的发展环境。

4. 张江高科技园区

张江高科技园区始建于1994年，是全国龙头医药园区的代表，主要经验有：

一是创新体制机制。建设初期，大胆引入社会、民间和海外资本4.5亿元，打破了国家级科技园区单靠政府和开发公司投资的局面。建立企业"一门式"服务、引进中介服务机构等六大服务体系。

二是重视引资引智。积极吸纳外来资本力量发展，大力支持跨国公司、国际知名实验室设立分部；充分利用上海各研究机构的优势，吸引大量优秀人才；向社会开放实验室、科研设备等，提高创新资源的使用效率。

（二）国内外典型科创城的建设启示

通过梳理和归纳国内外科创城建设情况，总结出科创城建设的几点启示：

1. 敢于政策探索是科创城快速发展的有益尝试

科创城建设本身就是区域发展的探索性试验，其快速发展离不开探索性政策的高位推动。如：美国政府实施的马萨诸塞州生命科学计划、神户医药产业城的"协同组合"运营模式，都是促进科技创新的探索性实践。

2. 公共服务平台建设是解决企业发展问题的突破瓶颈

公共服务平台以企业需求为导向，围绕企业存在的痛点难点，提供公益性、专业性、针对性服务，是创新资源的主要承载区。如：中关村生物医药园建设的实验平台及技术服务体系为企业提供创新资源；中国药科大学建成的19个创新平台，先后为恒瑞医药等1000多家企业提供技术服务。

3. 多元主体协同创新是科创城高质量发展的基本准则

国内外的科创城重视不同主体之间的交流合作，以及中小企业与大企业协同发展，通过多主体协同发展实现创新要素高效配置。如：日本政府倡导和推进的官产学研合作模式，制定了《中小企业新事业活动促进法》，促进不同主体之间协同创新、共同发展。

4. 高水平人才队伍是科创城发展的创新根基

大波士顿地区、中关村生物医药园、张江高科技园等无一不是研究机构与大学的密集区，为科创城的创新发展提供重要的人力资源保障。

5. 持续高强度投入是科创城发展的前提条件

高强度投入支撑了科创城高水平创新，如：马萨诸塞州生命科学计划投资达10亿美元、神户产业园"协同组合"管理模式出资102亿日元、张江高科技园区建设初期即引入各类资本4.5亿元。

四、打造一流科创城的对策建议

科创城是产业升级和区域发展的创新引擎。借鉴国内外科创城建设成功经验，打造一流科创城应充分发挥生产性服务集聚优势，融通产业链、创新链，为高新、小蓝、进贤等生物医药产业集群提供科技服务、信息服务、装备及技术服务支撑，通过汇聚创新人才、提升创新能力、打造创新服务平台、完善创新体系、营造创新环境"五位一体"创新生态，赋能全省中医药产业发展，助推中医药强省战略。

（一）抓好锚点，形成各级政府高位推动合力

一是将科创城列入"十四五"省级重点支持项目，推动科创城申报国家重点支持示范园区，争取中央、地方各级政策扶持。二是落实国家、省、新区各级人才政策，持续开展"珠峰计划""海智惠赣鄱"等行动，对引进人才提供专项财政补助。三是推动产业引导基金向科创城发展适度倾斜，对企业研发投入实行税收优惠支持。四是以科贷通、财园信贷通等融资方式为杠杆，撬动各类资本投入科创城建设，引进和创设各类风险投资基金，以财政、金融等政策强力支持创新创业活动。五是制定专项扶持政策，以绿色金融定向支持中药资源循环利用、中药精深加工、清洁生产等绿色生产模式，推动构建中医药产业绿色发展新格局。

（二）突出重点，吸引创新创业人才团队集聚

一是从平台支持、阶段性研发与创业扶持、学术支撑、人才培训和培养、人才配套服务、容错机制等多维度发力，完善人才引育政策，重点解决人才引进后的政策落实和配套问题。二是加大高层次科技人员联系企业的广度和深度，将服务业绩作为职称评定和岗位聘任的重要指标，完善人才团队在企业和高校、科研院所之间双向流动机制。三是发挥华润江中等龙头企业带动作用，依托企业建设专业技术人员实训基地。四是支持开展订单式培养，加强中药材种植、中药炮制、中医药健康服务等技术技能人才培养，适度培养健康管理、药学（市场营销）等职业化管理人才。

（三）攻克难点，提升中医药关键创新能力

一是强化科创城高端研发平台与龙头骨干企业合作攻关，支持独家生产或列入中药保护目录的品种提高市场占有率，加强基于经典名方、名老中医方、院内制剂的中药新药研发，重点突破中药抗感染与重大疾病防治、名优中成药二次开发等关键领域。二是在中药材原料提取和初加工技术方面取得突破，尽快形成有确切效果、符合市场需求的新产品、新工艺。三是发挥"樟树帮""建昌帮"传统技术优势，开展中药饮片规范化炮制、中药配方颗粒产业化研究。

四是加快开展现代化中药制造工艺与关键装备技术的产业化研究，突破中药工业制造核心难关，实现智能成套设备产业化制造，推动中药绿色"智"造。

（四）聚焦热点，加快创新服务平台建设

一是推进高端创新平台建设，力争中药国家大科学装置预研中心列入国家重大科技基础设施名单，加快中国中医科学院江西分院（江西中医药健康产业研究院）建设进度，抓紧筹建国家中药产业创新中心、国家中药资源与制造技术创新中心，建设中医药江西省实验室。二是加快建设涵盖中医药全产业链的专业性服务平台，布局成果转化服务体系。三是加强与其他平台协作，对接江西省技术交易中心和江西省校企合作信息服务平台，打造科技信息交流、市场调查、技术转移中医药组团，对接四川成都中医药知识产权运营中心形成省际交流联动效应。

（五）疏通堵点，推动协同创新体系更加完善

一是强化企业间、企业与科研机构间联系，加深与济民可信、华润江中、青峰药业等龙头企业协同合作，鼓励创新团队带成果加盟企业。二是构建"政产学研资"联合体，推动医药院校研究生院、科研平台迁入科创城，迁入或新建1所医药类职业技术大学。在诊疗技术推广、新药研发和成果转化方面深度合作，成立实体公司负责成果孵化转化。三是支持龙头企业重组资产、战略整合和上市，重点打造2—3家全国领先的航母龙头企业。奖励年销售额过亿产品和主营业务收入首次超过100、200、500亿企业。按"一企一策""一事一议"原则重点打造一批"独角兽""瞪羚"企业。四是招引专业化、专门化的产业服务机构和服务团队入城，基本形成生产性服务超前配套的发展局面。

（六）强化试点，推动体制机制创新先行先试

一是理顺科创城管委会职能，明确管委会对湾里核心区的管理协调职能。二是创新科创城管理模式，引入企业、科研机构、公共服务平台作为管委会成员单位，"协同组合"管理科创城运营。三是组建由院士、行业专家、企业

高管、智库单位等组成的发展战略咨询委员会，定期评估科创城发展成绩和重大项目推进情况，谋划科创城重大决策。四是对重点扶持企业和科研平台实行考核指标逐年上浮制度，要求研发投入年均增长 0.5%、成果转化率稳步提升，对达标企业和平台进行财税优惠扶持和费用补贴，对未达标者进行重点帮扶和诫勉。

（七）培育亮点，营造中医药特色创新环境

一是挖掘整合江西中医药文化资源，借助上合组织传统医学论坛影响，打造中医药文化展示区，积极开展中医药历史博览、成果展示、文化普及与思想交流，把科创城打造成具有江西特色的中医药文化地标。二是以中医药国际生态科技小镇建设为契机推进产城有机融合、生态绿色发展，打造宜居宜业的中医药特色健康智慧新城区。三是集成行政管理部门，组建公共行政服务中心，为科创城建设发展提供一站式服务。四是在赣服通、赣政通等公共信息服务平台上设立中医药科创城专项服务入口，提供"互联网+"政务服务，让数据跑路，为企业和群众提供更多优质便捷服务。

领题专家：

黄璐琦　中国工程院院士，国家中医药管理局党组成员、副局长，中国中医科学院党委副书记、院长

课题组组长：

章德林　江西中医药大学党委委员、副校长，中医药与大健康发展研究院常务副院长、教授，江西省第二届省情研究首席专家

课题组成员：

严小军　王军永　王立元　田娜　王素珍　周小青　薛晓　徐道富　朱瑶

绿色发展

江西"两山"双向转化的难点与建议

□省社联省情调研课题组

摘要：近年来，江西省积极探索"绿水青山"向"金山银山"转化途径，形成了自然资源权溢价、产业"两化"经营、多元化生态补偿和绿色金融赋能4种典型模式。与此同时，江西省"两山"双向转化也面临难确权、难度量、难交易、难变现、难持续5大难点。促进"两山"双向转化要厘清生态资源，构建生态产品价值核算体系；打通转化市场通道，完善生态产品市场交易机制；健全参与机制，实现生态产品共建共享；强化资金支持，创新生态金融产品；发展生态产业，构建生态产品价值实现的产业支撑体系。

依托生态资源优势，江西省作为国家生态文明试验区和国家生态产品价值实现机制试点地区，积极探索"绿水青山"向"金山银山"的转化途径和生态产品价值实现机制。努力将生态优势转化为经济优势，把资源优势转化为产业和发展优势，实现经济社会与生态效益有机统一。课题组深入多地调研，总结分析江西省"两山"双向转化的难点和问题，并探索生态环境高水平保护和经济高质量发展相统一的有效实现路径。

一、江西省"两山"双向转化的典型模式与做法

近年来，江西省积极探索"绿水青山"向"金山银山"转化途径，有效激活了全省绿色转型内生动力。截至2021年10月底，江西国家"绿水青山

就是金山银山"实践创新基地6个,数量居全国第一方阵,省级"绿水青山就是金山银山"实践创新基地17个。各地结合自身生态资源特点,因地制宜,形成了各具特色的"两山"转化模式的生动实践。

（一）自然资源权溢价型

一是建立统一确权办法和登记体系。完成省市县三级自然资源统一确权登记工作方案的编制。二是推动生态系统生态产品总值(GEP)核算。在抚州市、丰城市、万年县、崇义县等市县GEP核算试点基础上,明确GEP核算方法和步骤。三是推动自然资源权益"可交易"。依托南方林业产权交易所,打造包含林产品网上交易、线下交割、林银融合等服务的林业要素交易平台,形成全省统一的林业碳汇交易平台、碳信息披露平台和碳中和平台。目前,乐安县已通过平台实施全省首个国际核证碳减排标准碳汇项目,通过"国有林场+公司"模式交易森林面积11.6万亩。

（二）产业"两化"经营型

积极推进生态产业化、产业生态化。2020年江西省万元GDP能耗、用水量分别下降18.3%、32%,绿色发展指数连续四年稳居中部六省首位,各地积极探索生态产品价值实现路径。一是"生态修复+工业",如寻乌县实现工矿废弃地变工业园区用地,新增就业岗位近万个;实施"生态+光伏",在治理区建设光伏发电站,年经营收入达3970万元。二是助力农村一、三产业融合发展。如"篁岭模式"保持了古村文化的"原真性",让一个濒临消亡的古村落演变成全国知名的旅游目的地、中国最美休闲乡村、全国景区带村旅游扶贫示范项目。篁岭村人均收入,从旅游开发前的3500元,提升为2.6万元;户年均收入从1.5万元,提升为10.66万元。三是将旅游与保育保护相结合。如开展鄱阳湖国际观鸟周、让"微笑天使"江豚赣江安家等举措,在生态保护中融入市场机制,实现生态保育、野生动植物保护与休闲旅游、经济发展一体化。

（三）多元化生态补偿型

按照"谁受益、谁补偿，谁保护、谁受偿"的原则，实现生态保护地区和受益地区的良性互动。一是实施全省全流域生态保护补偿。在全省100个县（市、区）实现省内流域生态保护补偿资金全覆盖。积极推进东江流域、渌水流域跨省生态补偿。探索赣粤"飞地开发"新模式。二是开展森林、湿地、耕地、渔业资源等生态要素补偿。重点开展鄱阳湖湿地生态效益补偿试点、耕地地力保护补贴、长江退捕渔民及渔业资源保护补偿等。三是推进市场化生态保护机制建设。鼓励社会资本参与，如对废弃矿山实行市场化运作、开发式治理，破解修复资金难题。

（四）绿色金融赋能型

基于赣江新区国家绿色金融改革试点，紧扣体制、产品和服务创新，江西省推出各类创新成果22项，其中6项为全国"首单首创"，绿色市政债、"畜禽洁养贷"列入国家生态文明试验区经验做法推广清单。打造"两山银行""湿地银行""森林银行"等金融服务中心，促进资源转化。截至2021年一季度末，全省绿色贷款余额达3149.8亿元，同比增长37.52%。推出"生态资产权益抵押＋项目贷"等创新生态信贷产品，如"古屋贷""畜禽洁养贷"等产品。设立贷款风险缓释机制，建立生态资产收储担保机构，对农村土地承包经营权、林权"两权"抵押等，实行风险补偿金制度。

二、江西省"两山"双向转化的难点和问题

绿水青山的有形产品、生态系统优良的环境本底以及居民幸福感等无形资产都是江西省生态价值的体现。江西省的自然环境优势蕴藏着巨大生态价值，但"两山"双向转化过程中仍然存在以下难点和问题。

（一）难确权

明晰的产权归属是生态产品价值实现的前提和基础，但实际工作中依然存在诸多困难。一是产权边界模糊问题突出。生态资源和产品大多数是公共产品，如河流、森林等生态系统是天然的公共资源，具有流动性、跨区域等特征，很难清晰界定产权，受益主体也难以标识。二是特定生态产品产权界定存在法律真空。以抚州市传统村落古建筑确权试点为例，根据新修订的《中华人民共和国土地管理法》，农村村民一户只能拥有一处宅基地，但对于古村落建筑，因其特有的文物属性，在拆与留的问题上缺少专门的法律依凭。在规划方案不完善、管理方法有漏洞等问题的影响下，"一户多宅""一宅超限""未批先建"等现象不同程度存在，无法给古村落建筑办理集体土地所有权登记，导致"确权—确价—交易"在第一步就被卡住。

（二）难度量

明确的市场定价是生态产品价值实现的重要条件，但目前尚未建立具有权威、公允的生态产品价值评估和核算机制。主要在于：一方面是技术手段不足。江西省生态产品种类众多，不同区域生态产品价值核算数据来源渠道、衡量指标体系及核算方法模型多样、层次不一，导致省内生态产品价值难以准确量化。另一方面是政策依据不足。江西省在生态服务市场交易、生态转移支付、生态补偿、环境污染责任保险等制度机制方面尚缺乏生态产品价值定量标准，从而导致在现行的金融政策、规则体系下相关工作难以有效推动。

（三）难交易

稳健的交易体系是生态产品价值实现的平台载体，生态产品的价值必须通过市场交易机制来实现。尽管江西省在林权、排污权、碳排放权等交易上已有相关成功探索和实践经验，但这些本质上都是物质产品类的生态产品。对于衍生出的服务类、文化类生态产品，还没有成熟的交易平台和交易体系。同时，江西省在生态产品价值实现的市场设置、特许经营权许可、市场准入、退出机制及各利益主体分配方式等方面尚不完善,这都增加了生态产品交易的难度。

(四)难变现

当前江西省较为成熟的生态产品主要包括绿色有机农产品为主的有形产品,康养休闲为主的旅游服务产品等。但前者大多处于初加工阶段,采取"公司、基地、合作社、农户"的相关模式,辐射带动力有限,品牌实力不强,大多数公司难以走出地市面向全国市场竞争。对于后者而言,一些市县区生态产品和资源优势很大,却一直没有得到合理开发与利用,特别是生态产品的文化价值开发不足。

(五)难持续

持续的"自我造血"是生态产品价值实现的发展动能,绿水青山本身蕴含无穷的经济价值,但生态集聚区与生态功能区往往处在经济欠发达的状态。从江西省试点情况来看,相关项目还未能摆脱对政府资金和政策的严重依赖,"自我造血"功能尚未完全激活。在经济补偿方面,现主要依靠中央财政转移支付、优惠贷款以及生态资源税征收等,资金来源单一、缺口较大,再加上错补、漏补时有发生,使得本就有限的财政资金使用效率更加低下。在金融支持方面,生态产品开发初期需要大量的资金投入,而相关贷款项目回收期长、管理成本高、风险大。因此,金融机构特别是商业性金融机构,在额度、期限、利率、担保等方面的金融服务与项目经营主体的金融需求极不匹配,需要政府财政兜底分担金融风险。比如,资溪县政府就按照相关项目贷款的80%进行分担,造成了巨大的财政压力。

三、促进江西省实现"两山"双向转化的路径与对策

"两山"双向转化的实现需要针对现存问题,形成生态产品价值的评估、

核算、管理、运营及政策支持体系，实现经济增长与生态质量双提升，实现人与自然和谐共生。

（一）厘清生态资源，构建生态产品价值核算体系

一是全面系统调查，准确摸清全省生态产品资源。在前期自然资源资产负债表统计基础上，全面开展全省生态产品价值核算，摸清全省生态资源存量和生态产品流量等资产家底。借鉴现代互联网技术，开展以县级为单位的生态资源梳理工作，建立生态资源登记系统平台，建立全省生态资产负债表、生态资源资本账户。二是开展全省生态产品价值转化潜力评估。对全省水资源、林地、湿地等生态资源进行系统分析，厘清哪些资源具有转化优势，哪些资源应加大培育，哪些生态资源可以开发链条产品，做大做强全省绿水青山附加值。三是制定和完善生态产品价值标准体系。参考借鉴浙江省、青海省、深圳市等地区建立GEP（生态系统生产总值）核算和考核技术体系，尽快制定全省生态产品核算技术指南、评价指标体系。建立省级层面生态产品价值评估管理办法，形成生态产品价值评价标准化的操作细则，指导第三方评估公司对生态产品价值进行科学评估。

（二）打通转化市场通道，完善生态产品市场交易机制

发挥市场对资源配置的决定性作用是促进生态产品价值实现的关键。一是推动生态资源有效确权和流转。从省级层面制定和完善生态资源保护利用的产权管理条例，推动生态资源要素确权以及相关产权流转。构建山水林田湖草沙生态资源统一确权登记系统，制定产权主体权利清单，从根本上解决生态产品"归谁有""归谁管"和"归谁用"等问题，形成多元化生态产品生产和供给主体。二是建立和完善生态产品交易平台。支持建立全省生态产品交易平台和中转平台，形成具有生态资产确权、第三方核算、交易市场、转移登记与监管制度等功能的完整交易体系。重点围绕商品林赎买、公益林收储和水域经营权流转等，探索开展出让、租赁、买卖等生态资产产权和生态

产品交易试点。完善生态文化产权交易中心，推动加深抚州古村落资源与国家相关文交所的合作，为生态产品价值实现搭建"一站式"产权交易平台。三是进一步壮大生态产品交易市场。借鉴浙江省、福建省、贵州省等成功经验和做法，在林权抵押贷款、水权交易以及排污权交易等方面进行积极的探索，积极培育生态产品市场，在森林、湿地等不同生态产品领域开展资源资产化、证券化、资本化改革，建立完善生态变资本、变财富的市场交易新机制。

（三）健全参与机制，实现生态产品共建共享

政府主导、企业和社会各界参与、市场化运作是生态产品价值实现的可持续路径。一是政府要起到主导作用。生态资源保护和利用过程中，各级政府要起到引领作用，应调动企业、社会公众参与生态保护发展的积极性、主动性和创造性，构建多主体参与的生态资源价值转化合作机制。二是激发公众参与积极性。由于全省许多重要生态资源都在农村，要大力鼓励农村居民参与热情，有效协调生态资源转化地区原住民、当地政府、企业等多方利益分配问题，为科学合理的生态保护和开发提供支持。进一步发挥新乡贤作用，通过资金投入和政策引导，吸引外流的创业成功者、返乡创业者、退休还乡者及有乡村情怀、愿意回报乡村的技术人员和专家学者入驻或扎根农村，引领和带动村落民众进行"生态资源再生产"。三是建立市场化运作的生态产品运营服务体系。完善金融、税收等优惠政策，引进和吸纳社会资本和民间资本，构建实行政企合作开发的股份制经营模式，如可以采取PPP等融资模式，实现共同经营管理、多方参与管理的生态产品综合开发经营模式。有条件的生态资源丰富地区，可以鼓励组织村民以入股的方式参与生态产品保护和开发建设，共享生态开发利用成果，逐步建立起"企业专业管理、村民参与经营、政府监督管理"的多元化管理模式。

（四）强化资金支持，创新生态金融产品

生态价值转化资金需求巨大，应大力探索绿色金融模式，积极为符合生

态产品价值转化的市场主体提供资金支持服务。一是成立生态产品价值转化基金。设立以财政资金引导为辅、社会资本投入为主，市场化运作的省级生态产品价值转化基金，重点支持生态产业培育和生态产品价值实现等重点项目。二是继续探索实施"两山银行"等制度。对山水林田湖草沙等自然资源以及适合集中经营的古村古镇等碎片化资源资产，采取租赁、入股、托管、赎买等形式整合收储，转化成集中连片优质的"资产包"并开展项目招引，通过混合所有制、股份合作、委托经营等方式引入社会资本和专业运营管理。三是创新绿色金融产品。依托绿色资源开发以生态产品为对象的信贷产品，试点公益林和天然林收益权质押贷款，开辟林权抵押贷款新渠道，开办农村"两权"、水权、矿产权等权益性资产抵押、质押贷款业务。探索碳汇金融、绿色债券、绿色基金等现代绿色融资方式，实现绿色融资多元化发展。

（五）发展生态产业，构建生态产品价值实现的产业支撑体系

通过生态资源化、生态产业化等方式，建立生态产品价值实现的产业支撑体系是实现生态产品价值转化的关键路径。一是设立生态产品价值示范区。结合江西省主体功能规划和国家对生态产品价值转化要求，可选择生态资源潜力大、稳定性较好的地区建立示范区，如抚州、赣州等地，探索培育生态产品价值转化新模式，为在全省范围内构建生态产品产业体系起先行示范作用。二是因地制宜推广生态产品价值实现的创新模式。根据全省不同类型生态产品及区域生态产品价值转化程度，选择不同的价值实现模式。针对农业优质产区，可打造优质生态农、林、牧、渔业生态产品；对于自然生态资源，重点发展生态旅游、生态康养及生态扶贫；针对重点生态功能区，实现路径可采用生态补偿、生态银行、绿色金融等手段，通过确权、赋利等方式，使生态产品的非市场价值转化为市场价值。三是推动与数字经济融合。生态资源要在保护与发展实践中普及互联网技术，利用互联网技术手段进行产业升级。如推广乡村旅游智能化、乡村生活智慧化，从而形成保护与发展的新态势。通过第三产业的"数字"叠加，将生态资源的生产场所由农业农村部门向非

农部门拓展,提高生态资源附加价值。

本文系 2021 年江西省情调研重点课题《"两山"双向转化的难点、堵点与建议》(项目编号 21SQ03)、2021 年江西省哲学社会科学重点研究基地项目《江西林业资源生态产品价值转化路径研究》(项目编号 21SKJD24)、《"双碳"目标下"十四五"时期江西能源发展思路研究》(项目编号 21SKJD23)的研究成果。

课题组组长:

李志萌　江西省社科院发展战略所所长、二级研究员,江西省第二届省情研究特约研究员

课题组成员:

何雄伟　江西省社科院《企业经济》副主编、副研究员

马　回　江西省社科院助理研究员

王路瑶　江西省社科院助理研究员

摸清企业能源利用情况　打好能源双控攻坚战

□赵波　卢星星　罗小娟　黄信灶

摘要：根据对江西省6个设区市企业用能情况调研，发现企业用能普遍存在能源利用状况不清、用能指标欠缺、双控力量不足等问题。江西省迫切需要开展企业能源利用情况摸底行动。建议从三大方向摸底：合规摸底方向，重点查清节能评估审查批复情况、项目合规情况和投产进度情况；现状摸底方向，重点摸清上报能源消费量与实际的偏差，实际单位能耗与标准的差距以及落后产能情况；需求摸底方向，主要掌握企业节能潜力、环节、计划情况，以及项目满产扩产、新增项目用能情况。

2021年8月下旬以来，国家发改委点名多个省区能耗双控工作未达标，并进行预警。随后，10余个省份陆续推出大规模限电限产措施。9月16日，国家发改委印发《完善能源消费强度和总量双控制度方案》，这是继2021年进一步加强节能监察工作和实施能耗双控目标完成情况晴雨表制度之后，又一个与能源双控相关的重要文件，对江西省能源双控工作提出新要求、新挑战。课题组通过对江西省6个设区市20多个县区企业用能情况调研，发现普遍存在能源利用状况不清、项目用能指标欠缺、能源双控力量不足等问题。为此，我们认为迫切需要开展企业能源利用情况摸底行动，为打赢能源双控攻坚战迈出关键第一步。

一、江西省企业能源利用情况的严峻形势

在如期实现碳达峰、碳中和目标的要求下，在中央生态环境保护督察、长江经济带生态环境警示片的警醒下，在完善能源双控目标考核的压力下，江西省企业用能方面充满挑战。

（一）环保督察趋势紧，能源双控问题多，形成压力

目前，江西省上半年能耗总量控制在序时进度以内，能耗强度降低目标为二级预警等级，整体形势还尚为可观，但面临的压力也在不断加大。一是中央环保督察对能源利用关注程度高。中央第四生态环境保护督察组向江西省反馈督察情况中针对企业能源利用情况提出四个方面的问题：能耗总量控制不力，高耗能行业无序发展；多个项目节能审查批复未批先建；把关不严，落后产能得以投运；地方政府承诺项目开工前补充能源替代方案未及时兑现。这些问题涉及面广，影响度大，不是个别现象和偶然现象。二是地方能源双控目标考核潜在问题多。江西省上半年共发布两次能耗双控目标完成情况晴雨表，各设区市预警等级不断变化。一季度九江和宜春能耗强度不降反升，处于一级预警等级，总量控制有5个设区市未完成进度目标。二季度考核上半年整体完成情况，抚州和上饶能耗强度为一级预警，鹰潭和上饶能耗总量控制超标。而且，通过调研发现，用于能源双控考核的数据在调度过程中存在指导性填报现象，与实际用能情况存在差距。

（二）能源消费增量小，发展用能需求大，形成困局

在国家能源双控趋紧的大背景下，能源消费增量明显不足，地方发展用能缺口不断加大，江西省亟须走出双重压力的能耗困局。一方面，能源消费增量小无法满足大项目上马。江西省"十四五"时期能源消费增量要控制在900万吨标准煤以内，2021年度能耗增量计划在225万吨标准煤以内。各设区市分解至各县（市、区）的能耗消费增量都不高。如九江天赐新能源计划

投资的锂电全产业链项目位于湖口县，综合能耗预计在20万吨标准煤左右，但是，整个湖口县新增能耗只有4万吨标准煤。地方的增量指标无法满足新上大项目的用能需求。另一方面，经济与社会发展用能保障分配难。各地围绕"工业倍增三年行动"目标，紧扣"项目为王"理念，"5020"项目力度加强，产业链不断完善，加大了经济发展对用能指标的需求。此外，必须保障居民生活、公共服务、基础设施等社会民生用能，有限的用能指标难以满足经济社会所有领域的发展需求。

（三）企业主体意识弱，节能挖潜难度大，形成制约

目前，江西省企业对节能工作的重视程度和专业程度还较为欠缺，与减排工作相比有较大差距，节能潜力挖掘难度持续加大。一是企业节能工作主体意识不强。在节能工作力度、专业人才引进、节能评估审查程序完善等方面，企业的责任意识还较弱，对项目开工建设前取得节能评估审查批复认识不深，对能源消费的计量与统计专业性不够，对节能技术改造内生动力不足。二是企业节能潜力挖掘难度较大。在能源消费增量空间小的约束下，各地新上项目用能指标只能寻求能耗等量减量替代，主要途径是挖掘可节约能耗，释放潜在用能空间。目前，符合主管部门要求的能耗等量减量替代主要来源于"十四五"时期淘汰的落后产能、工艺、装置和设备等，短期内会面临环节寻找难、资金投入难、实施时间难、数据统计追溯核查难等问题。

二、摸清企业能源利用情况的重要作用

（一）理清现状，确定基数，提高能源消费统计精度

能源双控的首要任务是精准掌握能源消费实际情况，为能源双控指标基数和碳排放基数确定提供准确的数据支撑。根据现有的能源消费上报制度和能源在线监测完善程度，各地能源消费强度与总量容易存在偏差。需要通过摸底，精准梳理企业消耗不同能源的实物量、折算标准煤量和单位产品能耗等。

（二）主动出击，突破困境，释放项目用能指标空间

各地能耗增量指标总体不足，用能权交易尚未完善，用能指标成为项目上马的重要瓶颈。各地可从现有存量指标挖潜上寻找破局之法。主动做好企业能源利用情况摸底，不被动等待，不消极观望。掌握并淘汰落后产能、工艺、装置、设备，明确节能潜力、环节、计划等，通过节能技术改造，释放用能指标，为新项目上马腾出用能空间。

（三）落实政策，提升能力，完善能源双控长效机制

贯彻落实《完善能源消费强度和总量双控制度方案》要求，做好企业摸底工作，有助于了解节能评估与审查程序合规性、能源管理制度建设情况，掌握产能达产进度和新上项目计划安排。通过摸底，制定问题解决方案，培养专业人才队伍，形成完善能源双控、碳达峰、碳中和工作的长效机制。

三、摸清企业能源利用情况的三大方向

企业能源利用情况摸底是针对能源利用的一种全方位核查，从源头节能评估与审查程序到生产过程能源管理，从当前实际能源消费量到未来节能潜力空间，从总体综合能耗到具体产品单位能耗，从全流程生产工艺到单个生产设备，从企业自身能源使用效率到行业标准对比。主要分为合规摸底、现状摸底、需求摸底三大方向。

（一）做好节能评估审查合规摸底

通过企业立项和投产项目对比，了解节能评估与审查程序合规完成情况，这是所有摸底工作的第一步。主要包括三个方面内容：首先，确定投产项目取得节能评估审查批复情况。通过企业现有投产项目，核对取得主管部门批复文件情况。其次，确定已获得节能审查批复项目合规情况。核对项目节能评估审查批复的时间合规性、分级合规性、报审合规性等内容。最后，确定

已获得节能审查批复项目投产进度情况。重点针对年耗 5000 吨标准煤以上的用能单位，核对已获得节能审查批复项目的投产进度情况，以便做好未来 1 至 3 年的用能预算。

（二）做好企业能源使用现状摸底

企业能源使用现状是摸底工作的重中之重，主要可从四个方面进行：一是摸清上报能源消费量和实际消费量的偏差。核对企业能源消费统计边界、不同能源品种实物量折算标准煤系数、项目综合能耗的当量值与等价值，尤其是电力和热力。做到与上级主管部门考核口径一致，确保上报数据与实际相差无误。二是摸清实际单位能耗与不同标准的差距。确定单位产品综合能耗和单位产值综合能耗，选择企业对标的行业标准和地方标准，衡量用能水平和能源产出效率，测算节能潜力大小。逐步淘汰替换能源产出效率低的企业，调整优化产业结构，降低能耗总量和强度，更好实现能源双控目标。三是摸清淘汰落后产能、工艺、装置、设备。对标国家、地方、行业相关政策文件要求，核对企业淘汰落后产能、工艺、装置、设备等情况。根据摸底清单，联合发改、工信、生态环境、市监、税务等主管部门，制定淘汰计划。四是摸清能源管理制度体系建设水平。加强企业能源计量和能源统计能力建设是能源双控的重要工作内容之一。通过摸底，了解企业能源管理组织、管理制度、管理能力建设情况以及能源管理专业服务情况。

（三）做好企业节能用能需求摸底

为探寻节能降耗的方法和采取切实可行的节能措施，有必要提前确定企业未来用能预算和增量需求。具体包括以下两个方面：其一，掌握企业节能潜力、环节、计划情况。重点关注节能潜力大的企业，找到节能技改的主要环节和领域，了解企业分步推进节能技改措施的计划安排，估算企业节能效果大小，统筹好地区节能量使用，并建议通过合理规范的节能技改流程，做到技改前后数据可统计、可追溯、可核查，为下一步改扩建项目、新建项目提供能源替代方案做好铺垫，减少占用新增用能指标。其二，掌握项目满产扩产、新增项目用能情况。依据企业现有产能负荷情况、满产扩产进度计划、"十四五"时期新增项目投资计划等，提前做好用能增量预测，做好用能指标实施方案，为政府实施能耗双控提供参考依据。

企业能源利用情况摸底是一项涉及面广、工作量大、专业性强的系统性工作，须各级政府提供支撑保障。建议省级层面出台《企业能源利用情况摸底工作方案》，明确摸底对象、内容、程序、时间、负责部门、资金保障等。各地围绕省级层面工作方案，根据实际情况出台具体操作细则，发挥企业主体作用，组建专业工作团队，加强业务能力培训，借助专家和第三方技术团队，共同做好江西省企业能源利用情况摸底。

作者：

赵　波　江西师范大学江西经济发展研究中心教授、博导，江西省第二届省情研究首席专家

卢星星　江西师范大学区域发展研究院助理研究员、博士

罗小娟　江西师范大学江西经济发展研究中心副教授、博士

黄信灶　江西师范大学江西产业转型升级发展研究中心副教授、博士，江西省第二届省情研究特约研究员

警惕运动式减碳
有序推进江西省碳达峰碳中和行动

□钟静婧　李娟

摘要：由于将"双碳"目标短期化或采取的措施单一化，一些地方出现了喊口号的表面减碳、一刀切的过度减碳、大跃进的盲目减碳等运动式减碳现象。江西省作为中部欠发达省份，高质量跨越式发展是首要战略，应处理好发展和减排的关系，科学开展碳达峰碳中和评估，在确保安全的前提下促进能源结构低碳转型，区别处理"两高"项目存量与增量，加快绿色低碳技术创新，因地制宜科学施策，坚决警惕运动式减碳，统筹有序做好碳达峰碳中和工作。

在碳达峰碳中和目标引领下，全国各地均在制定具体的行动方案，上海、福建、海南、青海等省市提出在全国达峰之前率先达峰。但与此同时，出现空喊口号、蹭热度，或一刀切、过度超前行动等运动式减碳苗头。2020年7月30日召开的中共中央政治局会议提出，要统筹有序做好碳达峰碳中和工作，尽快出台2030年前碳达峰行动方案，坚持全国一盘棋，纠正运动式减碳，先立后破，坚决遏制"两高"项目（高耗能、高排放）盲目发展。实现碳达峰碳中和是一次涉及经济社会方方面面的深刻转型，是一项复杂、长期和系统性的工程，并非一蹴而就之事，需要科学谋划，循序渐进。江西省作为中部欠发达省份，高质量跨越式发展是首要战略，应坚持有序性原则，合理设置目标，科学把握节奏，坚决警惕运动式减碳，稳步推进碳达峰碳中和目标的实现。

一、运动式减碳的具体表现

从现实情况看,运动式减碳是指在推进碳达峰碳中和工作中,一些地方出现的空喊口号、蹭热度,或一刀切、过度超前行动等减碳行为。

(一)喊口号的表面减碳

即虚喊口号、蹭热度,而不采取实际行动的减碳行为。比如一些地方将碳达峰碳中和当作口号,一方面在表面上积极响应政策,但在具体落实中,对于"两高"项目来者不拒,使得减碳仅仅停留在表面上,实际上整体的碳排放规模丝毫没有减少,甚至还有增加。中央生态环境保护督察组近期陆续向 8 个省(市、区)反馈督察意见,督察发现,由于"十三五"期间污染防治攻坚战阶段性目标圆满完成,一些地方和部门出现了松松劲、歇歇脚的念头,仍然存在盲目发展"两高"项目的冲动。特别是面对碳达峰碳中和刚性要求,呈现大上、快上、抢上、乱上"两高"项目的势头。生态环境部 7 月 17 日发布的《中央第四生态环境保护督察组向江西省反馈督察情况》明确指出,江西省一些地方和部门高质量发展意识不强,"两高"项目控制不力,九江、上饶等地在没有完成"十三五"能耗控制目标情况下,仍然违规上马"两高"项目。

(二)一刀切地过度减碳

即不考虑自身发展水平和能力而采取不切实际的减碳行动。比如一些地方不考虑实际情况,直接对煤电机组采取关停的方式进行减碳,这样造成的后果就是对当地经济发展、民生发展产生重大负面影响。从全国看,2017—2020 年,煤炭消费比重由 60.4% 降至 57% 左右;聚焦到电力行业,以 2019 年为例,全国"风光"发电总量相当于 1.92 亿吨标准煤的发电量,而我国年发电耗煤约 18 亿~19 亿吨标准煤,换言之,"风光"只能占煤电发电量的 10% 左右。从江西省看,2020 年综合能源消费量 5817.21 万吨标准煤,规模以上工业新能源发电量110.88亿千瓦时，占规模以上工业发电量比重为8.4%，虽然煤炭占一次能源消费比重持续降低，但煤电等化石能源一段时间内仍是能源生产与消费的主力。江西省工业化、城镇化进程还在稳步提速，从统筹发展与安全、保障用能的现实需要看，煤电机组关停宜稳不宜急。

（三）大跃进的盲目减碳

即一些地方不考虑发展阶段和地区差异，在未经过科学评估和测算情况下，超负荷制定减碳目标。碳排放情况不仅与发展阶段密切相关，而且有区域差异。南昌、九江、新余、鹰潭等地工业集中度高，高能耗企业比较多，减碳任务自然较重，特别是赣州、上饶、宜春等地由于资源禀赋优势，开采冶炼企业较多，减碳压力自然更大。不结合实际情况搞大跃进的盲目减碳，不仅推进难度大，而且推进过程中可能引发和叠加其他问题。

二、运动式减碳的主要成因

综合各方面分析，导致一些地方出现运动式减碳行为，主要源于以下三个方面：

（一）双碳目标短期化

双碳目标是中长期目标，目前距离实现碳达峰目标还有近10年，距离实现碳中和目标还有40年。2019年，江西省能源活动二氧化碳排放量为2.0238亿吨，在全国位列第二十位（从高到低排序）；碳排放强度为0.834吨/万元，低于全国平均水平（1.090吨/万元）。按照未来五年GDP增速保持7%，碳排放强度下降19%（国家规划初定的全国目标）推算，江西省未来五年碳排放的增量空间仅2700万吨左右。双碳目标是一个分阶段、循序渐进的过程，而非一蹴而就、一哄而上的短期计划。片面强调零碳方案，大搞零碳行动计划，不切实际地推进减碳与早达峰不可取，需要科学把握工作节奏。

（二）减碳措施过激化

宏观经济整体是一个复杂的动态运行体系。与欧美发达国家早已自然达峰（欧洲于20世纪70年代碳达峰、美国于21世纪初碳达峰）不同的是，江西省还处于高质量跨越式发展进程中，特别是偏重的产业结构难以在短期内实现根本性调整。2020年，江西省三次产业结构比重为8.7∶43.2∶48.1，六大高耗能行业能耗占规上工业增加值比重高达87%，但其增加值占规上工业的比重仅为38.7%，而这种结构又具有一定惯性，短期内难以实现根本性调整。如果简单粗暴地先破后立，通过一刀切关停合法正常生产的高耗能企业来追求减碳目标，那么将对经济造成较大冲击，影响到商品供求关系以及下游生产生活。不考虑减碳所带来的联动效应而采取过激举措，用力过猛，就可能在多方面导致总量失衡和结构性失衡。

（三）减碳行为单一化

江西省作为欠发达省份，除了碳排放的问题之外，环境污染、生态破坏问题依然存在。中央第四生态环境保护督察组向江西省反馈情况时指出，江西省生态文明建设和生态环境保护虽取得积极进展和成效，但对标中央要求、对照人民期待，仍有差距，一些突出生态环境问题亟待解决。减碳、治污、增绿、发展不可偏废，如果单一、过分强调减碳，甚至忽视了治污、增绿，不利于经济长远发展，也不利于碳达峰碳中和目标的实现。比如，生态修复、植树造林，可以增加碳汇，而碳汇可以中和碳排放。更重要的是大力促进高生产率、低排放或零排放、低成本的绿色技术创新和推广，协同实现减碳、污染防治、生态修复和经济增长的目标。

三、江西省应警惕运动式减碳有序推进碳达峰碳中和行动

中央对运动式减碳的纠正，就是对当前喊口号、抢风口、蹭热度，甚至超出目前发展阶段而采取不切实际行动的一次警告和纠偏。江西省应处理好

发展和减排、整体和局部、短期和中长期的关系，因地制宜科学施策，积极稳妥推进，以确保顺利完成碳达峰碳中和目标任务。

（一）科学开展碳达峰碳中和评估

一要遵循碳减排规律，科学严谨地测算到 2030 年江西省能源消费总量、碳排放总量、能耗强度、碳排放强度，以决策达峰的峰值和确定达峰时间表。二要在贯彻落实中央双碳战略部署时，正确把握阶段性，避免达峰、中和一把抓，不应在达峰方案、措施和路径还未明确时，就盲目强调中和。三要在推进碳达峰碳中和的过程中，完善政府部门政绩考核与评价机制，避免为追求业绩而简单粗暴地推进减碳任务。

（二）在保障经济发展的前提下促进能源结构低碳转型

一要坚持节能优先，落实能耗总量、能耗强度"双控"制度，控制煤炭消费总量，加强煤炭清洁利用，有序降低煤炭消费比重。二要继续推进既有电厂机组升级改造，推广节能技术、降低发电煤耗和供电煤耗，有序实施"煤改气""煤改电"工程。三要稳步提高可再生能源利用比例，推进太阳能、风能、水能、生物质能等清洁能源建设，探索"光伏+"发展模式，加快构建清洁低碳安全高效的能源体系。

（三）区别处理"两高"项目存量与增量

一是对于正在审批的"两高"项目，不仅要重点论证原料消耗、能耗情况，还要重点论证碳排放量及如何进行碳减排。二是对于已审批但尚未开工的"两高"项目，应评估其能耗水平和碳排放量后，视具体情况再确定是否开工。三是对于在建的"两高"项目，需进行能耗等量或减量置换后，方可继续推进。四是对于已建成的"两高"项目，以减排和淘汰落后产能为主，支持运用新技术、新管理、新模式实现转型升级。

(四)实施碳达峰碳中和科技创新行动

一要围绕有色、石化、钢铁、建材、纺织等高碳行业减污降碳需求,强化低碳、零碳、负碳技术攻关,持续挖掘节能减排潜力,加快推进行业绿色转型。二要围绕能源供给转型和脱碳降碳需求,推进零碳电力技术创新,推动能源电力从高碳向低碳、从以化石能源为主向以清洁能源为主转变。三要围绕低碳建筑、低碳交通、低碳生活等领域需求,开展低碳技术集成与优化,着力发展装配式建筑、智能交通、碳标签认证等关键技术。四要围绕森林碳汇领域需求,部署生态碳汇技术,建立生态碳储量核算、碳汇能力提升潜力评估等方法,挖掘生态系统碳汇潜力。

(五)因地制宜推进减碳工作

一要充分考虑各县(市、区)产业结构、能源结构、生态资源禀赋的不同,在减碳指标的分配、碳达峰时间和峰值上作出差异化安排。二要引导各县(市、区)科学选择减碳路径和方式,工业化、城镇化地区以控制"两高一剩"(高污染、高能耗和产能过剩)、优化能源结构、减少碳排放为主,而生态环境较好的地区则以研发负碳技术、开发碳汇资源为主。三要加强县(市、区)之间的协同,充分运用生态综合补偿机制,实现不同地区之间在减碳方面的最优组合。

作者:

钟静婧　江西师范大学国际教育学院副教授、区域发展研究院研究员

李　娟　南昌工程学院外国语学院讲师

紧抓内陆自贸区机遇
推进江西省"三品一标"绿色食品强链补链

□肖文海 杨头平

摘要：江西省"三品一标"产品数量稳步增长，产地认证和地方标准示范建设成效显著，区域品牌价值逐步提升；但仍存在龙头企业不大、加工规模较小、科技支撑能力较弱、品牌效应有待提升等问题。依托"三品一标"扩大开放合作，做强"三品一标"食品加工业，能够把江西的绿水青山转换成百姓致富的稳定靠山、乡村产业兴旺的金山银山。建议通过改革机制稳链、招大引强补链、科技支撑强链、模式创新活链、品牌打造提链，推进江西省绿色食品产业做大做强。

为了推动"三品一标"绿色食品产业强链补链，实现农业更高质量开放，江西财经大学课题组进行了调研，并提出以下研究报告。

一、江西省"三品一标"绿色食品丰富，在全国处于领先地位

1."三品一标"产品数量稳步增长。在推进乡村振兴的进程中，江西省牢固树立绿色发展理念，抢抓国家生态文明试验区建设的历史性机遇，打好农业面源污染攻坚战，推动农业生产方式绿色化，大力发展绿色生态农业，持续打造全国绿色有机农产品基地，"三品一标"产品数量稳步增长。截至目前，江西省共有"三品一标"产品5335个，其中绿色有机农产品数量达2888个，

创建国家农产品质量安全市 1 个、国家农产品质量安全县 15 个、全国绿色食品原料标准化生产基地 44 个，居全国前列。

2. 产地认证和地方标准示范建设成效显著。历年来农业农村部和省市农业主管部门对"三品一标"产品的抽检和例行监测结果显示，农药、重金属残留"零超标"，产品合格率达到 100%。目前江西省有全国绿色食品原料标准化生产基地 44 个、省级绿色有机农产品示范县 15 个。截至 2019 年，全省建立农业地方标准 300 余项，创建部省级畜禽标准化养殖场 550 个、部级水产健康养殖示范场 600 个、部级菜果茶标准园 154 个。获证产品质量稳定可靠，主要农产品抽检合格率稳定保持在 97% 以上，连续多年未发生农产品质量安全事件，安全水平处历史最好。

3. 品牌价值逐步提升。随着国民认知度和信任度进一步提高，"三品一标"产品逐渐成为市场消费热点。近年来，省农业农村厅多次组织"三品一标"企业参加中国国际农交会、中国绿色食品博览会、中国国际有机食品上海博览会、"一带一路"农产品交流会、中国生态农产品展览会等，有效提升江西省农产品品牌的国际国内竞争力和影响力。各类经营主体也通过网络平台开通电商渠道，在淘宝网、微信平台等进行网络销售。赣州脐橙、狗牯脑茶产品远销全国，深得消费者的喜爱和好评。通过在上海、深圳、香港等地举办江西鄱阳湖绿色农产品系列展销会、农产品推介会，以及在中央电视台、江西卫视等媒体上对绿色有机农产品的有效宣传，在江西人民广播电台、江西农业杂志上开设"生态鄱阳湖，绿色农产品"专栏，一大批绿色有机农产品通过展会平台成为省内外知名的绿色农产品品牌。

二、四大短板制约"三品一标"绿色食品更好地走出去

1. 加工能力不强。虽然江西省已认证的"三品一标"农产品已有 5000 多个，但认证产品类型单一，目前已认证的"三品一标"产品以大米、水果、蔬菜等初级农产品为主，占比达 60% 以上，而畜牧水产熟品、蜜饯、液态奶等企

业主导农产品比例较少。由于"三品一标"深加工发展程度不高,贸易半径小,大多数认证产品未能成为企业龙头产品,部分产品高投入低回报,难以实现以效益反哺质量认证的良性循环。

2. 龙头企业不大。虽然江西省农业产业化省级龙头企业已上升至871家,但龙头企业对"三品一标"带动能力不强,省级以上农业龙头企业仅占认证主体总数的十分之一,大多数认证主体为小规模企业,而具有科技开发能力和辐射带动能力龙头企业比例小。大部分"三品一标"认证企业实力较弱,少数企业重开发认证,轻证后监管,主体责任意识不强,诚信意识不够,生产不规范;有的企业因品牌年检、续展费用高等原因,认证过期后不愿意复查换证、续展或者重新申报认证。

3. 科技支撑较弱。近年江西省农业科技创新能力稳定发展,尤其在种植业、畜牧业取得了一系列的成绩,但是目前江西省农业科技创新能力与发达地区相比还存在着较大的差距,存在研发能力薄弱、创新资金不足、农业科技创新体制落后、成果转化率不高等问题,不能对"三品一标"产品认证、开发、推广形成良好的支撑。例如由于品系选育、苗木培育、土壤育肥科技支撑缺失,南丰蜜橘品质存在下降的风险。在认证管理方面,多数农业生产主体以"合作社+基地+农户"管理模式,农户文化程度参差不齐,应用农业科技水平差异性大,标准化生产意识淡薄。

4. 品牌效应不够。在品牌效应方面,除赣南脐橙、庐山云雾茶、遂川狗牯脑、泰和乌鸡、高安大米在国内外有一定的知名度外,其他的大部分"三品一标"产品知名度不高。食品加工全球最有价值50个品牌中,福建有旺旺、金龙鱼、银鹭和康师傅等4个全国知名品牌,相比之下,江西省欠缺推得出、打得响、市场占有率高的知名绿色品牌。

三、紧抓内陆自贸区机遇推动"三品一标"绿色食品强链补链

1. 改革机制稳链。一是建立完善"三品一标"退出机制,优化"三品一

标"产品布局，适当收缩"三品一标"产品数量规模。二是夯实"三品一标"基础管理，加大证后监管力度，规范标志使用管理，做好日常监管、绿色食品企业及全国绿色食品原料标准化生产基地续展和年检工作，将"三品一标"纳入全省各级农产品质量安全例行监测范围。三是扩大单个"三品一标"产品种植规模，规范生产管理，不断提高规范化标准化生产水平。四是改革完善"三品一标"联农利农机制，大力推行"龙头企业＋农民合作社＋农户"等经营模式，强化订单保底收购、二次利润返还、服务带动等多种利益连结方式。制定"生态入股"发展"三品一标"改革办法，通过"公司＋农户"组建农业产业化联合体，将村庄的山林、古树果园、耕地、梯田等资源要素纳入股本，共同开发"三品一标"及农旅结合项目，实现"共同入股、共同保护、共同开发、共同受益"的可持续共建模式。

2. 招大引强补链。江西省老字号的农产品有上万种，目前产品认证率不足20%，已认证农产品加工规模不大。建议深挖江西省优势生态农业资源，招大引强不断提高农产品加工业发展规模，补足"三品一标"产业发展链条。紧抓江西省内陆自贸区获批机遇，站在推进国家生态文明试验区和建设全国唯一绿色有机食品产业基地高度，牢固树立"项目为王"理念，省市县联动加大招商引资力度，重点引进一批国内外500强企业、跨国公司、中央企业、行业龙头企业等投资江西省"三品一标"农产品加工业。鼓励农业产业化龙头企业依托"三品一标"资源，与国内乃至世界知名企业深入开展资本、技术、人才合作，加快开展境外农业合作试验区和省内农业开放合作试验区建设试点。优化"三品一标"奖补政策，对于"三品一标"农产品种植认证管理、加工贸易规模、农旅结合程度进行综合考核。借鉴发达地区经验，采取事后补助办法，省市县三级财政协同，对于实际到资超过1亿元的重点"三品一标"农产品加工补链项目实施投资奖励，培育壮大一批自主创新能力强、市场前景好、与"三品一标"优势农产品关系密切的农产品加工骨干企业及龙头企业集群。

3. 科技支撑强链。组织专家骨干，举办无公害农产品栽培技术培训班、农产品质量安全监管人员培训班，提高基地管理者和生产者的素质和标准化技术普及率。加大科研投入扶持，加强与高等院校、科研院所合作，柔性引进一批院士和全国知名专家，建立产业技术创新联盟，联合开展科研攻关，支持绿色农产品加工企业形成产学研用合作机制和技术创新体系。深入实施科技创新项目计划，扎根乡土，土洋结合培育"一懂两爱"人才，充分发挥"洋专家"和"土教授"的积极作用，进一步加强白莲、百合、黄菊、葛根等具有传统特色优势农业产业示范基地培育。深入研究和加快推进"四绿一红"茶叶、赣南脐橙、泰和乌鸡等特色农产品的地方标准制定。

4.**模式创新活链**。创新绿色食品电子商务交易模式，由政府牵头，以线上和线下、传统和新型营销模式为基础，建立线上的电子商务平台。农业合作社和涉农企业统一购买农产品，统一加工和包装作为绿色食品产品出售。买方在购买时通过绿色食品电子商务平台进行支付，卖方收到订单信息后，根据情况选择第三方物流或自营物流发货。大力发展"三品一标"产品溯源直销模式。政府成立电商协会，开展产品初步筛选，整合地方小规模企业，统一管理，整合具有地域特色的绿色食品品牌。每个产品的外包装上粘贴二维码身份证。顾客收货后，手机可扫描二维码身份证追踪产品的源地，增加顾客对绿色食品的信赖。发挥"三品一标"产品包装标识率高的优势，推动"三品一标"获证企业实施质量追溯管理，将"三品一标"纳入农产品质量安全追溯信息平台，实现"带标上市、过程可控、质量可溯"。改造提升现有批发市场，推进农产品交易市场转型升级，加快构建以南昌为中心、拥有多个区域冷链物流中心的全省冷链物流发展新格局，引导农产品批发市场、大型连锁企业等各类市场主体与"三品一标"产地进行对接，建设中转冷藏保鲜设施和果蔬配送中心。

5.**品牌打造提链**。持之以恒实施"生态鄱阳湖、绿色农产品"发展战略，围绕特色优势产业，着力打造出一批特色鲜明、信誉良好、带动力强、影响力大的农产品区域公用品牌，培育一批产品叫得响、质量信得过、美誉度高、消费者认可的知名品牌,挖掘一批具有悠久历史和传统工艺的"老字号"品牌。

积极组织企业参加国内大型绿色食品博览会、有机食品博览会和境外的相关展会,提升江西省"三品一标"品牌,提高赣产农产品知名度和市场占有率。利用网络、报刊、电视等媒体广泛宣传"三品一标"品牌的有关知识,积极引导广大消费者和市场经营主体正确识别、选购"三品一标"产品,通过电子商务、专业市场、物流配送、媒体广告等多种形式,加大农产品品牌推介力度,提升江西绿色食品美誉度,让江西绿色有机农产品不仅"种得好",而且还"卖得好"。

本文是国家社科基金重点资助项目《资源富集生态功能区脱贫的价值机制研究》(项目编号19AJL008)、国家社科基金项目《深度贫困地区精准脱贫因素与政策调控研究》(项目编号18BGL226)的阶段性成果。

作者:

肖文海　江西财经大学生态文明研究院教授、博士生导师,江西省第二届省情研究特约研究员

杨头平　江西财经大学协同创新中心副主任、副教授,江西省首届省情研究特约研究员

重点产业

加快构建具有江西特色现代制造产业体系的几点认识与建议

□ 省社联省情调研课题组

摘要：构建现代产业体系是中央十九届五中全会做出的重大战略部署，是"十四五"时期面临的重大战略任务；如何既体现中央精神又结合实际，构建符合省情特色的现代产业体系，也是当前有待深化研究的重大课题。本课题组紧扣江西省委省政府提出的打造全国构建新发展格局重要战略支点和推动全省高质量跨越式发展的重大战略部署，立足新阶段、新理念、新格局，抓住现代制造这个产业核心，就加快构建具有江西特色的现代制造产业体系深入调研，提出把握4个战略维度、实施15项战略措施。

构建现代产业体系是党中央作出的重大战略部署。习近平总书记对现代产业体系多次作出重要指示；党的十九届五中全会对构建现代产业体系提出明确要求，国家及省"十四五"规划均对此提出了明确部署。即将召开的省第十五次党代会，将对新阶段全省经济社会发展作出全面部署。为此，就更需要准确把握省情特点，加快构建具有江西特色的现代制造产业体系，提出若干战略性建议，供参考。

一、构建现代产业体系，是当前全省经济发展的重大战略谋划，对促进全省高质量跨越式发展意义重大

党中央高度重视构建现代产业体系。党的十七大报告、十八大报告、十九大报告都相继提到现代产业体系。所不同的是，随着时代背景的变化，对于现代产业体系构建的认识和主要矛盾的把握也在不断地深化。

党的十九大报告把现代产业体系作为一个重要任务提出，并用新的表述赋予其新的内涵，强调加快建设实体经济、科技创新、现代金融、人力资源协同发展的产业体系。这一提法具有鲜明的时代特点和问题导向性，主要体现在以下五个方面。一是创新性。发展现代产业体系的最大推动力是创新。创新包括技术和制度两个方面，既要求在技术创新上不断突破，又要求在宏观层面建立有利于创新的体制机制。二是集群性。产业能否集群发展，已成为决定产业能否拥有竞争优势的关键。三是融合性。各个产业部门之间及各产业部门内部互相融合与渗透，通过共享各自的比较优势，发挥技术扩散、知识溢出等效应，将有力地推动产业结构演进和高级化发展。四是协同性。现代产业体系要求拥有质量优良、数量庞大、配置高效、结构合理的优质要素与实体经济相结合，并建立起联系紧密的协同机制，相互影响、相互促进，形成一个有机整体。五是开放性。在构建新发展格局大背景下，现代产业体系发展要求实现更高层次参与国际产业分工和协作，依托并利用好国内和国际两种资源、两个市场，从比较优势过渡到核心竞争力优势。

构建现代产业体系，是实现江西省"十四五"时期发展目标、打造新发展格局重要战略支点的关键支撑和保障。"十四五"时期，是江西省在"两个大局"的大背景下，准确识变、科学应变、主动求变，努力在危机中育先机，于变局中开新局，奋力谱写全面建设社会主义现代化国家江西篇章的重要时期。我们既肩负深入贯彻落实习近平总书记对江西工作提出的"作示范、勇争先"和"五个推进"的重大使命，也面临着省"十四五"规划《建议》提出的"六个突破""五个走前列"的艰巨任务。实现这些目标任务，离不开现

代产业体系以及现代产业链供应链的坚强支持和保障。

第一,构建现代产业体系,是推动高质量跨越式发展的现实需要。"十四五"时期是江西厚积薄发、爬坡过坎、转型升级的关键时期。构建现代产业体系、提升产业链供应链稳定性和竞争力,将全面整合各种生产要素和市场要素,优化产业生产结构、组织结构、区域结构,推动质量变革、效率变革和动力变革,推动绿色化转型升级,在整体上形成强大的综合竞争力,从而为江西省高质量跨越式发展提供强大的力量保障。

第二,构建现代产业体系,是顺应新一轮科技革命和产业变革的重大战略选择。当前,全球科技创新进入空前密集活跃的时期,新一轮科技革命和产业变革正在重构全球创新版图、重塑全球经济结构。构建现代产业体系、提升产业链供应链稳定性和竞争力,将更加重视科技第一生产力作用的发挥,通过科技创新推动江西产业基础高级化、产业链现代化,全面提升产业综合竞争力,加快迈入创新型省份行列并向更高水平迈进。

第三,构建现代产业体系,是新时期满足人民日益增长的美好生活需要的迫切要求。进入新发展阶段,江西省经济发展站在新的历史起点上,必须以满足人民日益增长的美好生活需要为根本目的。建设现代产业体系,将更加有效地促进各类生产要素优化配置,实现更加均衡、更加充分的发展,有效满足人民群众更加注重品质化、个性化、多样化的消费需求,有效满足人民群众日益增长的美好生活需要。

第四,构建现代产业体系,是江西省打造全国新发展格局重要战略支点的关键支撑力量。构建新发展格局,关键是畅通国内国际双循环。构建现代产业体系、提升产业链供应链稳定性和竞争力,通过供给侧和需求侧改革,形成供给拉动需求、需求产生供给的良性供需关系,将充分发挥江西优势,在市场配置中彰显江西产品的市场价值,提升江西产业链供应链的适配性,为国内国际双循环作出江西独特的贡献。

二、省委省政府高度重视现代制造业发展，产业体系构建扎实推进，但制约短板仍较突出

江西制造业有扎实的产业基础，行业门类较为齐全，涵盖38个工业大类，195个行业中类，495个行业小类。全省拥有制造业法人单位数63136户，从业人员299.23万人。近年来，围绕"重塑江西制造新辉煌""2+6+N"等战略目标和要求，省里先后出台《关于深入实施工业强省战略推动工业高质量发展的若干意见》《江西省"2+6+N"产业高质量跨越式发展行动计划（2019—2023年左右）》等对全省工业具有全局性指导意义的战略部署文件；制定实施了"工业企业技术改造三年行动计划""数字经济发展三年行动计划""工业绿色发展三年行动计划"等以三年行动计划为特征的系列文件，构成了一个系统、完整的指导政策体系，并在实践中形成了"构建五大体系""践行五大路径""抓实一个行动""实施三大工程""推进一个机制"等五大战略举措。

在政策与措施的推动下，江西工业在高质量跨越式发展的路子上迈出了坚实步伐。工业主要经济指标挺进全国中上游，全省已跨越工业化中期并加速迈向中后期。工业增加值、规模以上工业营业收入和利润总额分别进位至全国第14位、第13位和第10位，增速居全国"第一方阵"。规模以上工业企业13710家，居全国第11位；世界VR产业大会、国际麻纺博览会、工业设计大赛等成为具有区域性、全国性乃至世界级影响力的重大工业发展平台品牌。总体看，江西新兴工业大省的地位基本确立。

从现代制造业发展态势看，江西五个方面的成绩值得肯定：一是动能转换明显加快。在"创新型省份建设行动方案"等政策措施推动下，全省创新空前活跃。2020年江西综合科技创新水平指数提升至56.68%，是全国唯一连续7年进位的省份；制造业高质量发展指数在全国排位由2015年的第21位升至2020年第13位。R&D经费支出占GDP比重达到1.75%，比2015年提高0.72个百分点。形成了包括企业技术中心、产业研究院、制造业创新中心、国家级创新中心、院士工作站等机构在内较为完整的工业创新体系及支撑平

台。二是形成了一批制造业领域重大科技成果。硅衬底 LED 项目获国家技术发明一等奖；L-15 高级教练机获国家科技进步一等奖；2020 年，13 项专利获第 21 届中国专利奖，创历史新高。高新技术产业增加值占规模以上工业增加值比重达到 38.2%，5 年提高 12.5 个百分点。三是数字融合赋能不断提速。全省开通 5G 基站超 3.3 万个，建成窄带物联网 7.3 万个、增强机器类通信网络基站 7.7 万个，高速光纤网络和 4G 网络覆盖城乡。"03"专项成果在赣转移转化，泛物联网连接数超 2000 万个。应用智能装备 18726 台（套），建成"数字化车间" 1332 个，培育智能装备企业 186 家，创建省级智能制造基地 12 家，智能制造"万千百十"工程提前一年完成。上云企业突破 3 万家，生产设备数字化率 40.7%，数字化研发设计工具普及率 64.1%，关键工序数控化率 43.6%，移动物联网产业突破千亿元，虚拟现实产业近 300 亿元。数字经济突破 9000 亿元，占 GDP 比重超 30%。四是集群发展趋势更加突出。全省开发区建成多功能综合性服务平台 82 个、各类专业化平台 1227 个，建成标准厂房超 1 亿平方米，开发区功能平台体系更加完善。培育形成国家级新型工业化产业示范基地 17 个，创建省级示范基地 10 个、省级基地 66 个，省级战略性新兴产业集聚区 20 个，省级重点产业集群达到 100 个，其中过千亿元 2 个、过 500 亿元 8 个、过百亿元 88 个。省级重点产业集群营业收入突破 2 万亿元，占开发区比重 2/3 以上。全省开发区营业收入突破 3 万亿元，占规模以上工业比重 85% 以上。五是形成了有利于制造业发展的长效激励机制。在全国率先建立"链长制"，高位推动铸链强链补链扩链。探索建立了一系列引导企业、产业、园区健康发展的体制机制，如对园区实施"两型三化"管理提标行动，开展工业企业"亩产效益"试点，等等。这些做法和制度，不仅对现在，对未来发展也将产生积极深远的影响。

但也要清醒地认识到，无论是从现代产业体系层级看，还是从产业链供应链综合水平看，江西现代制造业还存在不少短板。有些问题是全国共有的，有些是江西省较为突出的。总的来看，主要存在四个方面的问题：一是实体经济发展动力存在一定程度弱化。受劳动力、能源、原材料、运费等成本轮番上涨影响，实体经济经营出现一定程度的恶化，盈利能力下降。融资难、融资贵问题仍在制约实体经济发展。部分企业家对未来预期不稳，发展信心有所动摇。二是产业升级总体上比较滞缓。受供需关系及产业链供应链相对固化等因素影响，一方面传统产业产能仍存在一定程度过剩，导致产业升级滞缓；另一方面，中高端生产与生活需求不能很好地传导到生产部门，这也导致产业转型滞缓。畅通传导机制，推动产业链供应链高度适配，成为促进产业升级的关键因素。三是要素配置存在不少短板。受科技投入不足、创新机制不够活的影响，科技对产业创新支持力量不够强。金融与实体经济缺乏良性互动，没有足够资本支撑及激励，制造业发展受掣严重。人力资源供给结构性矛盾突出，劳动力资源丰裕但人力资本供给不足，高端人才和专业人才较为缺乏。四是开放合作激励机制仍然不够活。开放条件和环境仍然有待改善。

三、抓住重点和关键，构建具有江西特色现代制造产业体系

构建江西省现代产业体系，一要领会中央精神，二要把握经济发展规律和时代特征，三要体现江西省情特点。着力塑造江西竞争新优势，彰显江西省在全国构建新发展格局中的担当和作为。总体思路是：坚持把发展经济的着力点放在实体经济上，以实施产业链链长制为抓手，加快构建以数字经济为引领，以先进制造业为主体，现代制造与现代服务业深度融合，产业链供应链高度适配的现代产业体系，全面提升高质量跨越式发展的核心竞争力。在战略着力点上，重点把握4个战略维度，实施15项战略措施：

战略维度一：筑牢筑强先进制造业骨架
牢牢抓住先进制造业这个现代产业体系主体，提质赋能增效，筑牢发展根基，全面提升综合竞争力，重塑"江西制造"辉煌。
措施及建议1：聚力强基筑牢江西制造底盘。聚焦核心基础零部件、关键

基础材料、先进基础工艺、产业技术基础和工业基础软件等"工业五基"，坚定不移实施产业基础再造工程，推进产业基础高级化。一是创新发展一批核心基础零部件（元器件）。围绕重大装备、重点领域整机配套需求，集中开展核心技术攻关，重点发展一批高性能、高可靠性、高强度、长寿命以及智能化的基础零部件（元器件），突破一批基础条件好、市场需求迫切、严重制约整机发展的关键技术，提升核心基础零部件（元器件）保障能力。瞄准工业机器人、智能控制系统、高端传感器等领域，争取智能装备制造实现新突破；瞄准能量型动力电池、双离合变速器等领域，实现新能源汽车生产新突破，等等。二是集中突破一批关键基础材料。突破材料性能及成分控制、生产加工及应用等工艺技术，不断优化品种结构，提高质量稳定性和服役寿命。瞄准科技革命和产业变革趋势，依托现有产业基础，提前布局一批前沿新材料。重点在液晶显示、新一代太阳能电池、半导体激光器等核心原材料，稀土发光、稀土催化、高冲击韧性等稀土材料，纤维增强、细粒复合等高性能复合材料，新型相变储热节能环保材料，铜基芯片材料等方面，实现重大原创性突破。三是提升先进基础工艺和工业基础软件。重点发展有利于提高产品可靠性、性能一致性和稳定性的先进制造工艺，有利于资源能源高效开发利用、节能减排、质量安全、安全生产的绿色制造工艺，有利于提升自动化、信息化、成套化水平的智能制造工艺，全面提升基础工艺水平。掌握和推广一批基础性、通用性工业软件，提升软件稳定性和成熟度。力争在工业系统软件国产化应用上取得新突破，保障重点领域信息安全。四是完善产业技术基础。立足江西产业特点和共性需求，鼓励制造业企业与高校及科研院所开展合作，建立一批关键共性技术研发平台，逐步完善江西省制造业创新体系。依托现有第三方服务机构，创建一批产业技术基础公共服务平台和新材料生产应用示范平台。建立完善产业技术基础服务体系，不断提高检验试验、标准验证、计量校准、认证认可、成果转化、产业信息、知识产权等基础服务能力。五是开展工业强基示范应用。强化首台（套）、首批次、首版次扶持政策，支持核心基础零部件（元器件）、先进基础工艺、关键基础材料和工业软件推广应用。

措施及建议2：以创新驱动提升江西制造能级。坚定实施创新驱动发展战略，努力把科技创新这个关键变量转化为"最大增量"，不断提高江西省制造业发展水平和能级。一是聚焦聚力发展优势产业，集中力量做实做优做强做大航空、电子信息、装备制造、中医药、新材料、新能源等战略性新兴产业，打造若干技术水平先进、产品性能优良、国际竞争力强的领先型产业链。二是推动有色、钢铁、石化、建材、食品、纺织等传统产业转型升级，向数字化、智能化、绿色化方向发展。三是以超常规举措大力发展虚拟现实、物联网、大数据等未来产业，掌握一批前沿技术，推动实现"变道超车""换车超车"。

措施及建议3：集群集约挺起江西制造脊梁。立足江西省资源禀赋、产业基础、配套优势和部分领域先发优势，推进先进制造业集群发展，培育一批新的经济增长极，增强产业链供应链的根植性。一是高标准建设集群化载体。推进园区智慧云平台应用升级，启动实施省级制造业高质量发展试验区创建工作，加快中国（南昌）中医药科创城、中国稀金谷、京九（江西）电子信息产业带等重大产业平台建设。二是高质量招引集群式项目。做好招商引资顶层设计，重点围绕支柱产业引龙头、补链条、育集群，开展精准招商、以商招商、真诚留商。三是高水平打造特色化集群。坚持差异化、特色化发展，根据资源禀赋、产业基础，谋划好不同地方的特色优势产业链，打造具有独特竞争力的产业集群。

措施及建议4：全力打造现代制造实体"新赣军"。企业实体是"江西制造"最主要的家底，要千方百计培育、帮扶企业做大做强。一是培育一批制造业领航企业。支持龙头企业延伸产业链，跨地区、跨行业、跨所有制开展兼并重组。激励龙头企业强化创新主体地位，加大研发经费投入，突破一批关键核心技术。到2025年，力争全省新培育5家千亿级、50家以上百亿级企业（集团）。二是培育一批优质中小企业。引导中小企业专注核心业务，提高专业化生产、服务和协作配套的能力。培育主营业务突出、竞争能力强、成长性好、专注于细分市场、具有一定创新能力的"专精特新"企业、专业化"小巨人"企业、制造业单项冠军。以科技型、创新型中小企业为基础，培育一批"独角兽""瞪羚"企业。到 2025 年，力争每年新增省级"专精特新"企业 500 家以上、专业化"小巨人"企业 50 家以上、制造业单项冠军 10 家以上，每年培育科技型中小企业 600 家以上，孵化培育一批"独角兽""瞪羚"企业。三是推动一批企业"升规入统"。建立健全全省"小升规"企业储备库，持续加大对"小升规"入库企业的金融支持和税费优惠力度。积极扶持初创期和成长性企业，加快培育省级成长梯队企业，促进微型企业上数量、小型企业上规模、中型企业上层次，推动江西省中小企业从规下企业成长为规上企业。到 2025 年，力争每年新增规模以上工业企业 2000 家以上，全省中小企业数达到 2 万家。

战略维度二：提升数字经济水平及数字技术赋能效应

战略层面要抓好"总体规划—重点突破—分步实施—全面推进"，深入实施数字经济"一号工程"，大力推动数字产业化和产业数字化，优化数字产业生态，促进新一代信息技术与制造业融合发展，打造具有全国性影响力的数字产业基地。

措施及建议 5：加快数字产业化发展。做强做优电子信息基础产业，支持发展集成电路、新型显示和智能终端。大力发展虚拟现实（增强现实、混合现实）、移动物联网、大数据及云计算等具有先发优势的数字产业。支持突破行业关键技术，推动人工智能、5G、空间信息、区块链等前沿技术产业化发展，培育信创产业。支持开发面向产业转型、社会治理、政务服务、民生保障等领域应用软件，发展基于新一代信息技术高端外包服务。

措施及建议 6：推动产业数字化融合。推动"互联网+"协同制造，开展制造业与互联网融合试点示范，引导企业开展全链条数字化改造，加快实现数字化管理、网络化协同、智能化改造、服务化延伸、个性化定制。实施智能制造升级工程，分行业、分步骤开展数字化制造普及、网络化制造示范和智能化制造探索，开展智能制造成熟度评估评价。发展工业互联网，打造"行业数据大脑"。推动先进制造业与现代生产性服务业深度融合，推广定制化服务、供应链管理、总集成总承包等新业态新模式。

措施及建议7：培育优化数字产业生态。推动高速光纤、窄带物联网、增强机器类通信、时间敏感网络等建设，布局工业互联网标识解析体系、区块链节点、云计算、算力中心等设施。支持城市公用设施、建筑、电网、地下管网等传统基础设施的物联网应用和智能化改造。孵化数字化转型解决方案服务商，壮大数据市场主体。加快推进数据标准化建设，逐步建立数据分类、交换、应用等标准，促进数据流跨设备、跨系统、跨企业、跨区域、跨产业互联互通，构建数据资源共享体系。建设安全态势感知平台，形成工业信息安全综合保障网络。

措施及建议8：强化数字技术赋能。聚焦有色、石化、钢铁、建材等传统行业，推动物联网、工业互联网、人工智能等新技术创新应用，推进生产设备预测性维护、生产过程数字化监控及管理。针对航空、汽车、机械、船舶、电子等领域，推广网络协同设计、虚拟仿真等新模式，建设更多、更广的数字化车间和智能工厂。支持消费品行业发展众创空间、创客平台，推进研发设计创意等资源聚集、开放和共享。实施"互联网+绿色制造"行动，建立工业领域生态环境保护信息平台。实施"工业互联网+安全生产"行动，实现安全生产全过程、全要素、全产业链连接和监管。到2025年，规模以上工业企业中关键环节全面数字化比例达到60%以上。

战略维度三：推进现代服务业与制造业深度融合

加快生产性服务业向专业化和价值链高端延伸，推动现代服务业同先进制造业深度融合，全面增强现代制造业综合竞争力，大力提升现代化水平。

措施及建议9:增强金融服务实体经济能力。回归金融服务实体经济本源，特别是强化金融对企业科技创新的支持。鼓励金融机构开发符合新产业新业态发展的信贷产品、保险产品，拓宽创新企业融资渠道，引导更多金融资源配置到战略性新兴产业和高技术产业，满足具有轻资产特征的知识和技术密集型企业的融资需求，促进科技与金融协同发展。大力发展绿色金融、普惠金融、科技金融、产业链金融、开放（型）金融五大特色金融。深入实施金融赣军跨越工程、地方金融组织提升工程、"映山红"企业上市工程、"险资入赣"工程，完善和发展多层次金融市场，打造区域性现代金融中心。

措施及建议10：大力发展研发设计及外包服务。加强新材料、新产品、新工艺研发，加大研发成果转化和产业化力度，引进培育高水平工业设计机构。强化网络化设计协同，推进工业设计向涵盖市场分析、产品设计和市场营销等各环节的高端综合设计服务转变。培育研发设计交易市场，建设长江中游重要研发设计基地。积极承接国际离岸服务外包业务，重点发展设计、研发、软件、互联网、医疗、金融等领域服务外包，拓展高端服务外包市场，新增若干服务外包示范基地，推动江西省服务外包向高技术、高附加值、高品质、高效益转型升级。加快发展科技服务、现代供应链、总集成总承包、检验检测认证、环保服务、商务咨询、高端会计审计等其他重点领域生产性服务业，为产业转型升级提供专业化服务支撑。

措施及建议11：增强人力资源对实体经济的支撑。无论是发展实体经济，还是推进科技创新，都离不开高素质人力资源。要实施更加积极、更加开放、更加有效的人才政策，大力开发与现代产业体系相适应的人力资源。一是聚焦"高精尖缺"领域，选拔和培养战略科技人才、科技领军人才、青年科技人才、高水平创新团队和掌握交叉学科知识的复合型人才。二是瞄准世界科技前沿，面向全球引进高层次人才。三是注重激发和保护企业家精神，积极培育具有全球视野和创新思维的优秀企业家。四是紧贴高质量发展需求，大量培养掌握精密制造技术的工程师和工匠人才。五是鼓励发展人力资源服务外包、管理咨询、高级人才寻访等业态，规范发展人事代理、技能鉴定、劳务派遣等服务。推进人力资源服务产业园建设，培育一批龙头企业，提升人力资源服务市场配置效能。

战略维度四：全面提升产业链供应链稳定性、适配性和竞争力

把提升产业链供应链稳定性、适配性和竞争力，放到双循环新发展格局及碳达峰、碳中和的进程中系统谋划、全面推进。以产业链链长制为重要抓手，围绕产业链布局创新链，全面推进铸链强链延链补链工程，促进全链条协同发展；同时，将绿色发展理念贯穿产业链供应链各环节，推动绿色转型。

措施及建议12：深入推进产业链链长制。一是抓好关键问题的化解。分产业跟踪更新产业链图、技术路线图、应用领域图、区域分布图"四图"和企业、项目、集群、问题、政策"五清单"，开展产销、产技、产融、产才对接活动，制定靶向式固链强链政策，解决一批制约发展的关键问题，"一链一策"支持产业链发展。二是跟踪抓好产业链竞争力评估。建立产业链安全评估和救济机制，分类制定产业竞争力提升工作方案，巩固提升优势产业链竞争力。推动有色、建材、钢铁、纺织等传统产业链优化升级，支持企业加快设备更新和技术改造，努力增品种、提品质、创品牌，不断提高发展效率和效益。加快电子信息、生物医药、新能源、航空等优势新兴产业补链延链强链，构建科技、产业、金融协同互促的政策体系和发展生态。在现有基础上，力争全省新增国际先进和国内先进的产业链2至3个。三是加强联动，做好保障。打破各种壁垒，优化营商环境，促进产业链供应链上下游和供需、内外等联动畅通。在政策、组织、服务等方面做好保障，形成强大工作合力，推动链长制落到实处。

措施及建议13：围绕产业链供应链布局创新链。创新链既是推动产业链走向价值链高端的重要途径，也是牢牢把握和控制产业链的关键所在。坚定实施创新驱动发展战略，以科技创新为产业链供应链赋能，努力把科技创新这个关键变量转化为最大增量。一是加强核心技术攻关。从省里实际出发，聚焦"卡脖子"技术、核心元器件、高端原材料、基础工艺等制造业关键环节，充分发挥政府引导作用，整合国内一流科研力量，并与国家科研院所合作，加强联合研究、联合攻关、联合生产测试，突破一批攻关项目。二是培育产业链企业共同体。提升中小企业公共服务平台，增强小型、微型企业创业创新平台资源整合共享功能，加快推进行业级、企业级工业互联网平台建设，畅通大中小企业融通发展渠道。支持引导行业和集群龙头企业、产业链链主型企业发挥资本、品牌和产销体系方面的优势，构建基于互联网的分享制造平台，向中小微企业开放共享资源；鼓励中小微企业依托自身"专精特新"优势，融入产业链协作配套体系，在创新创意、设计开发、生产制造、物资采购、市场营销、资金融通等方面全面协同，打造产业链上下游企业共同体。三是加强创新平台建设。加大力度引进国家级创新平台，支持现有平台做大做强。注重创新技术科技转化，推动成熟技术早日转化成市场化产品。注重加强与国际同行沟通合作，在保障国家安全前提下，共享科研数据、设备和方法。四是优化产业链创新环境。深化科技管理体制、科技成果转化机制、科技人才评价体系改革，营造一流创新环境，吸引紧缺人才来赣创新创业，着力激发科研人员创造力，形成产业链供应链现代化发展的人才支撑。

措施及建议14：促进全链条协同发展。加快推动产业链供应链上下游各环节协同、要素协同、标准对接、基础设施和信息系统互联互通，提升整体协同水平。一是推动上下游企业协同合作。采取税收、金融、产业基金等政策工具，加快培育产业链供应链链主企业、上市企业、跨国企业，提升产业链供应链资源整合能力。鼓励大企业带动国内配套企业发展，推动形成以大型企业为主导、中小企业相配套、高校科研机构与金融机构相协同的共生共赢产业生态体系。二是推动基础设施协同衔接。加强物流枢纽和通道建设，促进港口、铁路、公路基础设施有机连接，形成连接度高的物流网络和综合交通体系，降低物流成本，保证供应链畅通。三是推动上下游标准统一和对接。加快完善农业、制造业等不同行业各环节生产、加工等技术标准和产品标准体系，推动企业加强物流标准化、业务流程标准化建设，提升供应链各环节标准化水平。

措施及建议15：推进产业链供应链绿色低碳化。高度重视并迅速落实国家碳达峰、碳中和决策部署，将绿色、节能、环保等理念融入产业链供应链各环节，开展绿色采购、绿色制造、绿色流通、绿色消费，推动生产、流通和消费全过程、全链条绿色低碳转型，实现产业链、供应链绿色可持续发展。一是推进绿色供应链创建工作。继续推动绿色供应链示范创建工作，鼓励企业优先采购和使用节能、节水设备，推行清洁生产和绿色制造，促进形成从原材料购买到生产制造、物流、消费、循环回收的绿色供应链体系。二是发挥核心企业绿色带动作用。鼓励供应链核心企业依托上下游企业间供应关系，从全生命周期视角入手，开展绿色供应商管理，采用绿色技术和模式，推动供应链企业提升环境绩效。三是以绿色消费倒逼绿色供给。通过绿色消费门槛的设立，促进供应链向绿色低碳化转型。

课题组组长：

陈石俊　江西省人民政府原副秘书长、江西省人民政府研究室原主任、江西科技学院区域发展研究院研究员、江西省第二届省情研究首席专家

课题组成员：

钟宗林　曹买生　杨万清　胡建宏

紧抓产业链关键环节建设
吸引电子信息制造业快速向江西转移

□省社联省情调研课题组

摘要：粤港澳大湾区电子信息制造业的向外转移给周边省份带来巨大机遇，江西省承接大湾区产业转移具有区位与土地成本优势。"十四五"期间，江西省应将做大电子信息产业规模作为首要目标，以承接产业转移为主要模式，优先发展电子信息制造业。为吸引电子信息制造业向江西快速转移，建议规划建设电子产品表面处理专业园区，调整江西省有色金属产业产品结构，支持企业将生产部分先行转移，发展劳务派遣市场，着力培养技能型人才，与产业转出地共建电子信息制造业转移合作园区。

电子信息产业是先进高科技产业的典型代表，对社会生产和消费的渗透率越来越高，未来发展空间巨大。江西省敏锐地抓住了电子信息产业发展良机，2019年2月26日印发了《江西省"2+6+N"产业高质量跨越式发展行动计划（2019—2023年左右）》，确定将有色金属和电子信息作为江西省重点发展的两个产业。此后，江西省"十四五"规划中又一次将两个产业作为重点发展产业，目标是要将两个产业的主营业务收入都做成万亿元大产业。

针对江西省如何加快电子信息产业发展，有色金属产业发展研究院与中国科学院赣江创新研究院组成联合调研团队，先后组织10余次调研，分别前往京九（江西）电子信息产业带（江西省电子信息产业发展最为迅速区域）、粤港澳大湾区（全国电子信息产业规模最大区域）及湖南、福建和广西等省区（与江西省竞争电子信息产业转移最为激烈区域），走访相关企业和政府部门，深入了解电子信息产业的发展状况和发展趋势，在此基础上，形成了"十四五"期间江西省电子信息产业发展路径和加速电子信息产业转移承接策略的建议。

一、"十四五"期间江西省电子信息产业发展路径建议

在全国各省区市的"十四五"规划中，有15个地区明确将电子信息产业作为重点发展产业，这预示了全国各地区在电子信息领域的产业竞争将会更加激烈。根据江西省电子信息产业发展状况和内外发展环境，建议江西省"十四五"期间将做大电子信息产业规模作为首要目标，以承接产业转移为主要模式，优先发展电子信息制造业。

（一）以做大电子信息产业规模作为首要目标

电子信息产业具有显著的规模效应特征，产业规模越大，产业综合竞争力越强。2000年以后，我国电子信息产业通过代工方式切入全球电子产业链分工，在不追求最先进的情况下，使产业规模迅速做大，成为全球电子信息产业最具影响力的国家之一。研究发现，电子信息产业规模越大，产品生产成本和供应链成本越低，产品竞争力越强。

另外，电子信息产业规模与创新之间高度正相关，产业规模是产业创新的基础和前提。只有做大电子信息产业规模，才能形成良好的产业生态，吸引集聚更多的创新人才，促进人才链与创新链、产业链有机衔接，实现科技成果向经济成果的快速转化。按照电子信息产业综合竞争力排序，全国竞争力较强的省区为：广东、江苏、浙江、上海、北京等，这些省区的电子信息产业规模同样排在了前列。

江西省电子信息产业在"十三五"时期取得了巨大成就，但与电子信息产业先进地区相比还有差距，特别在产业规模方面劣势明显。因此，当务之

急就是要迅速做大电子信息产业规模，以便在今后的区域竞争中获得有利地位。从这一点来看，江西省规划将"冲击万亿市场规模"作为电子信息产业在"十四五"期间的战略目标无疑是极为正确的！

在一定时期以做大产业规模作为首要目标，意味着不能刻意追求那些只具有先进性和独创性、但市场规模过小的产业，需要重点发展的是那些处于成长期和成熟期的电子信息产业。这类产业的市场规模通常是巨大的、稳定的和可预期的，发展这类产业不但要争夺其市场增量部分，更需要争夺现有的市场份额。对于江西省来说，这也意味着需要想出更多的办法，提供更加务实、更有诚意、更具吸引力的举措，在激烈的区域竞争中加快电子信息企业向江西省集聚。

（二）优先发展电子信息制造业

电子信息产业包含了电子信息制造业和电子信息服务业。电子信息服务业属于典型的智力密集型行业，需要有大规模、高素质创新性人才作为支撑。同时，电子信息服务业的发展对地区经济规模和经济发展水平有比较高的依赖。电子信息产业发展历史表明，在大多数情况下，电子信息服务业是在电子信息制造业基础上发展起来的。没有电子信息制造业的发展基础，电子信息服务业的发展规模将受到区域空间的限制，不具备大规模发展的基础。

客观地说，目前江西省无论是创新型人才的数量和质量，还是经济总量和经济发展水平，在较短时间内都难以将电子信息服务业的规模迅速做大。相对而言，江西省电子信息制造业发展速度较快，2020年的产业规模已排名全国第八位、中部地区排名第一位。即便如此，江西省与电子信息制造业强省还有相当大的差距。按工信部统计数据，2020年全国电子信息制造业的营业收入达12.1万亿元，排前五位电子信息制造业强省市（广东、江苏、浙江、四川、上海）的营业收入占全国的80%以上，而江西省只占全国的4.3%。

综合来看，优先发展电子信息制造业更符合江西省的实际情况，也更有可能将其规模迅速做大，江西省电子信息制造业的发展规模目标完全可以定得再高一些。优先发展电子信息制造业并不是不发展电子信息服务业,只是需要把更多的精力和资源集中到电子信息制造业上。优先发展电子信息制造业不仅可以为电子信息服务业提供坚实的发展基础,其规模的扩大还可以带动江西省其他产业(比如有色金属产业)的高质量发展,提高江西省制造业的整体影响力。

(三)以承接产业转移为主要模式迅速做大产业规模

通常一个区域的产业发展有两种模式:一种是自主积累发展模式,即从头开始自主发展,从小到大逐步积累;一种是承接产业转移模式,即从其他区域将已经发展成熟或基本成熟的产业转移到本区域。两种产业发展模式各有优缺点,不能一概而论。

承接产业转移模式的优点非常明显,其研发风险和市场风险不高,市场开拓成本较低,市场份额较大,形成产业规模的时间相对较短。承接产业转移模式的缺点也同样不能忽视,所承接的产业大都处在成熟期和衰退期,产业增长潜力不大,盈利水平相对较低。如果承接后没有持续投入资金进行升级改造,产业会逐步萎缩,特别是一些转移产业的污染严重,给产业承接地区造成巨大的环保压力。对全球产业转移的研究发现,当承接的产业转移规模较大时,会迅速形成区域产业竞争力,转移产业的规模效应凸显,承接产业转移模式的优点大于缺点;但当承接的产业转移规模较小时,缺点大于优点。因此,一个地区如果采用承接产业转移模式发展产业,应创造条件使产业转入规模尽可能大一些。

毋庸置疑,承接产业转移模式对于落后地区在确立产业和迅速形成产业规模方面要远远优于自主积累发展模式,这也是各地区对于转移产业进行激烈竞争的主要原因。然而,产业转移特别是大规模产业转移并不是任何时期都会发生,当前江西省正面临着一个重要机遇。目前,我国电子信息产业正处于一个关键的发展时期,作为电子信息制造业最为发达的珠三角和长三角地区,国家赋予其与发达国家进行科技和产业竞争的重任,其电子信息产业面临着向电子信息服务业和高端制造业升级的压力,中低端电子信息制造业由于发展空间的限制需要向外转移。在区域选择上,国家当然不希望这些电子信息制造业向国外转移,因此对中西部地区承接这些产业转移寄予厚望。江西省应紧抓这一历史机遇,将主要精力放在创造条件吸引电子信息制造业向江西省转移上,争取在较短时间迅速成为全国电子信息制造业的主要承接地区。

二、吸引电子信息制造业快速向江西省转移的策略

据国家发展战略布局,预期在"十四五"期间粤港澳大湾区和长三角区域的电子信息制造业会有相当规模的向外转移。相比其他地区,江西省在地理位置上具有较大承接产业转移的优势。但需要引起重视的是:在吸引产业转移的众多影响因素中,地理位置并不是唯一因素,甚至不是主要因素。因此,江西省在承接产业转移上应尽早布局、主动出击。

目前,粤港澳大湾区是我国电子信息制造企业向外转移最多的地区,江西省产业承接对象也主要是大湾区的企业。因此,我们主要针对大湾区企业和大湾区已转移至江西省的企业开展了调研活动,了解大湾区电子信息企业发展中存在的问题、产业转移意向、对承接地的要求等,并调研了已转入江西省电子信息制造企业的生存状况。在对比了湖南、福建、广西等省区吸引大湾区产业的政策和做法后,我们提出下列充分发挥江西优势、更精准的产业吸引措施,以促使大湾区企业加快向江西省转移:

(一)规划建设"电子产品表面处理专业园区",以具有前瞻性的电子信息产品绿色制造吸引企业向江西省转移

目前促使大湾区电子信息制造企业产生转移意向的最主要原因,是用地成本大幅度上升、生产场地紧张。比如,调研的深圳一家 LED 生产企业,其生产场地分布在相距较远的三个厂区,对生产流程和组织管理造成了极大不

便；一家受政府大力支持的微电机制造企业，生产空间已极度拥挤，原有生产设备无法正常摆放，新购设备无法进场，企业向政府求助增加场地，申请一年多仍未解决；调研的东莞一家消费电子制造企业，拥有60多亩土地和大量厂房，在发现将生产场地出租获得的收益远高于自己生产后，正在将原有生产部分转移出去，腾出场地出租。调研的所有企业都认为在大湾区已经难以获得更多的用地空间。中小制造企业因生产场地受限，转移意向最为强烈，部分大型企业尚有预留用地空间，但想增加用地已很难，除非有创新产品。

为缓解大湾区用地紧张，企业基本上考虑的是就近转移，甚至是在本省内转移。广东省已将电子信息产业列为"十四五"重点发展产业，对于大湾区电子信息产业的向外转移非常谨慎，已在省内大湾区周边建立了几条电子信息产业带，鼓励大湾区电子信息产业在省内转移。同时，广东省周边湖南、福建、广西等省区也在激烈争夺大湾区向外转移的电子信息产业。目前各地区在争相吸引产业转移时，竞争思路还停留在减免税收、财政补助、营造良好营商环境上，这种竞争由于"学习效应"（各地区在营商环境上都在快速相互学习）和国家政策越来越强的"公平性"，使得各地区吸引产业转移的政策趋同性比较明显。

如果说生产场地紧张、制造成本上升是大湾区电子信息制造企业碰到的主要问题，在调研中我们还发现制约电子信息制造企业进一步发展的一个普遍的共性问题：环境污染。由于对电子信息产品性能和产品外观美化的要求不断提高，产品表面处理成为生产流程的必要环节，包括清洗、电镀、涂层等表面处理工艺都会产生环境污染。电子信息制造业的环境污染有非常明显的离散型特征，单个企业的污染量并不大，但污染源多，分散处理的难度大、成本高。产业规模不大时，环境污染问题并不突出，但随着产业规模不断扩大，环境污染问题会越来越严重。2020年12月，生态环境部和国家市场监督管理总局发布了《电子工业水污染物排放标准》（GB39731-2020），要求电子工业新建企业自2021年7月1日起，现有企业自2024年1月1日起执行。普遍认为，这项标准的执行将对电子信息制造业产生重大影响。

与行业专家讨论后认为，解决电子信息制造业环境污染的最好办法，是对各制造企业的产品集中进行表面处理。这不但能够产生规模效应，极大降低单位产品表面处理成本，也会使污染物处置得较为彻底。同时，电子信息产品表面处理会产生较多的有色金属废弃物（特别是稀有金属）。采取集中处理方式可将有色金属高效率回收，这是一笔宝贵的财富，其中蕴含发展产业协同和循环经济的潜力。目前表面处理已形成了一个单独行业，保守估计我国每年有5000亿元的产值，其中电子信息产品表面处理产值也将达到千亿规模。

调研发现，为解决电子信息制造业的环境污染问题，大湾区各地方政府建立了多个表面处理园区，但无法满足电子信息产业快速发展的污染处理需求。由于早期发展电子信息产业时没有对表面处理的环保设施进行超前设计和系统规划，虽然后期对污染处理设施进行弥补，但对于已经形成的庞大产业来说无疑是杯水车薪。被调研的企业均感到大湾区环保要求越来越高，企业承担的环保压力越来越大，很多企业表示最终可能会迫于环保压力而不得不向外转移企业。同时，调研的赣州和吉安电子信息制造企业也普遍反映在江西省办厂后，发现缺少表面处理专业厂家，有规模的表面处理（电镀）企业少。这导致部分必须要进行表面处理的生产无法转移，一些企业担心如果大规模将企业生产转移过来后，环保问题无法解决。

因此，建议江西省发挥电子信息制造业发展的后发优势，提早布局、规划设立集中表面处理工业园区。在沿京九线电子信息产业带、远离城镇、远离人口密集区、道路交通便利之处，设立几个规模较大、环保设施先进的表面处理专业园区。可以由大型专业表面处理企业运行园区，也可以由各电子信息制造企业在园区内自建表面处理厂，对污染物进行集中处理。江西省先行一步高规格建立表面处理工业园区，打造并推广电子产品绿色发展名片，可有力促进电子信息制造业绿色发展，提高产业竞争力，更可以对大湾区电子信息制造企业产生强大的吸引力，加快产业转移步伐。

（二）调整江西省有色金属产业产品结构，以补齐电子信息制造业原料端供应链短板，吸引电子信息制造企业向江西省转移

供应链是江西省吸引电子信息产业转移的短板。在大湾区调研时发现，电子信息制造企业的原料、配件等采购大多不在江西省，有产业转移意向的企业普遍担心产业转移后供应链会存在风险与不便；在对已转移至江西省的电子信息企业调研时，企业也普遍感到在江西省没有合适的供应链厂商。在南昌洪都航空公司调研时发现，其制造飞机的相关采购几乎全部来自外省。与其他产业相比，电子信息制造业因分工更专业化而对供应链的依赖度更大。目前，我国电子信息制造业虽在全球具有重要地位，但其上游供应链对国外依赖较大，严重影响了我国电子信息制造业的进一步发展。

以有色金属为基材的新材料是电子信息制造业上游供应链中最重要的产品。江西是有色金属大省，拥有众多有色金属资源和迅猛发展的有色金属产业，然而江西省有色金属产业与电子信息制造业并未建立起紧密的供应链关系。用两个产业的关联系数可从一个侧面反映两者的供应链关系，关联系数越高，两个产业的供应链关系越紧密。根据我们的测算，江西省有色金属产业和广东省电子信息制造业在 2017 年的关联系数只有 0.033（关联系数最大值为 1），说明江西省生产的有色金属产品与广东省电子信息制造业所需要的有色金属产品并不吻合，江西省有色金属产业并未成为广东省电子信息制造业的主要供应商，同时也表明江西有色金属产业没有搭上广东电子信息制造业高速发展的快车。调研的深圳两家企业，其产品制造需要的稀土永磁材料并没有从江西采购，其原因是江西赣州的稀土永磁材料虽然规模大，但其与电子产品制造的需求不匹配。我们调研大湾区的电路板制造所需的铜材料也是如此。

江西省有色金属产业应积极进行产品结构调整，使其产品能够更好满足电子信息制造业的需求，这样做的优势在于：首先，可以为我国电子信息制造业补齐前端供应链短板、保障供应链安全、实现国内循环作出贡献。其次，可以借助我国电子信息制造业的庞大规模，使江西省有色金属产业高质量快速发展。目前江西省确定的冲击万亿元规模的两个重点产业，除了电子信息产业，另一个就是有色金属产业。通过产品结构调整，使有色金属产业与电子信息制造业形成紧密的供应链关系，可以促使两个产业相互支持、共同发展。最后，可以从供应链保障角度，吸引电子信息制造企业向江西省转移。当企业转移只做短期考虑时，承接地区解决生产场地和提供优惠政策等对企业吸引力较大；当企业转移要做长期考虑时，承接地区解决环境污染和保障供应链稳定则对企业吸引力更大。

（三）真诚欢迎企业将其生产部分先行转移，以此坚定电子信息制造企业向江西省转移的决心

调研大湾区电子信息制造企业的产业转移意向时，目前几乎所有企业只考虑将电子信息产品的生产部分向外转移，还没有将企业整体向外转移的想法；在调研已转入江西省的电子信息制造企业时，发现转入的企业基本上也只是将生产部分进行了转移，而在项目研发、产品设计、投资、销售等方面基本没有决策权，实质上是总公司或集团公司的一个生产工厂或产品代工厂；在江西省部分工业园区与政府相关管理部门交流时，发现地方政府承接产业转移的意图与企业转移意图并不一致。企业认为承接地区的市场还不成熟，产业生存环境还不确定，所以只想将生产部分（主要是扩产部分）先转移过来，以寻求更大的生产场所和更低的生产成本，更多的是进行试探性投资；而地方政府出于政绩考虑，更多地要求企业将总部转移过来，特别是要求企业投资规模要大。

完整的企业运行通常包含了融资、研发设计、采购、生产、销售及售后服务等多个环节。大湾区已经形成了适应电子信息产业发展的完整、成熟、高效的产业生态圈，大湾区的电子信息制造企业对此形成了高度依赖。如果企业转移到其他地区，则需要适应新的产业生态圈，甚至要构建不完备的产业生态关系，这不但需要一定时间，而且企业也面临着巨大风险，所以绝大多数企业都会采取有序的逐步转移。目前大湾区的电子信息制造企业虽然在发展中遇到生产场地拥挤、环保压力大、生产成本上升等诸多问题，但这些

问题主要是对生产环节运行造成了不利影响，对企业其他环节的运行依然有利。特别是在研发设计、销售市场、金融服务等方面，大湾区的产业生态圈要远远优于其他地区。我们调研的一家电子元器件企业，其研发设计人员和客户都在深圳，特别是其研发费用，每年深圳市政府都会有大量补贴。企业坦言，如果将企业转移到江西，研发补贴不知道是否还能获得，并且企业的研发设计人员和客户都不会离开深圳，所以如果转移，也只能将生产部分转移。

客观来说，在江西省和大湾区的产业生态环境还存在较大差距的情况下，只转移企业生产部分比将企业整体转移的效果更好，这是因为：

第一，更有利于企业发展。在现代交通、通讯赋能的时代，企业在不同区域配置资产和业务，享受不同区域的资源优势，可以增强企业竞争力，扩大企业规模，这是全球先进制造业的发展趋势。江西省承接转移企业，本质上是要让企业发展得更好。如果让企业整体转移，企业生产环节成本虽然降低了，但其他环节成本可能上升，很难说企业的整体竞争力会提高，在新的环境里企业往往要忙于生存而非发展；如果只转移企业生产部分，在其他环节不变的情况下生产成本降低，可以提高企业整体竞争力。只转移生产部分还可以减少企业转移成本、降低转移风险，企业能更好地专注于发展。

第二，有利于江西省搭上大湾区高速发展的快车。由于大湾区经济体量巨大，又得到了国家重点发展战略支持，所以大湾区会发展得更快一些，对全国经济的带动作用也会更强一些。正因为如此，江西省提出对接大湾区，力图搭上大湾区高速发展的快车，无疑是极为正确的战略选择。从产业角度看，对接大湾区就是要使江西省的产业与大湾区的产业紧密关联，在大湾区产业发展的同时拉动江西省产业发展。区域间产业关联有产业间关联和产业内关联两类，江西省有色金属产业与大湾区电子信息制造业之间的关联属于产业间关联，江西省电子信息制造业与大湾区电子信息制造业之间的关联属于产业内关联。产业间关联主要由各产业间供应链关系产生，产业内关联主要由产业内分工产生。2017年数据测算显示，江西省电子信息制造业与广东省电子信息制造业之间的关联度相对较低，表明两省之间的电子信息产业更可能是竞争关系而非合作关系，所以导致江西省电子信息制造业并没有能够搭上广东省电子信息制造业发展的快车。

如果只将大湾区电子信息制造企业的生产部分转移到江西省，就可以借助企业内部的业务分工，将江西省与大湾区的电子信息产业连接起来；如果是企业整体转移到江西省，则从企业层面上削弱了与大湾区之间的产业关联，难以很好地借助大湾区的资源优势。目前，仅仅从大湾区的人才和市场优势来看，江西省只转移电子信息制造企业的生产部分比企业整体转移的效果要更好。

第三，可以加快产业转移速度。企业只转移生产部分和整体转移相比，涉及的业务面较小，转移风险较低，更容易做出转移决策。调研发现，绝大部分企业将部分生产能力向外转移主要是在进行试探性投资，一旦转移效果较好，就会有大规模的转移意向。目前大湾区电子信息制造企业将生产部分向外转移的倾向远高于企业整体转移。对于江西省来说，目前只为企业生产部分提供配套建设和服务也更容易、更快速，投入相对更低。在国内众多地区竞相争夺大湾区电子信息转移企业时，江西省若能够为企业着想，真诚欢迎企业将生产部分向江西省转移，将会赢得企业信任，坚定向江西省转移的决心，加快转移速度。

（四）发展劳务派遣市场，着力培养技能型人才，解决电子信息制造企业人力资本不足问题

调研电子信息制造企业的人力资本情况时了解到，企业的人力资本分为普工和人才两类。对于普工来说，大湾区电子信息企业的普工供需缺口并不大，而已转移至江西省的电子信息制造企业却普遍感到招工难。这一现象通过信息传递，使大湾区有意向转移的企业对转移后的招工问题也产生了担心。我们在赣州市全南县调研时发现，当地政府为解决大湾区转入企业招工难问题，甚至将县里干部动员起来，分任务承包完成招工人数。这种由政府出面直接帮助企业招工的现象，在江西省不是少数。出现这种情况的一个重要原因是：

大湾区的劳务派遣市场较为发达，存在大量的专业劳务派遣公司，很多企业没有精力，也不愿意直接与普工谈劳资问题，采取与劳务派遣公司合作方式解决招工问题。而江西省的劳务派遣市场相对较为落后，转移至江西省的企业只能自己组织招工，使企业感到招工反而比在大湾区更为复杂。建议江西省积极发展劳务派遣中介机构，用市场办法解决企业普工招工难问题。

企业对人才的需求有两类：创新型人才和技能型人才。对于研发设计、组织管理、市场开拓等活动需要创新型人才，而对于较为单纯的生产活动更多地需要技能型人才。调研电子信息制造企业发现，大型企业对创新型和技能型人才的需求都较为迫切，中小企业对技能型人才的需求更为迫切。从需求量看，技能型人才的需求量更大。以研发设计为例，大湾区创新型人才主要集中在各类研发、技术服务等市场中介机构和有实力的大型企业中，中小企业自身拥有的创新型人才并不多，主要通过外包和购买方式解决研发设计问题；大型企业除了利用自己拥有的创新人才进行研发设计外，也会将相当部分的研发设计力量外包。而对于技能型人才，在调研的所有地区，不管是大型企业还是中小型企业，都需要自己拥有大量的技能型人才，技能型人才的供需缺口很大。从电子信息制造业未来发展趋势看，虽然创新型人才必不可少，但高素质的技能型人才是构成企业人力资本的主体。

江西省在职业技能人才培养方面具有一定优势，可进一步调整人才培养结构，创新培养模式。针对万亿元规模的电子信息制造业，精准培养足够数量的技能型人才，解决企业技能型人才短缺问题，以此吸引大湾区企业向江西省转移。

（五）尽早、尽快、尽大规模地建设"电子信息制造业转移合作园区"，力促电子信息制造企业向江西转移

对粤港澳大湾区内相关政府部门的调研发现，电子信息产业属于大湾区的支柱产业，也是大湾区"十四五"规划和2035年远景规划中的重点发展产业。大湾区内各级政府对电子信息产业发展高度重视，对电子信息企业给予税收优惠、财政补贴、人才引进、研发平台共享等多方面大力支持，其目标是促使大湾区内电子信息企业转型升级。对于区内电子信息制造企业向外转移并不积极支持，对企业发展用地紧张问题，更多的是建议企业将价值创造效率较低的生产部分向广东省内其他地区转移。广东省在粤北和粤西地区建设了一批电子信息产业园，承接从大湾区转出的企业。相关政府部门坦言，从对地方政府业绩考核层面考虑，地方政府无论如何也不愿意失去仍在正常运行的企业。

从整个国家区域协调发展层面来看，不适合在大湾区继续发展的产业向广东省外转移，对经济整体发展更好，产业布局更为均衡，各地资源优势能够更好地发挥作用，特别是通过产业转移能够缩小区域经济发展差距。所以，国家层面更希望发达地区部分产业向落后地区转移，其中的电子信息产业向产业承接条件相对较好的中部地区转移。这一点从国家发布的发展战略中得到了明确的体现。2021年4月23日出台了《中共中央国务院关于新时代推动中部地区高质量发展的意见》（下称《意见》），其中提出"统筹规划引导中部地区产业集群（基地）发展……在京九沿线建设南昌、吉安电子信息产业集群……建设智能制造、新材料、新能源汽车、电子信息等产业基地"。这充分表明江西省"打造京九（江西）电子信息产业带"的战略决策是极为正确的，并且得到了国家的认可和支持。

对如何快速打造"京九沿线电子信息产业集群"，国家也给出了具体方法。《意见》提出"推进……赣南、湘南湘西承接产业转移示范区和皖北承接产业转移集聚区建设，积极承接新兴产业转移，重点承接产业链关键环节。创新园区建设运营方式，支持与其他地区共建产业转移合作园区"。这意味着国家意图让中部地区通过积极承接产业转移的方式，重点承接产业链关键环节，迅速做大做强先进制造业，并且，为了加快产业转移步伐，国家支持产业转出和承接地区共建产业转移合作园区。在产业转出地区和承接地区营商环境还存在较大差距的情况下，产业转移合作园区实际上是将产业转出地区的高质量产业管理、服务方式搬入产业承接地区，形成一个与产业转出地区相似的营商环境，使转入企业更容易适应。不仅如此，产业转移合作园区还是一个学习窗口，它树立了一个发达地区高质量营商环境的"示范"，使落后地区向发达地区学习更直观、更便捷，同时也降低学习成本、提高学习效率。当然，由于区域间存在经济竞争、税收利益划分、地方政府业绩考核等因素影响，产业转出地区政府对产业向外转移顾虑重重，即便不反对，也难以积极支持。正因为存在这一问题，《意见》提出在共建的产业转移合作园区"创新跨区域制造业转移利益分享机制，建立跨区域经济统计分成制度"，以此打消产业转出地区的顾虑，推进产业转移合作园区建设。同时，国家也担心中部地区财力有限，产业转移合作园区建设的规模过小、时间过长，降低产业转移的效果，特别在《意见》中提出"加大中央预算内投资对产业转移合作园区基础设施建设支持力度。在坚持节约集约用地前提下，适当增加中部地区承接制造业转移项目新增建设用地计划指标"。

国家通过产业转移方式力促中部地区做大做强先进制造业，以此缓解区域发展不平衡问题的战略意图非常明确，并且，国家大力支持"尽早、尽快、尽可能大"地建设产业转移合作园区，以此推动产业转移。可以预见，在这项政策的引领下，中部地区会迅速掀起建设产业转移合作园区的热潮。对此，江西省绝不能懈怠，应尽早行动起来。

电子信息制造业属于先进制造业，江西省电子信息制造业在中部地区具有相对优势，建立电子信息制造业转移合作园区完全符合国家政策的支持条件。建议江西省紧紧抓住这一历史机遇，尽早主动与电子信息制造业转出地区政府商谈确立合作园区的具体方案，争取国家大力支持，尽快、尽可能多建几个规模较大的产业转移合作园区。

本研究报告系 2021 年度江西省情调研重点课题《抓住产业链关键环节诱导电子信息产业快速向我省集聚研究》的研究成果，由有色金属产业发展研究院与中国科学院赣江创新研究院战略研究部联合调研团队共同完成。

课题执笔人：

吴一丁　有色金属产业发展研究院首席专家、江西省第二届省情研究首席专家

赖　丹　有色金属产业发展研究院教授、江西省第二届省情研究特约研究员

陈伟强　中国科学院赣江创新研究院战略研究部研究员

汪　鹏　中国科学院赣江创新研究院战略研究部副研究员

毛克贞　有色金属产业发展研究院教授、江西省第二届省情研究特约研究员

张其富　有色金属产业发展研究院讲师

数字经济背景下重塑"江西制造"辉煌的策略建议

□陈春林　卢翔宇　邹慧

摘要：制造业是实体经济的"硬脊梁"，也是数字经济的"主战场"。习近平总书记曾在江西省主持召开推动中部地区崛起工作座谈会上，将"推动制造业高质量发展"摆在中部六省未来发展八项工作要求的首要位置。江西省要主动拥抱新一轮科技革命，大力实施"上云用数赋智"行动，加快培育"智造"新动能，努力把智能制造打造成江西崛起的"新引擎"。本报告梳理了数字经济背景下"江西制造"发展概况，探寻了重塑"江西制造"辉煌的主要挑战，提出了江西省制造业数字化转型必须坚持的原则、遵循的重点和践行的部署，报告最后从战略战术、企业、技术、基础设施、配套服务、对接中部等层面提出了具体建议。

一、数字经济背景下"江西制造"发展概况

（一）两化融合发展初见成效

江西省产业数字化进程加速。2020年，建成14个省级两化融合示范园区，成功培育251个两化融合示范企业，两化深化融合示范项目落地60多个，78家企业通过国家两化融合管理体系评定，列全国14位。通过实施智能制造"万千百十"工程，"十三五"期间，江西省累计应用智能装备18726台（套），实施"数字化车间"1332个，培育智能装备企业186家，创建省级智能制造基

地12个。两化融合新模式新业态不断涌现,江西省两化融合指数增速居全国前列。

(二)与先进地区相比还有较大差距

江西省数字经济发展处于全国中等偏下水平。2021年,中国信息通信研究院发布《中国数字经济发展白皮书》,2020年中国数字经济规模达到39.2万亿元,占GDP比重为38.6%。据《江西省数字经济发展白皮书(2021)》显示,2020年全省数字经济规模为8354亿元,占GDP比重32.5%。江西省数字经济发展指数位列全国第15位,数字经济产业指数位列全国第16位,数字经济融合指数位列全国第15位,上述三个指数均位列中部6省的第5位,仅优于山西。在数字经济中制造业数字化排位更加靠后。

(三)与中部省份发展的竞争和合作均不明显

江西省与中部省份制造业发展从一定程度而言,基本处于同一层次,缺乏起到辐射带动作用的"龙头"行业。中部六省在制造业发展中是各有所长,但没有一个省份能对邻省形成全面"压倒"之势。以江西省最大的制造业细分行业有色金属冶炼和压延加工业为例,2019年其主营业务收入达到6309.06亿元,占到中部该产业的35.28%。其重点产品领域是铜、钨和稀土产业。该产业目前中部地区整体上仍以产业链低端为主,在智能制造升级层面尚没有直接的竞争或者合作。以计算机、通信和其他电子设备制造业为例,2019年江西省主营业务收入为3366.67亿元,占到中部六省的21.23%,聚集了立讯智造等众多企业。但江西省的发展很大程度得力于东部制造业的梯度转移,从江西省该产业的产业链现状来说,技术含量和区域辐射带动性并不强。

二、重塑"江西制造"辉煌的主要挑战

(一)共性的"三贵三难"难度加码

智能化技术改造过程中将承受人、财、物等多方面综合成本压力,"三贵

三难"(即基础设施投入贵、技术人才聘用贵、维护保养费用贵;生产方式转型难、联网协同工作难、指挥调度管理难)困境直接导致部分企业技术改造积极性不高。江西省附加值较低的制造型企业大量存在,工业生产性资本长期处于短缺状态,用于智能化改造升级的资金明显不足,"三贵三难"难题难度加码。不少制造业企业不敢、不想、不会数字化:因为实施数字化转型时投入大、见效慢而"不敢";部分企业管理者缺乏战略眼光,依赖传统模式和路径,"不想";中小企业既缺乏数字化转型的技术能力,又缺乏数字化转型的人才,"不会"。

(二)产业支撑基础实力总体偏弱

从全国的发展格局来看,江西省制造业不大、不强。总体规模、结构水平、制造效率、创新能力、信息化程度等方面与广东、江苏等一线发达省份还有较大差距。2019年,江西省制造业高质量发展指数居全国第13位,工业增加值总量列全国第14位。江西省传统制造产业占工业比重近70%,但这些产业大都已停止了快速增长。大部分制造业企业处于工业2.0及以下,大量企

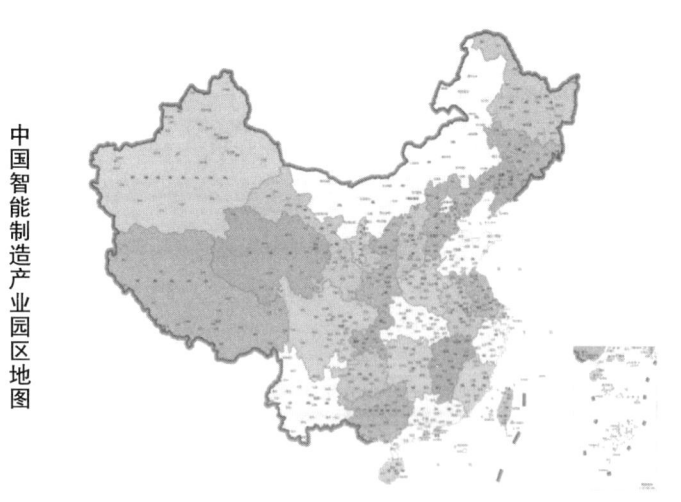

图1 国家级智能制造产业园的空间分布

注:根据工业和信息化部公布数据整理

业还处于流水线生产方式，企业与互联网融合不深不广，融合形式单一。以机器人及智能装备制造为核心的大型产业基地尚未建立，智能装备制造产业主营业务收入占全省规上装备制造业的比重不到 10%。全国智能制造产业园有 537 个，江西省仅仅 6 个（具体参见图 1）。

（三）内外空间发展优势不明显

制造业集群化发展相对较弱，江西省未能纳入全国智能制造和数字化发展重要产业集聚区（具体参见图 2）。全省智能装备制造业发展总体布局不均衡，南昌"一极独大"，集聚了全省智能装备制造企业数的 40%，智能装备制造业的主营业务收入的 75% 以上。江西省制造业区域空间分布分散，行业的区域基尼系数均低于 0.55。

（四）技术服务支撑力度不足

2020 年，江西省综合科技创新水平指数全国排位第 16 名，全社会研发

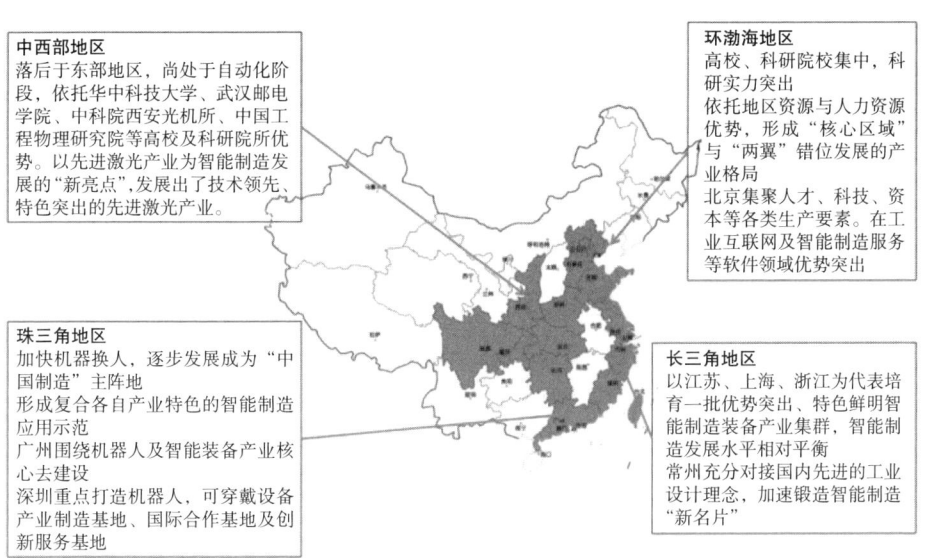

图 2　全国智能制造的 4 大聚集区示意图

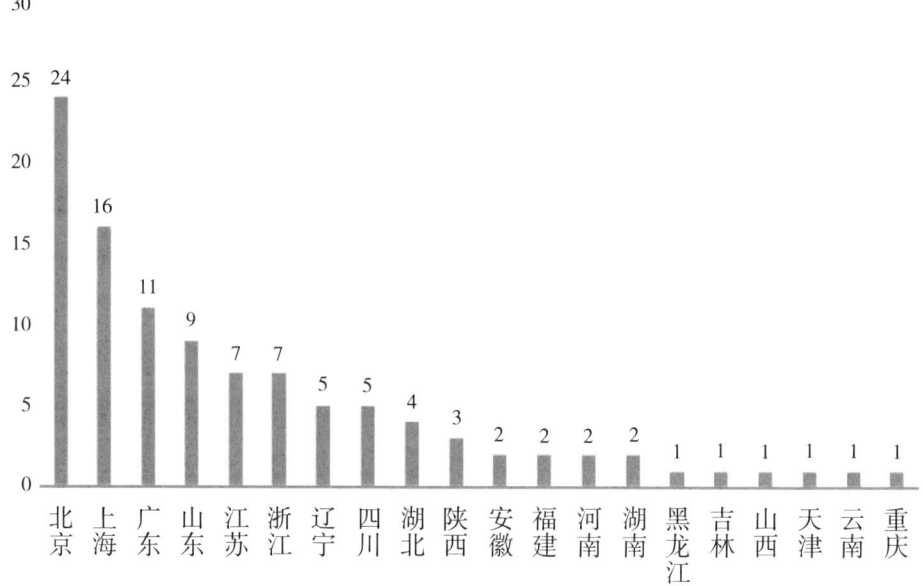

图 3 智能制造系统解决方案供应商分布

注：根据工业和信息化部公布数据整理

经费支出占地区生产总值的比例、每万人口发明专利拥有量显著低于全国平均水平。江西省一些实验室、技术平台实际上更多地在承担技术检测等简单技术服务功能，核心应用性技术相对薄弱。智能制造的发展主要侧重于技术追踪和技术引进，对引进技术的消化吸收力度不够。技术服务体系发展滞后，智能制造服务业市场没完全打开。工信部和中国智能制造系统解决方案供应商联盟公布的 105 名智能制造系统解决方案供应商中，没有一家江西省企业入选（具体参见图 3）。缺乏满足"中国制造 2025""工业 4.0"核心工程要求的人才生态圈，省内缺乏 985 重点高校，对外省人才吸引动力不足。

（五）数据孤岛和试点示范仍是短板

江西省大数据产业仍处于起步阶段，且重心在政务数据。全省整体上数据资源规划、管理协调机构分散、大数据行业组织发展不充分、数据开放共享流通管理不明确。大部分传统制造业的自动化系统技术参数缺乏统一标准，网络之间、设备之间存在严重的异质异构问题,制造业数据标准不统一,不具备应用落地普适性。目前国家级智能制造试点项目816个,其中,江西省的国家级智能制造类试点项目22项,智能制造综合标准化与新模式应用项目11项,智能制造试点示范项目11项,排全国第17名,国家级试点示范项目相对较少(具体参见表1)。

表1　国家智能制造试点示范项目分布

排名	地区	智能制造类试点项目数量(项)	智能制造综合标准化与新模式应用拟立项目数量(项)	智能制造试点示范项目数量(项)	排名	地区	智能制造类试点项目数量(项)	智能制造综合标准化与新模式应用拟立项目数量(项)	智能制造试点示范项目数量(项)
1	山东	75	41	34	17	江西	22	11	11
2	北京	62	48	14	18	河北	21	9	12
3	江苏	57	38	19	19	天津	13	10	3
4	广东	57	33	24	20	内蒙古	12	8	4
5	浙江	56	31	25	21	贵州	12	5	2
6	上海	43	29	14	22	宁夏	10	7	3
7	福建	39	24	15	23	甘肃	10	6	4
8	安徽	39	20	19	24	山西	9	3	6
9	湖南	38	22	16	25	广西	7	3	4
10	陕西	35	21	14	26	吉林	6	3	1
11	河南	33	24	9	27	云南	6	3	3
12	湖北	33	21	12	28	黑龙江	6	3	3
13	辽宁	30	21	9	29	西藏	5	2	3
14	重庆	28	25	3	30	青海	3	1	1
15	四川	27	31	6	31	海南	2	1	1
16	新疆	25	13	12					

注:根据工业和信息化部公布数据整理

(六)扶持政策力度仍待提升

江西省出台的产业政策、研发政策、人才政策与外省相比,仍存在力度不足的问题。如在推动"企业上云"方面,大部分政府都对企业上云拿出了真金白银的补贴,山东、天津、云南、贵州、湖南等地都推出了"云服务券",贵州省针对企业直接折扣价购买服务,政府再把补贴给服务商,河南郑州最多可补贴100万元,广东佛山最高补贴300万元,江西省尚没有出台"企业上云"补贴扶持政策。

(七)竞争对手挤压带来威胁

将全国主要省市分成在生产制造方面两化融合水平处于全国领导的生产引领型、研发设计方面两化融合水平处于全国领导的研发引领型、服务转型方面两化融合水平处于全国领导的服务引领型,东南部沿海各环节均处于领先优势。中西部有部分省市的研发和服务环节领先,江西省在生产、研发、服务方面均未进入引领型省份(具体参见图4)。国内经济发达地区,制造业与互联网深入融合,已严重挤压到江西省制造业发展空间。

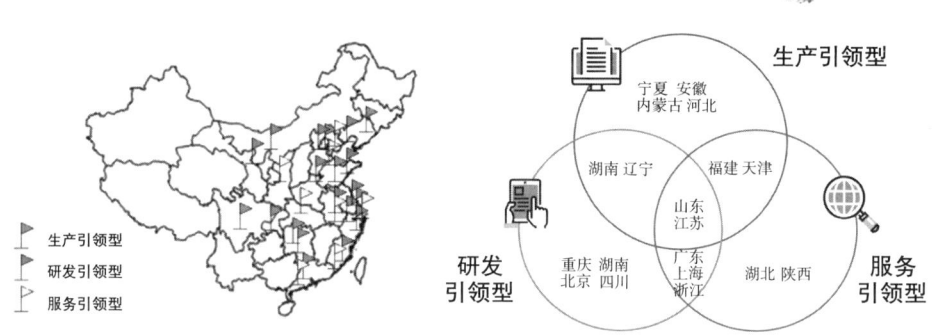

图4 两化融合的生产引领、研发引领和服务引领型省市

注:来源于2021年《中国数字经济发展白皮书》

三、制造业数字化转型原则、重点和部署

(一)制造业数字化转型基本原则

江西省推进制造业数字化转型必须紧抓三个原则。一是需求导向原则。即制造业细分产品在今后一段时期是否具有重大市场需求。二是基础为先原

则。即江西省是否已经具备一定产业发展基础或者产业关联基础。三是企业效益原则。即让江西省企业家切实收获智能化技术改造的效益,降低智改顾虑。

（二）制造业数字化转型的产业选择

江西省在智能制造发展的重点行业领域选择方面应遵循几个重点。一是要选取能决定智能制造发展水平的关键技术和行业领域,譬如新一代信息技术、高档数控机床和工业机器人等行业。二是要瞄准在当前及今后具有持续影响力、关系国家经济全局建设和国家安全的重大前沿领域,譬如航空航天装备、稀土产业等行业。三是要关注有一定基础实力和竞争优势,通过智能化改造能明显提升生产效率、带动经济持续发展的支柱性产业,比如有色金属等行业。四是要选择制造业智能化发展水平相对靠前或成熟的制造业领域,江西省本身的基础技术水平相对薄弱,技术研发投入能力相对有限,尽量发展已成熟的智能制造,才能实现用有限的资源撬动最大的效益。五是要践行区域抱团发展理念,有效衔接中部地区高质量发展等国家重要发展战略。

（三）制造业数字化转型的部署

综观国内外经验,有以下共性部署。一是凝共识。要着力依托自身产业基础、研究实力与市场前景,集思广益凝共识聚智聚力谋发展。二是聚重点。分类型聚焦重点支持领域：比如江西省战略性新兴产业聚焦航空、中医药等领域；特色产业聚焦有色、稀土等领域；传统优势产业聚焦铜矿冶炼及加工等领域。三是强技术。引导发布重点产业智能化升级技术路线图,建设一批产业研究院和创新综合体,组建省级、国家级的制造业创新中心等。四是优布局。重塑江西省制造辉煌,必须与省里的"一圈引领、两轴驱动、三区协同"区域发展新格局相协调,形成"核圈引领、轴向拓展、集群集聚"的空间布局,并推动全省智能制造基地的"雁阵模式"发展格局。五是强协作。要形成以智能制造系统集成商为核心企业,各部门和行业联合推进和深度参与、相互支持和维系发展的智能制造生态体系。优先支持引进珠三角、长三角和海峡西岸品牌智能制造生产性产业资本前来投资；实施江西省智能制造国际化路径，加紧在赣江新区规划中外智能制造业国际示范园区等。六是强支撑。做大做强产业、企业支撑基础，促进龙头标杆企业智能制造规模化扩张，同时培育智能制造科技型中小企业，积蓄产业发展后劲。七是深融合。大力促进工业化与信息数字化的深度融合；大力推进军民深度融合；大力推进制造业与现代服务业深度融合等。八是强互补。省内而言，各地市、区域间的制造业要优势互补、产业互补，携手共进。省外而言，要避开竞争白热化制造业、发展具有互补性的特色产业。九是建基地。运用大数据、云计算、区块链、工业互联网等数字技术，积极打造未来工厂、产业大脑、智能园区等新型制造组织，大力培育智能制造示范基地。十是促服务。数字经济背景下的制造业服务化发展是大势所趋，要力促服务化搭载信息化和数字化完美落地。

四、江西省制造业数字化转型的对策建议

（一）宏观层面的对策建议

一是战略层面执行"总体规划—重点突破—分步实施—全面推进"。抓好智能制造发展的顶层设计、总体规划，明确各阶段的战略目标和重点任务。有条件的地区、重点产业和重点企业，要加快重点突破布局。

二是战术层面采用"探索—试点—推广—普及"的有序推进模式。对于工业基础好的地区重点推进智能制造流程再造，包括"智能工厂"等基础布局建设以及嵌入工业物联网的智能制造方式。对于基础薄弱的地区则优先落实企业信息化改造工程，推进智能装备引进与工艺改造有机融合。

三是政策层面，出台与本地工业制造水平相适应的新一轮智能制造推进政策。走工业2.0补课、工业3.0普及、工业4.0示范的并联式发展道路，针对不同行业、不同环节特点有重点地支持。针对智能制造领导行业，比如汽车整车制造的未来三维仿真数字孪生技术、系统集成与大数据分析等应用可成为重点。以评促建，定期开展工业投资和智能化技术改造考核评价，形成

省与地方联动推进的工作格局。

（二）企业层面的对策建议

一是引培关键制造业生产企业，形成制造业巨头引领并主导制造业数字化转型的格局。一方面，领导型的垄断制造厂商是智能制造落地的关键条件，江西省要重点引入领导型的全球"灯塔型"企业入驻。以筹备组建江西省机器人智能制造国际产业园等为契机，引进如发那科、库卡、ABB 和安川电机等海外机器人"灯塔型"企业，以及国内"灯塔型"企业入驻。另一方面，通过制定有力的龙头企业裂变计划、合作伙伴成长计划、企业投入支持计划、企业成长激励计划、场景应用塑造计划等政策，培育省内龙头骨干企业成长为"灯塔型"企业，并培育更多的智能制造标杆企业。抓实大型龙头企业示范带动作用，培育"灯塔式"标杆示范项目。复制推广成功经验和模式，比如九江巨石在智能制造标准化与新模式的应用，晶科能源在人工智能与实体经济深度融合的示范作用。

二是引培关键智能化改造服务企业，培育智能制造的本土服务力量。编制江西省智能制造系统解决方案供应商推荐目录，打造多家省级优质供应商，实现江西省国家级智能制造系统集成供应商零的突破。提升智能化技术改造诊断、方案设计、项目实施等全方位专业技术指导和服务的本土化水平。尤其是针对江西省中小企业数量较多的现状，本省转型服务商更能聚焦中小微企业特点和需求，开发符合本土产业特定、易部署、好维护的轻量级、低成本解决方案。同时支持智能制造系统解决方案供应商联盟分盟在江西省成立，以更好地凝聚服务商。

三是推动服务企业制造化延伸，制造企业价值链水平提升。推动电子商务、研发设计、物流运输、软件与信息技术等生产性服务企业与制造类企业合作，开展研发设计、加工制造、品牌授权等合作，打造一批 C2M "超级工厂"。推动制造企业由加工生产向研发设计和市场营销两端的高附加值环节延伸，推进工业设计基地建设，培育服务设计、智能设计、虚拟设计、集成设计、时尚设计等新业态。

(三)技术层面的对策建议

一是聚焦江西省技术需求特点,布局突破一批基础性、共性、应用性技术。一方面聚焦感知、控制、决策、执行等智能制造核心环节,面向核心基础零部件(元器件)、工业基础软件、先进基础工艺、关键基础材料等重点领域,沿江西省产业链谋划梳理突破清单。另一方面,针对江西省制造业智能化转型技术需求,与国内外有关机构建立经常性的合作研究与交流机制,建立智能制造信息及相关科学数据共享机制,及时跟踪和把握技术发展的最新动向,积极吸收国内外先进的研究成果和经验,开展技术引进、消化、吸收、再创新的应用研究。此外,针对江西省有大量中小型企业难以找到合适的智能制造技术,一些大型的国际化技术供应商更多提供成套的智能制造技术解决方案,改造成本甚至超过企业的平均年产值,而中小型技术供应商则难以提供匹配度高的智能制造技术和管理模块,改造效果差的问题,江西省要将满足中小企业的务实性技术操作提上"十四五"技术创新的日程。

二是技术标准先行,加快智能制造能力成熟度国家标准推广和本省标准制定应用。首先,加快智能制造能力成熟度国家标准的推广工作,编制江西省智能工厂和数字化车间建设实施指南、智能工厂和数字化车间评估规范等本省标准。其次,根据离散型智能工厂和流程型智能工厂等类别,严格制定创建每类智能工厂应遵循的技术示范体系要求。建议省政府出台相关政策鼓励省内相关高校及科研院所、重点企业积极开展关于智能制造的基础共性标准、关键技术标准、行业应用标准等的研究。此外,依托省内相关重点检测中心开展标准实验验证,力争一定数量的国家智能制造标准实验项目落户江西省。最后,依据能力成熟度标准,在实施智能制造成效突出的企业中遴选出一批标杆企业。

三是推动企业开展成熟度自诊断,重点解决集群智能制造生产过程中产业联动不足问题。推动企业开展成熟度自诊断,全面掌握全省典型地区,典型行业的智能制造发展水平和问题。推动成立专门的智能化技术改造专家服务指导组，引导企业根据标准评估自身的短板，精准开展智能化改造提升。推动智能制造系统集成应用，在全省重点行业围绕产业集群开展数字化转型，推动集群上下游企业实施标准统一的数字化改造，带动产业链供应链企业整体数字化转型，实现规模化应用并最终完成产业联动跨越发展。

（四）软硬基础设施层面的对策建议

一是要加快推进以工业互联网等为代表的新型基础设施建设，助推制造业构建基于工业互联网的全新基建生态。建议"十四五"期间，江西省进一步加快高速互联网等智能制造基础设施布局，并在工业基础较好的地区及工业园区内优先搭建智能工厂数字化接口、企业物联网、公共信息服务平台等基础性物理架设，为企业智能制造方式改造提供较为完备的基础设施建设。推进建立"1+N"工业互联网平台体系，培育系列行业级、区域级和企业级工业互联网平台，引导行业龙头企业引入 supET 等平台。

二是推动工业企业"上云上平台"数字化转型，带动中小微企业"上线用云"。助推华为云"点线面体"打造江西省特色制造业产业生态链，从业务流深入到"研产供销服"制造场景，拓展覆盖有色、电子信息、装备、石化、建材、纺织、食品、汽车、航空、中医药、移动物联网、LED12 个重点产业。通过抓目标任务分解，量化各行业主管部门和全省 11 个市"企业上云"的目标任务，各市层层抓落实，出台本地"企业上云"具体实施方案。针对中小型工业企业，采取平台带动、事后奖补的方式，以生产制造、初级应用等为重点，在研发管理协同、生产设备状态监控、智能排单调度等领域提供应用服务，推动中小企业"上云上平台"数字化转型。

三是建设高效绿色算力基础设施，分行业开展产业大脑建设，形成"一行业一大脑"的发展格局，综合集成为全省整体产业大脑。建设高性能云计算公共服务平台，构建云边协同的算力服务网络，深化产业大脑应用场景建设，分享共性技术，集成政府服务，精准配置要素，打造产业生态。

（五）配套服务的对策建议

一是实施智能制造生态合作伙伴计划。有意识地与供应商、服务商等各方连接，搭建"智能制造生态系统"。面向智能制造装备、软件、系统解决方案、网络基础设施、行业组织、金融服务和行业用户，分类别分批次建立江西省智能制造生态合作伙伴目录，定期开展项目、融资需求对接与示范项目推广，对接金融机构、社会基金助力智能制造发展。

二是将智能制造诊断评估服务纳入政府采购。通过政府采购的形式，支持高校、科研院所、协会和行业龙头企业等设立智能制造公共服务平台，开展智能制造诊断服务活动，免费诊断企业。对每个被诊断工厂和车间给出个性化诊断报告，提供定制的智能化改造方案。重点聚焦中小企业发展需求，以线上平台运营和线下深度服务的方式高质量开展咨询诊断、方案设计、监理评估等工作，推动智能制造装备、核心软件、工业互联网集成应用，研究制定简便易行的智能化解决方案。

三是构建相关高端创新人才的培养和培训服务体系。技术掌握在人的大脑里，要引人引才，推动企业和高校联合建立智能制造应用型人才培养基地，制定政策鼓励相关人才培养。建议通过专项计划引进人才、拓展渠道引进人才、打造平台引进人才、健全体系培养人才、促进对接支持人才、专业孵化支持人才、优化服务支持人才、降低门槛支持人才、财税政策支持人才等系列行动，保障制造业数字化转型的专业性人才输送。

（六）对接中部的对策建议

一是强化省会中心是前提。与对接长三角、珠三角等区域发展相比，长期以来中部六省的合作相对不足，内部一体化发展仍存难点。目前江西省赣西地区对接长株潭，赣东地区对接江浙，而赣南地区对接海峡两岸和珠三角，大都对接别的省份，忽略了本省核心的建设。"十四五"期间，江西省应该先集中精力强省会，把南昌周边的城市带动起来，确定省域副中心城市，依托一个更强的省会中心去承接外省发达地区或者对接中部。

二是在总体战略和思路上作出江西省贡献。总体战略上,强化通过统筹部署构筑中部制造业的核心能力,为中部制造业发展作出江西省的原创贡献。总体发展思路上,应当培育和完善既符合中部各省实际发展水平和要素优势,又相互协作的制造业体系,突出通用技术创新和产业统筹部署。

三是在聚焦中部短板和自身优势上率先发力。重点依托中部特色,重点加快制造服务业发展。比如聚焦中部地区生产性服务业配套不足的共性问题,率先打造一批制造业与生产性服务业融合发展的平台载体,集聚一批面向制造业中小企业的数字化服务商。再比如,抓好江西省作为继东部山东、西部甘肃之后,第三个部省共建国家职业教育创新发展高地的契机,打造"中部样板"部省共建职教创新发展高地。

作者:

陈春林　江西省科学院科技战略研究所科技政策研究室主任、副研究员,江西省第二届省情研究特约研究员

卢翔宇　江西省科学院科技战略研究所硕士

邹　慧　江西省科学院科技战略研究所所长、研究员,江西省第二届省情研究首席专家

借鉴兄弟省市发展中医药创新举措推进江西省中医药创新发展

□ 省社联省情调研课题组

摘要：新冠肺炎疫情后，兄弟省市从服务体系、服务能力、产业发展、科技创新、人才培养、文化传承、对外交流等方面提出了若干推动中医药高质量发展的创新举措。借鉴兄弟省市经验，推进江西省中医药创新发展，要创新人才教育培育机制，建强中医药人才队伍；创新关键发展平台，夯实江西中医药科技创新基础；创新中医药产业链，提升"江西中医药"品牌在全国中医药产业发展中的地位；创新中医药服务，增强中医药在突发公共卫生事件应急体系中的作用；创新中医药文化传承，扩大江西传统中医药在国内外的影响力。

在2020年我国新冠肺炎疫情阻击战中，传承已久的中医药再创新功，成为有效防治新冠肺炎的一大亮点。全国中医药迎来了新的发展高潮，自疫情发生以来广东、四川、河南、安徽、山西、吉林、河北等兄弟省市坚持以习近平总书记关于疫情防控及中医药发展的重要讲话精神为指导，对照《中共中央国务院关于促进中医药传承创新发展的意见》的工作要求，纷纷出台政策意见，推出了促进中医药发展的创新举措。学习兄弟省市的创新举措，可以为江西省促进中医药传承创新发展提供有益借鉴。

一、新冠肺炎疫情后兄弟省市发展中医药的创新举措

综观各兄弟省市的政策文件,重点从服务体系、服务能力、产业发展、科技创新、人才培养、文化传承、对外交流等方面提出了若干推动中医药高质量发展的创新举措。

(一)加强服务体系和服务能力建设

在中医药服务体系建设方面,各兄弟省市强化服务机构建设、筑牢基层中医药服务阵地、推进中医药信息化建设。如,广东提出,要加快建成岭南特色鲜明、总体实力领先的高水平中医医院群。上海要求,建立健全以市级中医医疗机构为龙头,区级中医医疗机构为骨干,社区卫生服务机构为基础,社会办医医疗机构为补充,布局合理、分工明确、功能互补,融预防保健、疾病治疗和康复于一体的中医药服务体系。吉林、河南提出,推动省中医药数据中心与全省健康数据中心、国家中医药数据中心对接联通,为全省中医药行业发展提供数据支撑。

在提升中医药服务能力方面,各兄弟省市重点是发挥中医药在健康服务中的独特作用、促进中西医临床融合发展、深化中医预防保健服务、强化重点领域中医药特色优势。黑龙江提出,研究制定中医药防治慢性病服务包和家庭医生签约服务包,促进在家庭病床、社区日间照料场所、养老机构开展中医药服务。天津强调,大力普及中医养生保健知识和太极拳、八段锦等传统保健方法,推广体现中医治未病理念的健康工作和生活方式。甘肃、新疆、上海、湖南提出,建立健全中医药应对突发公共卫生事件工作机制,将中医药机构和人员纳入突发公共卫生事件应急体系。

(二)推动中医药产业和事业高质量发展

各兄弟省市重点从培育中药优质品种品牌、丰富中药制药品种、保障中药材质量安全等方面推出创新举措。陕西提出,优先发展大宗道地、区域特

色"秦药",倡导"一县一品"种植（养殖）模式。黑龙江提出,推进中药工业智能化升级,提升中药装备制造水平;发展中药健康衍生品,发展中药饲料添加剂和兽药。山西、天津健全执法联动机制,加大对制假售假、制劣售劣行为的责任追究。甘肃还提出,金融机构要加大对中医药重大项目、重大技术推广、重大装备应用的融资支持力度。

在推动中医药事业发展方面,广东、四川、河南、安徽、山西、贵州、上海等省市加大财政保障和支持力度,将中医药事业发展经费纳入本级财政预算,建立持续稳定的中医药发展多元投入机制,落实对公立中医医院的投入倾斜政策,改善中医医院办院条件。甘肃、黑龙江、山东、湖南等地扩大中医药医保支付范围,将符合条件的院内制剂、中药配方颗粒、中成药、新型饮片、中医诊疗服务项目、中医特色疗法、中医优势病种等按规定纳入医保支付范围。

（三）注重科技创新和人才发展

各兄弟省市重点从促进科技成果转移转化、完善科技成果评价与激励机制等方面推动中医药科技创新。陕西提出,要落实药品上市许可持有人制度,保障知识产权和科技成果转化权益,激励中药新药研发创新。天津提出,健全赋予中医药科研机构和人员更大自主权的管理制度,建立知识产权和科技成果转化权益保障机制。四川提出,设立四川省中医药研发风险分担基金。

在促进中医药人才发展方面,重点是改革中医药人才培养模式,健全人才评价激励机制。甘肃、黑龙江、山西、上海等省市鼓励西医学习中医,允许临床类别医师通过考核后提供中医服务,参加中西医结合职称评聘。广东建立师承教育项目与职称评审、评先评优工作具体挂钩政策,将在基层服务满10年的中医药中级专业技术人员纳入考核认定副高职称人员范围。河北提出,对中医药高层次人才和业绩特别突出的优秀人才,可实行年薪制、协议工资制或项目工资制。黑龙江允许医务人员开展特需医疗服务或下沉基层提供服务并获取合理报酬,所得报酬归医务人员个人,不纳入单位绩效工资总量。

（四）推进中医药文化传承和对外交流

各兄弟省市重点从挖掘整理民间中医药技术方法、保护中医药非物质文化遗产、培育健康生活理念等方面推进中医药活态传承。天津做好民间中医药验方、秘方和传统技术方法收集整理登记保护工作，建立保护评价长效机制。福建强调，大力支持国家级学术流派建设，做好名老中医学术经验、老药工技艺传承，争创一批全国中医学术流派传承工作室。陕西、四川、新疆等省提出，推动中医药健康知识纳入中小学教材，丰富中小学中医药文化科普教育内容。

在对外交流方面，各兄弟省市重点支持中医药相关机构积极参与"一带一路"建设，推动中医药文化海外传播发展。甘肃、河南、新疆、上海、安徽等省市提出，支持各类优秀中医药机构积极与"一带一路"沿线国家合作建设岐黄中医学院、中医中心，加大与国外高等院校、科研机构、医疗机构和医药企业的合作交流；积极参与中医药国际规则、标准的研究与制定。黑龙江鼓励中医药机构和学术团体积极开展对外中医药学术和文化交流活动。

兄弟省市的创新实践表明，加强服务体系和服务能力建设是促进中医药传承创新发展的基础；推动中医药产业事业齐头并进、协同发展是中医药高质量发展必须遵循的原则；注重人才发展和科技创新是激励人才干事创业、助推中医药发展迈上新台阶的关键；推进中医药文化传承和海外传播是弘扬优秀传统文化、增强文化自信、扩大中医药全球影响力的有效途径。

二、当前江西省中医药发展面临的主要问题

"十三五"以来，江西省先后出台并实施了《江西中医药产业发展"十三五"规划》《江西省中医药条例》《关于促进中医药传承创新发展的实施意见》等系列文件，将中医药高质量发展摆在重要战略位置抓实抓好。经过近五年的培育和积累，江西省中医药产业规模日渐壮大、服务能力服务水平逐步提升、科技创新稳步推进、国际交流深入发展、社会影响力不断增强。尤其在新冠

肺炎疫情阻击战中，中医药发挥了不可替代的作用。江西中医药大学附属医院抚生院区作为定点医院自 2020 年 2 月 11 日启动以来，累计收治新冠肺炎患者 29 人。医院按照辨证施治原则，对其中的 13 位患者采取了中医药治疗，16 人采取了中西医结合治疗，最终治愈出院 28 人，效果良好，充分彰显了中医药的特色优势。与此同时，应该看到江西省中医药发展虽然取得了一定成绩，形成了一定优势，但也存在一些问题。

（一）中医药人才支撑不够

与广东、浙江、江苏、四川及北京、上海等人才优势较为突出的省市相比，江西省中医药人才还存在较大差距。无论是高层次人才、基层人才还是国际化人才，都存在较大的缺口与短板，尤其是高层次人才匮乏已成为制约江西省中医药高质量发展的重要瓶颈。迄今为止，江西省中医药领域在两院院士、国家千人计划、万人计划、杰青、优青等高端领军人才的培养与引进方面还未实现零的突破。全国有重大影响的中医名家以及从事中药创新药物或创新技术研发、中医药科技成果产业化及高级经营管理人才、市场开发人才、国际贸易人才等也相对不足。人才对产业发展的支撑不够、人才培养模式创新不足、人才流失等问题的存在，势必会给江西省中医药发展带来诸多不确定性影响。

（二）中医药科技创新不强

"十三五"期间，江西省中医药科技工作取得了长足进步，但总体上还处于起步阶段，还存在诸多问题与不足。主要表现为：政府宏观政策引导不够，科技创新投入有待进一步加强；科技自主创新能力有待提升；科技成果转化率明显偏低；科技创新对产业发展的驱动不足；科技人才队伍结构有待改善、层次有待提高，创新人才创新团队欠缺；系统集成研究、科技信息与国际合作平台建设还有待加强；重点科技平台的投入与产出不成正比，产出的实际效益还远落后于预期；科技创新体制机制还有待完善，等等。

(三)中医药产业发展不充分

2019年,江西省中药产业主营业务收入为506.83亿元,初步形成了集中医医疗、中药制造、中药材种植、中药商贸物流、中医药文化传承、中医药健康服务于一体的中医药产业体系,成为在全国具有一定比较优势的特色产业。但与中医药产业蕴含的巨大的发展潜力和发展空间相比,产业规模仍然偏小、产业平台仍不完善,骨干龙头企业数量偏少、产业带动力偏弱,跨界融合发展广度、深度不够,集群集聚集约发展还处于初级阶段,"江西中医药"品牌影响力有待加强,距离打造"千亿产业链"目标任重道远。

(四)中医药事业发展不同步

与中医药产业的发展成效相比,江西省中医药事业发展稍显滞后,中医药服务能力和服务水平还有较大的提升空间,中医药文化传承与传播仍需加强。如《江西省中医药条例》提出,社区卫生服务中心和乡镇卫生院应当配备中医医师,并设置中医馆等中医药综合服务区;县级以上人民政府应当将热敏灸等中医药特色服务纳入公共卫生服务体系,构建覆盖全省的热敏灸服务网络;推进中医药文化进机关、学校、企业、社区、乡村和家庭,将中医药知识纳入中小学卫生健康教育课程,等等。从实际情况看,上述政策措施落地成效并不显著。

三、借鉴兄弟省市经验,推进江西省中医药创新发展

近年来,江西省高度重视中医药发展,采取了一系列有效措施,取得了一定成效。面临中医药发展的新形势,为破解江西省中医药发展中存在的问题和不足,建议借鉴吸收兄弟省市的好经验、好做法,从以下方面推进江西省中医药创新发展、高质量发展。

（一）创新人才教育培育机制，建强中医药人才队伍

深化中医药教育改革，将中医课程列入临床医学类专业必修课并适当增加比重，提高临床类别医师中医药知识和技能水平；探索建立中西医融合的全科医生培养模式，培养中西医结合临床人才；大力发展中医药职业教育，培养一批中医药健康服务业、中药产业技术技能人才。健全人才培育激励机制，对中医药高层次人才和业绩特别突出的优秀人才，实行年薪制、协议工资制或项目工资制；将在基层服务满10年的中医药中级专业技术人员纳入考核认定副高职称人员范围；参照国家中医药传承与创新"百千万"人才工程（岐黄工程），实施省中医药"百千万"人才工程，培育高层次人才。

（二）创新关键发展平台，夯实江西中医药科技创新基础

组建中医药知识产权保护与交易中心，设立中医药研发风险分担基金，建设临床研究、中试、委托加工、科检验检测等公共技术服务平台。建立并完善符合中医药特点的科技创新评价体系，探索在省自然基金中设立中医药联合专项。推动重大科研项目联合攻关，开展中医药关键技术研究。

（三）创新中医药产业链，提升"江西中医药"品牌在全国中医药产业发展中的地位

建立面向国际的中药材互联网交易平台，建设一批高质量中医药海外中心、国际合作基地和服务出口基地。发展"中医药+"新业态，推动中医药与保健、养老、食品、旅游等业态跨界融合发展。鼓励金融机构加大对中医药重大项目、重大技术推广、重大装备应用的融资支持力度，重点培育和扶持现代化中药龙头企业和创新型企业。

（四）创新中医药服务，增强中医药在突发公共卫生事件应急体系中的作用

加大优质中医药服务供给，建设一批富有江西特色、群众体验良好、总

体实力领先的高水平中医医院群,将南昌建设成(国家)区域中医医疗中心。依托专业防治机构,建立针对不同人群、不同环境、不同健康状况中医药的治未病基本处方库,增强中医药在疾病防治中的作用。健全中医药参与新发突发传染病防治和公共卫生事件应急处置机制,建设省级中医药防治传染病重点研究室,将中医药机构和人员纳入突发公共卫生事件应急体系。加强中医药信息化建设,推动省中医药数据中心与全省健康数据中心、国家中医药数据中心对接联通。

(五)创新中医药文化传承,扩大江西传统中医药在国内外的影响力

加强中药经典名方、民间验方、秘方、技法和独特传统炮制技术的挖掘整理和开发利用,建立中医药古籍和传统知识数字图书馆,建设省中医药博物馆。鼓励有条件的中医药机构将中医药特色服务和产品融入"一带一路"建设,建设中医药海外教育培训中心。

课题组组长:

吴海波　江西中医药大学科研处副处长、教授、博导,江西省第二届省情研究特约研究员

课题组成员:

刘忠林　江西省社联学术中心副研究员

周　鸣　江西中医药大学计财处会计师

郑丽莎　江西财经大学现代经管院讲师

李　斐　江西中医药大学科研处副教授

明晰航空服务业体系构架
促进江西省航空服务业高质量发展

□省社联省情调研课题组

摘要：当前，江西省航空服务业存在着航空服务业体系构架认识不明晰、航空服务人才不足、航空服务业发展规模偏小等问题短板。针对存在的问题短板，借鉴国内外的经验，基于航空服务业不断增长的发展趋势，课题组提出了完善航空服务业体系构架、强化航空服务业教育培训体系建设、做大航空货运服务规模、大力发展通航服务等对策建议。

一、江西省航空服务业发展现状

（一）形成了高位推动航空服务发展新局面

江西省委省政府连续多年把航空产业作为全省战略性新兴产业和优势产业，成立了省领导挂帅的江西航空产业发展推进领导小组；联合国家民航局共同建立了民航江西适航审定中心；联合应急部共同打造国家应急救援航空体系试点。

（二）航空制造服务业发展扎实推进

江西省扎实推进了航空制造服务业发展。江西省先进复材研发中心、北航江西研究院、中国商飞上飞院（南昌）机体设计中心等新型研发机构成功落户，全国首个低空空域管理暨通航飞行服务院士工作站在赣成立。

（三）航空货物运输呈现高速发展趋势

截至2021年7月2日，南昌昌北机场货邮吞吐量突破10万吨，同比增长41.84%，实现了航空货运高速发展。2020年南昌昌北国际机场完成货邮吞吐量18.2万吨，同比增长49%，增速位居全国40个千万级机场第二位。

2017年到2020年4年中，从长江中游四大城市国际机场武汉天河机场、长沙黄花机场、合肥新桥机场、南昌昌北机场比较分析可知，南昌昌北机场货运运输量增长最快（见图1）。

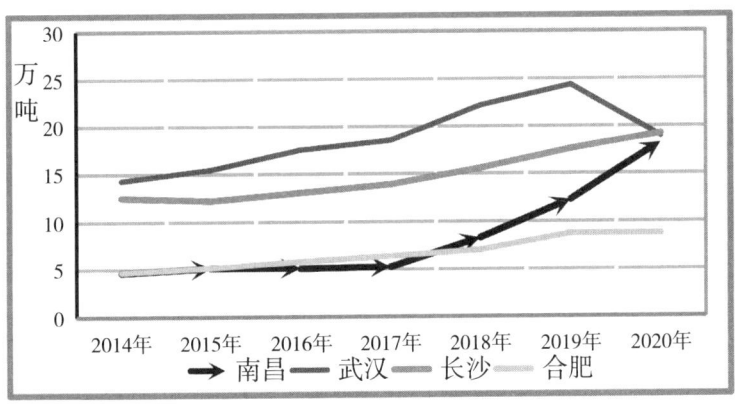

图1　2014—2020年长江中游四大城市国际机场货运一览表

（四）通航服务全方位发展有序推进

培育了通航运营主体。全省通航运营单位由2016年的3家增至2020年的13家，飞行小时由2016年的849小时增至2020年的3699小时。

发展了通航消费。"江西快线"开通南昌至赣州、南昌至井冈山通勤航线。依托旅游景点及大专院校等开展了空中游览、航空运动及飞行培训等活动，举办了世界飞行者大会和世界级的飞行赛事。推进了江西省应急救援通航体系建设，明确了购买服务范围和资金规模。

通航物流创新发展。赣州作为全国首个无人机物流试点，已运营飞行1.35

万班，飞行时间 5624 小时，运输货物约 2.15 万件。

（五）打造了承载航空服务的服务综合体

江西省打造承载航空服务的区（临空经济区）城（航空城）镇（航空小镇）站（机场）的各类航空服务综合体。50 平方公里的南昌航空城、12 平方公里的景德镇航空小镇基本建成，南昌航空城已落户项目 60 个，景德镇航空小镇已落户项目 37 个，全省建成了 7 个机场服务综合体。

二、现存短板

（一）航空服务业体系构架不明晰

通过到省相关部门调研和查阅航空类书籍、期刊文章，发现江西省存在着航空服务业体系构架认识不明晰的问题，没有统一的航空服务业统计口径，迫切需要分析航空服务业体系构架。目前把航空服务业定义为提供一定标准的、价格可接受的航空运输服务业，这个定义值得商榷，没有把机场营运、航空维修、航空教育培训、航空保险、航空商务等归为航空服务业的内容。

（二）航空服务人才不足

一是航空维修人才不足。不能确保航空器及设施设备及时得到维修保养。二是航空服务业科研管理人才紧缺。江西省的经济水平、人才环境、设施配套等与发达城市相比存在较大差距，省内航空服务企业存在招聘人才困难的现象，科研技术和管理人才不足。

（三）航空业存在"重制造、轻服务"的结构性问题

2020 年江西省航空产业实现营业收入 1200 亿元，其中大部分是航空制造业的贡献。2020 年洪都航空工业股份有限公司航空制造 50.05 亿元，在航空服务方面技术协作及通航服务仅为 0.53 亿元。江西省航空业存在着"重制造、轻服务"的结构性问题。

（四）航空服务业发展规模偏小

全省虽拥有航空企事业单位100余家，但过百亿元仅2家，过亿元仅10家，航空服务龙头企业偏少，尤其是在维修服务领域产业链基本缺失。江西省通航旅游个人消费能力不足，导致江西省通航旅游服务整体需求偏弱。2020年通航作业时间不到全国的1%。通航服务企业数量偏少，开通航线偏少，通航飞机价格昂贵，运营维护保养成本高，这导致通航服务业发展规模偏小。

三、他山之石：国内外航空服务业发展经验及启示

（一）美国建设高质量的航空服务业教育体系

美国成立了高校航空专业认证的机构AABI，旨在推进航空教育机构的改进和航空专业人才培养质量的提高。在AABI的指导下，高校航空服务专业制订了人才培养质量保障体系和评估体系。高质量航空服务业教育体系促进美国航空服务业的发展。

（二）四川航空服务精准定位打造内陆通航强省

一是四川通用航空进行了精准定位：打造一个万亿产业。早在2017年，四川省委改革办调研组提出，突出"六大抓手"，聚力打造万亿通用航空全产业链，打造内陆通航强省。二是双机场定位。着力推进了天府国际机场与双流国际机场"两场一体"运营，构建国际航空客货运战略大通道。

（三）上海支持航空+金融服务创新发展

上海借助该区域的产业和投资基础，创新航空+中外资银行金融服务发展空间，支持临港新片区民用航空服务业和金融产业融合发展。外资银行是上海国际金融中心的重要成员，外资银行因其国际背景在跨境业务方面具有

得天独厚的先天优势。临港新片区在航空金融创新方面能更好地发挥出试验田的作用。

四、航空服务业发展趋势分析

（一）航空物流业呈现不断增长的趋势

航空物流业将为企业或消费者提供多元化定制服务。随着我国居民消费升级和跨境电商发展，航空物流呈现持续增长的发展趋势。航空物流服务业围绕国际机场周边的物流产业园，推动航空物流产业转型升级，提供城市与城市之间不断增长的智慧航空物流服务。定制包裹行李等航空运输服务业务呈现不断增长的趋势。

（二）航空旅游业将呈现不断增长的趋势

以航空机场和地方特色为依托，串起风景优美或者独特性的旅游资源，航空旅游者快旅慢游、体验飞行乐趣或者空中游览美景，这成为旅游"新时尚"。因此，航空旅游业必将呈现不断增长的发展趋势。

（三）航空服务业综合体经济总量呈现不断增长的趋势

着眼于满足出行、网络购物配送、企业采购原材料等社会需要，建设航空机场等航空服务综合体，推动临空产业、文化旅游产业、航空制造与维修产业、金融服务、低空旅游、飞行小镇、快递业、客货运输、商业与生活配套航空服务业发展。航空服务综合体经济总量必将呈现不断增长的发展趋势。

五、推动航空服务业发展的对策建议

（一）明晰航空服务业体系构架，促进航空服务业高质量发展

通过课题研究，课题组提出了明晰的航空服务业体系构架（见图2）。航空服务业体系架构应该包括：研发制造服务、航空运输、通航服务、机场营运和空中管制、航空维修、航空教育培训、应急救援、航空保险、航空商务、无人机服务等。

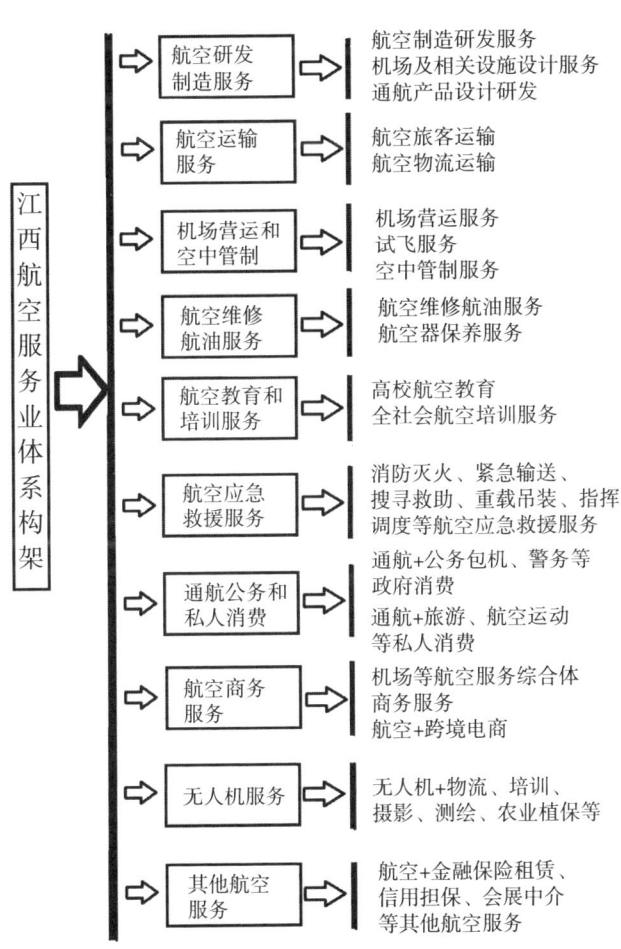

图2　江西航空服务业体系构架图

建议江西省大力推进航空研发制造服务、航空运输服务和机场营运服务；培育发展教育培训、维修保养、航空+金融、保险、租赁等航空服务；有序推进通航服务、试飞服务、航空应急救援服务、无人机服务和航空商务服务；促进江西省航空服务业高质量发展。

（二）强化航空服务业教育培训管理，弥补航空人才不足

强化高校航空服务业教育管理。引导航空院校扩大航空服务业人才培养规模，支持江西飞行学院（筹）建设高水平的人才培养体系，推进飞行、维修、无人机、机场运营管理等专业人才培养质量的提升。建议成立推进航空教育质量提高的专门机构，推进制订航空服务专业人才培养质量保障体系和评估体系。

抢抓全社会航空培训服务机遇。近年运动驾驶员执照、私用驾驶员执照、商用驾驶员执照等航空培训服务增长快。加快江西飞行学院筹建，用好南昌航空大学、吉安航校等本土资源，增设航空培训课程，强化江西省全社会航空培训服务体系建设。

（三）推进航空研发服务平台建设，培育创新型航空维修企业

推进航空研发服务平台建设，通过政府主导，南昌航空大学、江西飞行学院（筹）、航空工业洪都、航空工业昌飞、航空工业直升机所等共建研发平台，为江西省航空服务业发展提供强有力科研支撑。

大力培育创新型航空维修企业。建议为洪都、昌飞+北京飞机维修工程有限公司等维修企业的互利合作创造发展机遇，争取国产民机运维服务中心项目落户南昌，创建南昌飞机维修基地和成立南昌飞机维修有限公司。

（四）做大航空货运服务业规模，构建南昌赣州双核航空运输枢纽

南昌市政府下决心帮助江西国际货运航空公司取得航空货物运营资质。这是做大航空货运服务规模，化解南昌货运短板制约关键一环。不断推进航

空+沪昆高铁、京九高铁等异地货站多式联运货运项目。大力发展跨境电商，驱动航空货运发展，做大航空货运市场规模。

江西省构建南昌、赣州双核航空运输枢纽经济体系。着力推进南昌昌北国际机场和赣州黄金机场"两场一体"运营。打造赣州航空运输枢纽，有助于更好融入粤港澳大湾区。南昌赣州双核航空运输枢纽连通境内外，辐射东中西的航空服务枢纽通道，提升江西省航空服务业竞争力。

（五）打造试飞服务示范基地，大力促进公私通航服务业消费

加大力度支持南昌瑶湖机场适航取证试飞任务。这是推进落实省政府与中国商飞公司深化战略合作框架协议的重要任务之一，打造全国最大的国产民机试飞适航取证示范基地。

开拓通航+公务包机、警务等公务通航市场。鼓励各设区市政府采取"购买国产直升机托管服务"方式，使用本设区市公共服务资金。在私人通航消费领域，支持开展"航空+旅游"私人通航飞行服务。拓展航空运动空域范围，开展空中体验飞行、滑翔伞、动力伞、热气球、航模等"航空+运动"活动，组织筹划航空运动有关赛事，打响江西航空体育系列品牌。

（六）打造航空服务业融资链条，推动航空金融服务创新发展

打造航空金融+制造研发服务、维修、航空运输、教育培训、通航服务、航空商务等航空服务融资链条。发挥华赣航投投融资平台的强链补链作用，着力推动区（临空经济区）城（航空城）镇（航空小镇）场（机场）航空服务综合体构建高标准金融营商环境，吸引更多优质金融机构和金融人才落户。

创新发展"货物+保险""旅客+保险""通航服务+保险"等航空保险新业态。创新发展机场设备租赁、飞机租赁和汽车租赁等业务。加大"区城镇场"航空服务综合体创新融资力度，推动江西省航空金融服务业创新发展。

（七）加强航空应急救援能力建设，构建国家航空应急救援体系

加强航空应急救援快速响应、区域覆盖、综合救援、高效指挥、联动保障五种能力建设。专业机构制定航空应急救援标准和规范，之后面向江西航空服务类高校和培训机构大力推广。推进航空应急救援队伍教育培训，一是有助于航空救援工作人员掌握航空应急救援装备需要的技术，二是有助于提升全省航空应急救援快速响应、综合救援、高效指挥、联动保障等能力。通过建设航空基础设施，提升江西省航空应急救援区域覆盖能力。

加快构建六大国家航空应急救援体系，包括航空救援指挥体系、基础设施体系、低空空管体系、救援力量体系、保障体系和产业体系。以建设六大航空应急救援体系试点省为拉动，助推江西省航空救援服务业高质量发展。

本文系 2021 年度江西省情调研课题《江西航空服务业体系构架研究》的研究成果。

课题组组长：

肖鸿晶　江西经济管理干部学院副院长、教授，江西省第二届省情研究
　　　　特约研究员

课题组成员：

钟小根　江西经济管理干部学院副教授

肖文胜　江西经济管理干部学院教授

徐剑锋　江西经济管理干部学院教授

龙　莺　江西经济管理干部学院讲师

构建江西省"十四五"通航产业快速发展新优势

□黄蕾　钟质文　王志国

摘要：江西是全国少有的航空研发制造大省，加快构建江西省"十四五"通航产业快速发展的新优势，对于形成新兴特色产业竞争优势、推动"十四五"经济高质量发展都具有重大意义。目前江西省通航产业处在快步发展初期，依然存在不少制约加快发展的因素。构建江西省通航产业快速发展新优势，要培育江西通航产业龙头企业，鼓励航空龙头企业、科研院所、院校专业人才兼职兼办企业，积极抢占技术制高点，创建省属通航产品研究设计院，创新航空小镇运营模式，进一步完善基础设施建设，构建人才立体培养体系。

"十四五"期间，通航产业将迎来大发展机遇期。"十三五"以来，在国家《关于促进通用航空业发展的指导意见》推动下，航空产业示范区、产业园区大量兴起，低空改革、军民融合与金融创新等各种产业政策工具密集出台，通航产业市场呈现巨大的成长前景，航空产业正在加速形成我国"下一个万亿产业"。江西是全国少有的航空研发制造大省，如何及时抓住航空产业大发展的历时机遇，利用全省强大的航空研发制造基础优势，加快构建江西省"十四五"通航产业快速发展的新优势，无论是对于形成新兴特色产业竞争优势，还是推动"十四五"经济高质量发展都具有重大意义。

一、"十四五"我国通航产业将迎来突破性发展的历史机遇

进入"十四五"时期,我国将进入中高收入国家行列,工业化也进入中后阶段,同时,新冠肺炎疫情也对世界经济和中国产业结构产生重大影响,这对通航产业将是一个历史性发展机遇。

（一）后工业化时代催生通航市场的蓬勃发展

根据美国哈佛大学D·贝尔的后工业时代研究,后工业时代经济社会将面临3个明显变化：一是社会分工进一步深化,经济结构以制造业导向转向服务业为主导；二是信息、通讯和交通技术革命催生休闲服务的巨大需求；三是城市从传统工业社会与工业化后期向后工业化社会转变,城市空间扩大并加速低空利用。这三个变化将引致通航需求的持续增加：一是工业航空市场不断扩大。2018年来石油服务、航空摄影、航空探矿、航空护林等需求呈现增长趋势。我国石油服务和航空摄影飞行时数未来两年分别超过600小时和1000小时。二是航空公务市场加速回暖。进入2019年,全球公务机交付量超过两位数增长。我国自2018年1月河北三河首个公务机场获批以来,上海、广州多个公务机场将纳入城市规划。三是航空个人消费市场逐渐形成。以旅游交通、景区空中观光、飞行体验及衍生消费形成的低空旅游市场不断增加。四是航空社会化服务需求持续增长,短途运输与航空应急救援成为新增热点。通用航空公共服务与私人爱好市场将共同爆发。

（二）空域改革为通航产业发展提供了市场化条件

2010年8月国务院中央军委下发《关于深化我国低空空域管理改革的意见》以后,"强安全、强效率、强智慧、强协同"四强空管建设力度不断加强。尤其是"十三五"以来,通过济南和重庆地区低空空域管理和通用航空发展综合配套改革试点,珠三角和海南地区空域精细化管理改革试点,西北地区组织通用航空低空空域监视与服务试点,四川省政府牵头、军民航和当地公

安部门共同参与的低空空域协同管理改革试点,制定首批低空协同管理空域建议方案,积累了空域管理的经验,把已有的6个孤立空域用低空通道联成通航飞行网络,开辟了第一个"低空试验田"。此举将进一步推动民用可利用空域的扩大,为"十四五"实现通用航空飞起来提供基础条件和通航市场化的保障,也为高度市场化的通航产业在我国的有序发展提供了重要支撑。

(三)多省出台政策布局通航产业加快了通航市场繁荣

四川、吉林、河南、海南、青岛等省市率先探索了通航产业发展的战略部署。四川于2019年7月颁布了《四川省通用航空产业发展规划(2019—2025年)》,明确了以发展大中型通用飞机、工业级无人机以及航空发动机研发制造为核心。吉林明确了以通用航空飞行活动为核心,涵盖通用航空器研发制造、市场运营、综合保障、延伸服务四大板块的全产业链战略性新兴产业体系和"北方通航产业大省"的目标,以及打造"东北地区最大的通航飞机维修基地"的特色定位,并于2019年1月颁布了《吉林省通用航空产业发展规划》。同时,不少省结合已有产业基础,明确通航产业各自差异化发展路径。河南的航空运动、海南的航空旅游、青岛的航空医疗救援体系等省域特色渐显。"十二五"到"十三五",各省市从抓通航机场建设等共性发展路径,扩展至构建独特竞争优势的创新发展,推动了我国通航产业整体繁荣发展,也加速了通航服务的组织采购与私人消费市场双双扩大。

(四)疫情加速了"无接触"服务助推通航市场前景再扩大

截至2020年3月11日,全国共有140家通用航空企业(其中99家无人机企业)使用952架航空器(其中无人机802架),疫情期间共执行336次疫情防控任务,累计飞行2290小时6938架次,尤其是无人机的表现突出。自2018年以来,无人机行业整体市场规模增长至257.2亿元,年均复合增长率达57.05%,无人机制造与运营企业数量逐年超过2位数上升。2019年中国无人机行业整体市场规模达359亿元,其中民用无人机达到210亿元、同比增长 57.62%，工业级无人机行业市场规模为 114 亿元、同比增长 62.8%。本次抗疫战斗中，无人机作为智能无人化工作的代表，以其"高效无休、零接触"的优势，在高速路口、医院工厂等场景开展安防巡检、消杀作业等工作，在抗疫前线发挥了重要作用。工业无人机、商业无人机、地面无人装备、海上无人装备等产品体系已经形成，后疫情时代无人机的应用范围与市场容量将进一步扩大。

二、江西省较强的航空制造基础为通航产业发展积累了不可多得的先发优势

通航产业是典型的产业链横跨二、三产业，应用领域覆盖一、二、三产业的综合性产业。以通航飞行活动为核心，集研发制造、运营、运营保障与服务于一体的具有技术经济关联关系的活动集合[①]，以制造业为牵引带动产业链的延伸，既服务于本地经济社会发展又融入其他区域。江西省 20 世纪 50 年代成立航空工业洪都集团、60 年代开始就迅速形成了设计、研发、制造、维修一体化的航空工业体系，奠定了航空产业优势省份的基础。

（一）厚实的产业基础形成了通航产业发展的总体优势

江西是全国唯一同时拥有旋翼机和固定翼飞机研发生产能力的省份，是全国教练机、直升机研制生产的核心基地，是全国民用飞机大部件制造和转包生产的重要基地。经过军机与民机 40 余年的同步发展，江西省形成了包括研发设计、整机制造、维修服务等较为完整的产业链，产品体系包括教练机、强击机、直升机、无人机以及大飞机部件，具备航空产品总体设计、试验验证、先进制造和总装总成能力。同时带动了航空器制造、运营、维修、物流等辅助产业共同推进的通用航空产业体系的形成。

---

① 崔怿. 通用航空产业的发展模式选择研究［D］. 中国民航大学，2015

（二）龙头企业具有民用航空器产品研发制造的优势

昌飞公司坚持走自主创新、军民融合的产业发展道路，核心能力不断提升，产业规模持续扩大，自主研制了 AC311、AC313 等系列民用直升机，形成了多吨位级完整的产品谱系；实施全面工业化改进改型，并于 2016 年取得了中国民航局颁发的型号合格证与生产许可证。洪都公司初教 6 飞机于 2019 年取得 TC/PC（型号合格证/生产许可证）正式进入国内民用航空市场。两个航空制造龙头企业通过技术迁移加强民用机研发和制造，满足市场差异性发展需求；不断开展时控件延寿探索，优化了民用机的维修间隔和维护内容，形成了鲜明的民用航空器研发制造优势。

（三）历史的积淀造就了良好的服务平台优势

南昌和景德镇于 2017 年入选全国首批 26 个通航产业综合示范区，南昌市、景德镇、共青城等地区相继建设了一批与通航产业发展相适应的基础设施与服务体系。并已构建了 7 大平台：江西适航审定中心服务平台、航空产业投资服务平台、低空空域管理和服务平台、航空军民融合产业服务平台、航空应急救援平台、通用航空服务平台、航空技术研发制造平台；还建立了全国首个低空空域管理暨通航飞行服务院士工作站，加强通用航空、应急救援技术装备及大飞机先进复合材料研发。七大平台将依托航空产业基础，用好军民融合的制度优势，加快发挥平台示范作用，引领江西通航产业的有序发展。

（四）抓住时机抢占了政策指导优势

2010 年为我国通航产业发展的元年。江西省委省政府抓住历史机遇，先后制定出台了一系列鼓励航空产业发展的政策、意见和规划，2014 年出台《关于加快通用航空产业发展的意见》，2015 年颁布《江西省通用航空产业发展规划（2015—2020 年）》，2017 年发布《关于印发加快推进通航产业发展若干措施的通知》《江西省通用机场布局规划（2016—2030 年）》《关于全省各设区市购买通用航空公共服务的暂行办法》等等。政策出台的速度和覆盖面走在全国前列，为江西省通航产业发展提供了供给侧支持与需求侧引导方向，系列政策支持激励措施破解了技术供给、人才培养、资金筹措等部分要素制约。"十三五"期间一批通航企业入驻南昌市高新区、景德镇通航产业园，通航产业走上加快发展的轨道。这些措施还将在"十四五"期间为江西省通航产业发展继续发挥先发引导作用。

三、加快江西省通航产业发展还存在不少制约因素

通用飞机的多样性特征决定了世界通用飞机制造都是以整机生产企业为核心、面向全球进行资源配置的开放型塔状供应链结构体系，最终形成"飞机制造＋服务"的商业模式。但我国通航制造业技术水平总体滞后，服务体系还不健全，造成通航企业运营成本高企的现状。目前江西省通航产业处在快步发展初期，依然存在不少制约加快发展的因素。

（一）体制机制障碍制约通航产业规模化发展

江西省已经出现了如江西长江通航、江西中大飞天通航等一批有一定实力和运营能力的通航有限公司；但通航产业总体上还处于"小、散、弱"的状态，制造规模不够大、经营性企业不够强。2019年底，国内已经开展的通航业务类型中没有一家江西通航企业入榜前三甲。江西省通航制造主要依赖于昌飞和洪都，整机制造优势没有覆盖全产业链，通航产业处于较严重的封闭式发展形式，企业间的隔离现象严重，外部企业很难进入，"军民融合"的深入推进较为艰难；核心零部件供应商群体没有构建起来，配套物流保障、工具装备、服务支持等区域内循环模式也没有形成。致使江西省通用航空整机研发制造优势没有很好发挥出来，在通航规模以及产业链延伸方面还没有形成明显竞争力。

（二）通用航空专业化服务保障体系不健全制约通航市场开发

南昌、景德镇国家航空产业示范区的"新体系、新平台、新环境"建设距离立项申报方案的指标还有不小差距。主要原因是国家示范区内支撑通航飞行的专业化服务保障体系尚未建成，固定运营基地（FBO）、飞行服务站（FSS）、维修保养企业（MRO）建设严重不足。由于飞行安全监控、管理体系、飞行服务体系网络尚未构建，区域内通航需求意愿不足，区域旅游市场、公务市场、私人俱乐部也未完全形成。通用航空产业综合示范大体系尚未形成，协同效应、集聚效应与辐射效应也难以发挥。

（三）跨产业融合尚未形成制约区域通航产业大布局

通用航空产业是涵盖通用航空器研发制造、市场运营、综合保障以及延伸服务等全产业链的战略性新兴产业体系。通航领域第二产业与第三产业融合发展能有效促进产业规模扩大，形成积极的增长模式。但目前江西省通航二产、三产割裂现象还比较明显。一方面制造业研发的产品有限难以直接满足通航运营需求；另一方面，整机制造企业规模尚小，难以直接从事通航服务形成二三产业融合发展模式。比如江西省首个通勤航班江西快线使用的飞机还是皮拉图斯公司的 PC-12NG 型飞机，北京通用航空江西直升机有限公司生产整机所用的发动机还是以进口为主，与国内发展航空新兴产业带动航空市场快速发展的战略初衷不一，严重制约产业链延伸以及整个行业竞争优势形成。

（四）基础设施不足制约了参与国家发展通航产业机会的竞争

2014 年江西省出台的《关于加快通用航空产业发展的意见》中明确，到 2020 年新建通用机场 15 个，2015 年该指标调整至 22 个，2016 年的布局规划再次调整为 27 个。事实上在过去的 5 年期间，江西省新增建成的通航机场不足 3 个，在建的通航机场不足 2 个。应急救援离不开分布合理、数量充足、设施配套和组织严密的机场与网络，公务飞行则离不开通用航空器能"飞起来与能落地"的通航机场。通航机场数量少、基础设施不足是江西打造应急救援体系和培育新兴通航消费业务的严重制约因素，致使江西省参与国家通航产业发展平台建设时受到严重影响。中国民航局、国家卫健委2019年3月发布《航空医疗救护联合试点工作实施方案》，决定于2020年12月在12个省市开展航空医疗救护联合试点，其中没有江西省。2018年8月中国民用机场协会公务航空服务专业委在沈阳成立，标志着我国公务航空市场的正式启动，首都公务机有限公司、上海霍克、广州翼通等10家公司领导分别担任主任、副主任等职务，其中也没有江西企业。

（五）通航产业专业人才缺失制约通航产业发展

通航产业各个环节都面临人才严重短缺问题。通航专业人才不同于其他行业，必须具有丰富的经验和较高的专业技能才能达到运行要求，安全飞行不只是涉及飞行员等专门人才，还需要高素质的管理人员、机长、机务人员等专业运营人才，而目前受过良好教育的高素质运营人才非常紧缺。通航飞行员培养成本高达70—80万，但其收入与公共航空飞行员的收入差距非常大，起薪工资低，飞行时数不确定，成本与收入反差大制约了人才进入。培养一个合格机务维修人才起码需要7—10年时间，在通用航空器数量增加的形势下，懂通航飞机、机务的专业人才极其缺乏，严重制约了通用航空器的保养与维护。同时，通用机场建设、运营和上下游服务业从业人员也严重不足。

四、抓住新机遇构建江西省通航产业快速发展新优势

我国通航应用领域已经从过去为林、牧、副、渔等领域提供飞行服务，拓展至林业播撒、观光旅游、医疗卫生、应急救援、教育培训、文化体育、公务出行等，形成了全方位的产业发展模式，已经打造了一批代表性龙头企业并形成了科学的运营模式。"十四五"期间国家将进一步加快通航产业发展，加快军民融合步伐、通航领域市场准入步伐。这就为江西省在"十四五"

期间充分发挥航空研发制造优势，推动航空产业的铸链、延链、补链，做大做强通航产业，构建江西省通航产业新优势，提供了历史性发展机遇。这既是江西省"十四五"期间航空产业发展的一个重大课题，也是一项重大任务，更是一个重大使命。

（一）运用混合所有制改革，培育江西通航产业龙头企业

试点从中航工业集团昌飞探索通航制造业务混合所有制改革激发通航产业发展活力。利用好国家《关于深化混合所有制改革试点若干政策的意见》，试点依托洪都、602所、昌飞等国有企业，实施专业化整合策略，采取资产切割组合及项目定向分配方式，把通航制造从军机研制体系中剥离出来，组建相对独立的通航制造企业。学习借鉴湖南航天有限责任公司的混改经验，通过混合制改革的体制创新激发通航制造行业发展活力，探索通航飞机"本地造""飞起来""能落地"的"江西通航模式"。引导省内通航企业提前布局差异化的发展领域，找准发展着力点，避免扎堆竞争，做大通航产业体量与规模，培育江西通航产业的龙头企业。通过区域内有优势基础的制造性企业资产重组、自主创新能力培育，构建江西省通航产业竞争新优势。

（二）大力鼓励航空龙头企业、科研院所、院校专业人才兼职兼办企业

通航产业链是制造业为基础、零配件企业做两翼、运营商位于产业链中间、服务维保企业密集支撑的橄榄型结构。目前江西省整机制造企业超过8家，但能提供零配件和围绕整机展开关键技术研发的企业很少。必须有一大批熟悉通航产业发展规律、了解通航整机运行特点以及飞行特征等专门知识、具有航空领域从业经验的专业人才创办领办航空企业。经调查，省内部分配套企业由先期在洪都或者昌飞从事相关工作的技术人员自行下海经营。比如江西昌兴航空装备公司法人代表曾经在昌飞工作，2010年6月成立该公司，经营范围逐步拓展到航空复合材料模具、复合材料零部件、航空型架、航空设备与金属零部件的设计制造，以及直升机研发制造和销售，技术进出口业务等，

已研发了44项新产品及新技术，申请了多项专利，成为航空工业昌飞、航空工业洪都、航空工业西飞等主机厂与研究院的重要协作厂家，承担了诸多的航空工装、复合材料零部件、飞机结构零部件的生产制造任务，成为江西省乃至全国研发和制造实力较为领先的民营航空企业。"十四五"期间要积极探索大力支持洪都、昌飞培育通航创业人才的模式，鼓励和支持企业、科研院所、院校等一大批有意愿、有能力的专门人才脱离原有工作岗位创办企业，形成通航产业裂变效应。

（三）加大无人机的研发与制造力度，积极抢占技术制高点

利用好疫情催生的无人机应用市场形成机会。江西省山多水多，同时毗邻长三角、珠三角等无人机产业前沿地区，具备良好的电子信息产业基础、无人机研发与制造基础优势，工业级无人机和消费无人机的研发与生产有需求、有条件；可以将无人机在现有的应用领域拓展至应急救援、物流配送、安防巡检、国土资源管理等新兴领域，加快形成"无人机制造+行业服务"产业发展模式。还可以发挥江西省复合材料研发与工艺优势，加快碳纤维复合材料在无人机机型设计与制造中的应用，提升无人机的载重能力与续航能力，抢占技术制高点，针对性地将新技术应用于开发行业无人机并率先启动江西市场，加速江西无人机的生产制造与服务供给，抢占产业制高点。

（四）发挥军机设计的技术基础优势，创建省属通航产品研究设计院

由于通航产品是典型的用户需求牵引设计、进而带动零配件企业创新的产业技术创新模式，其产品和品牌都有集中趋势，小企业没有能力参与技术竞争。江西省可以学习宁波产业技术研究院支撑经济高质量发展，动员各种创新资源力量，组织整合高校、研究机构和国有企业研发资源，依托景德镇市政府，创建省通航飞机（含无人机）设计院。设计院重点关注某一性能或某一领域的通航产品设计，以研发与制造分离的模式开展通航产品研发设计，植入技术孵化功能。完善通航"设计+投资"模式，通过机型吸引民间资本

投资，以国有体制确保研究院稳定，以项目型号的市场效益设置激励机制，分段发挥不同组织形式的创新激励作用，加快设计的转化效果。要从 2020 年 5 月陆军无人机招标项目由民企中天飞龙（西安）智能科技有限责任公司中标的案例中吸取经验、获得启示。加速通航产品的省内开发速度，同时形成技术区域内扩散局面，吸引更多的配套企业加入，扩大江西省通航产业的技术优势。

（五）创新航空小镇运营模式，让通航市场活起来

目前江西省有南昌通用航空产业园、高安航空产业园、安福航空产业园等 8 个通航产业园，规划了南昌高新区、景德镇高新区、吉安桐坪、庐山西海、共青城、高安大城等一批航空小镇建设，无论是通用航空产业园还是航空小镇，目的都是汇聚航空产业资源，重点发展通航业务，打造具有较大影响力、较强竞争力、集多元化于一体的通用航空产业基地。要破除通用航空产业园与通航小镇建设的行政体制障碍，有重点、分层次地打造通航产业园与航空小镇，加快以洪都和昌飞为核心的区域通航示范小镇打造，发挥制造企业的技术整合优势，构建"通航制造—维修服务—运营保障—服务管理"一体化的二三产业融合发展通航产业体系，避免航空小镇的重复建设。同时，南昌市、景德镇市等国家通航示范区，着力打造一至两个面向广大飞行服务爱好者的飞行服务产品，构建维修网络，保障飞行服务，让广大飞行爱好者更好地体验飞行乐趣。通过市场需求扩大倒逼产业链反向逐级做大，助推产业链扩容形成服务、运营、制造等领域的就业高地。

（六）抓住国家政策机会，进一步完善基础设施建设

抓牢国家应急体系建设加速省内基础设施布局。2017 年出台的《国家突发事件应急体系建设"十三五"规划》，就明确了支持通航企业增加具有应急救援能力的航空器和设备，推进国家航空医学救援基地建设，加强灾害多发易发地区航空应急服务基地建设等计划。江西省应抓住国家应急体系的构建，

尽快整合公务需求与应急救援基地部署，统一规划、组织、建设一批小型简易机场和直升机起降点；或者对既有机场进行改造建设，加快通航机场等基础设施的完善速度。要科学规划各类机场的关系，发挥机场的协同作用。创新投入机制，调动各方面的积极性，以国家、社会资源以及企业等多主体出资的方式投资机场建设。

（七）科学规划通航软硬专业化，服务双保障体系

将通航服务保障体系作为"十四五"期间的一个基本抓手率先布局与推行。以专业救援体系、基本维修为内容构建专业化硬保障，以通航服务站与智库建设专业化软保障。一是抓住国家建设应急救援航空体系机会构建江西区域应急救援体系。目前国家应急救援航空体系从森林火灾防治拓展至整个应急救援领域的建设一触即发。山东、甘肃等省都在抓住机会加强航空资源整合、完善社会保障体系，积极打造覆盖全省的空中应急救援体系暨空中医疗救援网络。学习借鉴以生命救护和人民财产安全为引领的空中救援网络覆盖体系构建模式，通过医疗救援网络空域规划整合公务、通勤等飞行任务。二是构建维保、机务、大修为一体的通航产品服务体系。依托洪都等已有的维修基地，根据航空小镇布局通航维修基地，为通航产品提供托管、维修、保养以及二手交易检测等服务。三是构建飞行通航服务站，学习黑龙江飞行服务站，对区域内的飞行活动进行统计记录，储存飞行数据，收集、整理气象、航空情报等任务，向通航用户提供飞行计划代理申请、低空气象、航空情报、监视、告警与协助搜救等服务，并配合军民航管理部门对飞行活动进行管理，积极推动飞行服务环境建设。四是组建第三方通航产业发展智库跟踪国内外通航产业技术发展，追踪国家部委和各省区发展动态与江西省对策研究、开展通航企业年度调查与发展评估、行业竞争专题研究等，定期报送研究成果，为省委省政府决策以及企业决策提供各个层级和不同维度的研究成果。

（八）构建人才立体培养体系，打造人才供给新模式

通航人才的短缺要依靠多种渠道和多种方式解决。一是要引导年轻人热爱通航、愿意从事通航相关的工作。面向高中毕业生的志愿选报环节进行相关专业填报引导，扩大通航人才的培养生源。二是要构建全方位人才培养模式，通过院校、政府和企业联手的方式培养通航人才。政府主要面向机场服务人员进行培训，高校主要培养具有运营管理能力、掌握专业技术知识的人员；企业主要培养能够驾驶飞机以及掌握不同类型飞行器维修、保养的在岗专业人员。三是要充分发挥军队退役飞行员人才的重要作用构建江西专业飞行人才数据库。引导适合通航产业和通用机场的军方转业人员以及自主择业人员投身江西的通航服务产业。建议由军民融合办对每位退役的空军飞行员、公共服务飞行员建立飞行档案并跟踪就业动向，通过专项政策盘活既有人才、培养输送新增人才以及提升在岗专业人才能力，形成适应通航制造和服务的区域人才立体供给体系。

本文系国家社科基金课题《化解区域创新悖论的地方产业技术政策演化经济学范式研究》（项目编号18BJL066）、2021年度江西省军民融合创新平台项目《低空空域开放下的江西通航产业选择研究》的阶段性成果。

作者：

黄　蕾　南昌航空大学经济管理学院副院长、教授，江西省第二届省情研究特约研究员

钟质文　南昌航空大学管理科学与工程硕士点19级研究生

王志国　江西省人民政府发展研究中心原副主任，江西省人民政府文史馆馆员、研究员

农业农村

江西省农村集体产权制度改革成效评估与深入路径研究

□省社联省情调研课题组

摘要：江西省高度重视农村集体产权制度改革，不仅出台了前瞻性和指导性的政策意见，而且有序推进了农村集体产权制度改革试点。但农村集体产权制度改革是管长远、管根本、管全局的重大制度创新，任务艰巨、责任重大，目前江西省农村集体产权制度改革在认识层面、政策层面、工作层面都还存在一系列问题亟待解决。深化江西省农村集体产权制度改革，应理顺组织关系，探索政经分离；明确股权设置和管理政策；创新体制机制，推动集体经济共同发展；根据不同类型村庄，探索不同的路径与政策；完善配套政策，壮大集体经济；推进集体资产股份权能有效实现；因村实施集体经济组织财务管理；推进集体经济组织人才振兴工作。

农村集体产权制度改革是"三农"领域具有"四梁八柱"性质的重大改革，对于增强集体经济发展活力，引领农民实现共同富裕，保障城乡协调发展具有重要意义。江西省地处我国中西部，境内以山地和丘陵为主，是全国粮食主产省，也是经济欠发达省。从农村集体资产区域分布看，全省农村集体经营性资产主要集中在城中村、城郊村和园中村，广大农区则以资源性资产为主，在中西部欠发达地区具有较强代表性。江西省高度重视农村集体产权制度改革，不仅出台了前瞻性和指导性的政策意见，而且有序推进了农村集体产权制度改革试点。但农村集体产权制度改革是管长远、管根本、管全局的重大制度创新，任务艰巨、责任重大，目前江西省农村集体产权制度改革在认识层面、政策层面、工作层面都还存在一系列问题亟待解决。为此，课题组基于江西省部分县市的访谈资料和入户调查数据，对江西省农村集体产权制度改革的实施情况和成效进行评估，并归纳出改革存在的问题，提出深化改革的政策建议。

一、江西省农村集体产权制度改革的进展和成效

1. 改革基本进展情况。2019 年，江西省获批第四批全国农村集体产权改革整省试点。在前期已完成第二批、第三批试点工作的基础上，江西省聚焦全面完成农村集体资产清产核资、集体成员身份确认、股份合作制改革、发展壮大农村集体经济等重点任务，扎实推进了各项改革工作。据统计，2019 年全省 21.2 万个农村集体共核实集体资产 1090.84 亿元，全面开展清产核资工作；全省基本完成了成员身份确认工作，共确认成员 3728 万人，建立集体经济组织比例达到了 100%；完成了股份合作制改革，农村集体累计分红 1.68 亿元；全省近 2 万个农村集体经济组织已完成了赋码登记，其中村级 17712 个，基本实现有连续经营性收入的村级集体经济组织应登尽登。

2. 改革的具体成效。江西省农村集体经济改革试点，在借鉴省内外前期改革试点经验的基础上，严格按照农业农村部批复的试点方案，强化组织领导，科学有序推进试验任务。目前已经全面完成中央农办、农业农村部规定的各项改革任务，已经基本建成了归属清晰、权能完整、流转顺畅、保护严格的中国特色社会主义农村集体产权制度。主要成效体现为：全面完成了农村集体产权制度改革预期目标；有效促进了乡村振兴发展；有效带动了农民收入增长；有效改善了乡村治理模式；呈现了乡村建设行动的方案雏形；增加了农民群众的获得感和幸福感。

二、江西省农村集体产权制度改革的主要问题及风险

1. **村级治理组织职责交叉需要优化，政经分离亟待探索。**一是集体产权制度改革中，股份经济合作社与村民委员会存在"一套人马，两块牌子"的现象，集体经济组织的理事会和监事会成员由"村两委"干部兼任，影响组织之间的权责划分与职能界定，不利于股份经济合作社"专人负责，专业发展"的市场化经营。二是村集体经济组织内部的管理运行机制需要完善，尤其是收益分配机制、管理人员选举换届等。部分村将原村民委员会会计账套全部转入农村集体经济组织，保留原村民委员会会计账套和银行账户作为过渡户处理，但财账分离本身存在分割难点，全面推开"财账分离"的难度较大。

2. **集体股的设置与管理缺乏政策规范。**在调研过程中发现江西省大部分村设置了集体股，也有部分村虽未设置集体股，但以留存备用金的形式用于集体经济组织。对于设置集体股的集体经济组织，其部分乡村干部和组织成员对为何设置集体股、集体股的性质、设置比例了解程度不高，说明对相关规定的宣传与解读还不充分，特别是不同村是否设置集体股、设置比例不同，极易造成不同村成员之间的攀比心理，反而激发社会矛盾，形成不稳定因素。此外，对于已经设置集体股的村，如何保证后期经营管理过程中防止集体侵占个人收益，还缺乏政策规范。并且乡镇层级的集体资产产权没有在本轮改革中确权到位，还有待改革的深化。

3. **集体经济发展不平衡的问题应引起重视。**一是农村集体经济发展不充分。2019年，江西省实现经营收益50万元（含）以上的村占4.49%，实现集体收益分红的比例只有0.76%。例如，金溪县全县13个乡镇151个行政村有经营性资产的不到13%，而且资产量较少、收益低。资金的缺乏严重影响和制约了村集体经济发展壮大，缺乏资源有效盘活的路径机制也是限制集体经济发展的重要原因。二是不同区域农村集体经济发展不平衡。调查的金溪县和南丰县均反映各村受地理位置、资源等方面的影响，有些村集体经济资产较多，发展状况良好，年底将会有分红；有些村则较薄弱，村集体经费仅能

维持日常工作运转,集体经济发展的差异性很大。

4. 不同层级主体的关系有待理顺。一是乡镇和村集体之间的冲突,表现为县乡财政占用村级闲置资金的问题。因"村财乡管"的缘故,一些地区存在用村级集体资金构建自己的"资金池"。大量村级闲置资金被各地视为财政资金,长期趴在村财乡管账户,不给村集体使用,没有给村级集体带来任何收益。抚州市约有480个村级集体账目余额资金超10万元,总计资金达1.84亿元,平均每个村近40万元。若按照5%的年收益,能给这些村集体带来920万元收入。二是村集体和村小组集体之间的冲突,表现为村小组"三资"整合利用难的问题。抚州市有90%左右的土地所有权归村小组所有。另外,征地补偿收入和用地指标大部分是到组、到户,可供村级组织整合的寥寥无几。全市有不少村小组或账上有钱,或有山地、林地、老宅、山塘水库等资产、资源,但由于所有权在村小组,村级集体想统筹利用仍存在一定的现实障碍。如何用好村小组资金资产资源发展村级集体经济,需要找准村级集体与村小组的利益连接点。

5. 配套政策尚不完善,集体经济后劲不足。集体经济组织成员分红的税收问题、集体经济组织的法人地位未被广泛认可、集体经济发展模式的转型困境、集体经济组织是否应该承担村庄公共事务支出等问题困扰着集体经济组织。同时大多数地方改革试点不够深入,缺乏探索创新精神。从调研情况看,多数地方对改革试点的认识仍停留在改革就是在完成清产核资、成员确认、折股量化等工作上,对进一步完善集体资产股份权能,探索农村集体资源要素有序流转和优化配置等内容考虑不够。

6. 集体资产股份权能有待完善市场机制。一是股权抵押担保机制亟待完善。由于尚未出现股权抵押担保的成功模式或案例,大部分试点地方在集体资产股份抵押、担保贷款方面的办法及配套政策尚在探索中。二是集体资产股份权能抵押担保受限。集体经济薄弱村,其股权将因收益偏低而难以流转;集体经济组织经营良好、收益稳定的村,集体成员将因股权收益较高而不愿流转。因此,无论集体经济组织收益分红是否稳定,股权流转都将难以实现。

三是封闭性的股权流转限制不利于股东权利的实现。因为股权流转的范围被限定在集体内，股东可以进行借贷的对象范围十分有限，无法通过市场价值来评估其交易价值，而在价值不清的情况下进行的担保，不利于债权人利益的保护，也不利于农村金融秩序和社会秩序的稳定。

7.农村集体经济组织存在财务管理困境。一是农村财务管理专业人员缺乏，很多较为薄弱的集体经济组织不具备独立管理村集体财务的能力。二是部分村集体资金资产薄弱或空白，独立管理本集体财务效用不大。三是一些村实行的"村财乡代管"制度与村集体经济组织的财务管理权矛盾，一些村集体经济组织有发展意愿或具备发展条件，且具备独立管理本集体经济组织财务的能力，但仍然实行"村财乡代管"制度，管理权和使用权分离，同时也降低了组织效率。四是三资监管水平仍需进一步提升。集体资金资产资源管理信息化水平有限，监管工作及时性不够，不能实现用信息技术手段弥补监管力量不足、存在监管盲区的问题，可能会有总量不清、管理运行不清、使用处置不清的风险。

8.农村改革管理与基层经营管理人才短缺。由于区县及乡镇机构改革，保障农业农村改革推进的经管队伍被撤并到综合部门，缺乏专业人员不利于农村的改革深化。同时，农村新型集体经济组织经营人才非常短缺。在课题组的访谈过程中，普遍反映存在人才不足的情况，当地集体经济组织的运营管理者普遍学历不高、年龄老化，外聘人才缺乏，造成改革的深入推进和成效巩固没有人力资源保证。

三、深化江西省农村集体产权制度改革的政策建议

1.理顺组织关系，探索政经分离。一是理顺集体经济组织与资产管理公司的职能关系。针对股份经济合作社与资产管理有限责任公司并存的问题，需尽快出台相关指导意见，将股份经济合作社的职能定位为管理和监督，将资产管理有限责任公司的职能定位为市场运营，进一步明确二者的权责范围

与市场主体地位,将公司参与市场运作的优势与股份经济合作社的监管优势相结合,确保集体经济的发展活力,促进集体资产的规范管理。二是理顺集体经济组织与村(居)委会的账目关系。村(居)委会、集体经济组织各自独立设置管理账目,建立单独的台账,以账目分离为突破口,推动实现不同组织的职能分离、权责分离、政经分离。三是完善党组织领导下的集体经济运营模式。健全村支部书记"一肩三挑"治理结构,减少村级组织账目和人员的交叉,吸纳有经营能力、有财务管理能力的股民进入理事会(董事会),吸纳或培养集体经济经营的专业人才,逐步建立适应市场运作规律的集体经济组织治理体系。

2. 在股权设置和管理上政策要明确。一是股权设置明确不留集体股。推进农村集体产权制度改革,是要建立归属清晰的产权制度。今后的集体产权制度改革,股权设置一定要坚持以成员股为主,是否设置集体股由本集体经济组织成员民主决定,地方各级党委和政府不得引导群众设置集体股。二是股权管理明确实行固化管理。应充分认识到股权份额是基于成员身份而分配,成员身份是基于与集体的财产关系而产生,所以股权是一种财产权,财产权一旦确权到户,就应该也不可以因为不同成员家庭人口变化而调整。不宜根据户籍或者生丧嫁娶等情况而对股权进行动态增减。

3. 创新体制机制推动集体经济共同发展。一是集体经济强村进行模式输出。探索构建集体经济强村和弱村的联合发展方式,由强村输出模式,弱村提供资产资源,政府提供政策支持,同时引导工商资本进行投资,形成多元主体参与集体经济发展的完整体系,要重视建立合理的利益分配机制,以实现强村带弱村的发展格局。二是扶持政策进一步向薄弱村倾斜。加强对薄弱村的政策支持,在人才配备、土地配备、项目投入、金融税收等方面予以倾斜。通过政策推动引导薄弱村抱团联合发展,整合各村优势资源,共同承接农业项目,共同分享发展效益。三是强化集体经济发展的动力机制。建立薪酬激励机制,将理事长等集体经济组织运营管理人员的薪资与集体经济发展水平相挂钩,对在村集体收入方面实现突破的予以奖励;完善产权交易机制,加强产权交易市场建设,为活化农村资源建立平台,扩大产权交易的范围,充分释放集体产权权能,促进集体经济发展。

4. 根据不同类型村庄探索不同的路径与政策。一是因村施策,推动集体经济发展模式转型升级。集体经济基础雄厚的村庄适当保留租赁型经济,通过建设商业综合体、提供物业服务、发展生态农业旅游业、投资金融房地产行业等方式,推动产业结构优化升级,提高集体经济发展效率。集体经济基础薄弱的村庄,可以探索组建区域党建联合体,整合机关事业单位、企业,打造社社、社企、社政联合的资源聚集平台,补齐集体经济组织在人才、资金、土地、项目等方面的短板,使不同条件的村庄实现优势互补、资源共享、合作共赢的"抱团式发展"。二是对已经城市化、实现村转社区的集体经济组织如何管理,如何促进早日融入城市,集体经济组织的存续和退出问题直接影响城市的统一管理,课题组建议是集体经济组织有序改制退出集体经济组织系列,转换成股份经济组织。三是对大量农业为主的集体经济薄弱村,以扶植资金形成的经营性资产为基础,逐步发展壮大集体经济,完善集体经济组织的体制机制,确保可持续发展。当然这些需要在更高层面鼓励改革探索试验,出台系统性的政策。

5. 完善配套政策,壮大集体经济。一是完善法律,确保集体经济组织参与市场。加快推进对农村集体经济组织的立法程序,赋予农村集体经济组织法人地位,明确组织形式和职能定位,尤其要加强注册登记、税费减免等方面的政策和制度建设,增强农村集体经济组织参与市场竞争的能力。二是减免税收,减轻集体经济组织分红压力。地方政府应发挥组织协调作用,与税务部门达成共识,明确关于农村集体经济组织的税收优惠政策,合理设置税收层级区间,通过免除对农村集体经济组织的收益纳税、提高税费起征点或降低税率,保障农村集体经济组织的收益稳步增长。

6. 推进集体资产股份权能有效实现。一是完善股权抵押担保机制。积极开展农村集体资产股份抵押担保贷款工作,并结合当地农村实际情况,探索制定集体资产股份抵押、担保贷款办法,并进一步落实农民集体资产股份各项权能。二是赋予农民集体资产有偿退出、抵押担保权能。部分试点地区无论集体经济组织收益分红是否稳定均难以实现股权流转，这种类型的农村应探索突破集体经济组织的范围，打破城乡壁垒，激发农村股权交易市场的活力。三是加快构建产权明晰、价值明确、流转便捷、融资高效、资源市场化配置的农村产权融资及配套制度体系。在对风险实行评价的基础上，创设起风险缓释系统以及相应处置机制，逐步形成政府引导、市场运作的农村产权抵押融资风险缓释系统。同时，探索建立资产管理公司处置有关农村产权抵押资产机制和金融机构农村产权抵押贷款扣除相应资产处置后的净损失补偿机制，完善风险分担补偿工作体系。

7.集体经济组织财务管理要因村施策。一是对于集体经营性资产较少甚至为零等发展壮大集体经济有现实性困难的集体经济组织，采用"村财乡管"模式，明确村集体财产的所有权、使用权以及财务管理的决策与审批权仍属于集体经济组织，村集体经济组织与村民委员会分开单独记账核算。二是对于可经营性资产量大、有集体产业、自我发展意愿强的村集体经济组织，可选择自主管理财务或购买财务管理服务，提升集体经济的活力。三是对于前期实行"村财乡管"的集体经济组织，在有条件后（集体经济有一定规模、自我发展意愿较强）可逐渐过渡到自主管理财务或购买财务管理服务。四是相关部门实现对村集体经济组织审计的常态化、制度化，审计结果实时向股东公布。五是加快农村集体资产监督管理平台的建设。提升农村集体资产监督管理的数字化水平，建成全省统一联网的动态农村集体资产监管平台，切实提高集体资产的监管水平、产权交易的效率。

8.推进集体经济组织人才振兴工作。一是要多种形式开展集体经济组织管理人员教育培训工作，引入新理念、新工作方法，解放集体经济组织管理人员的思想，提升经济组织管理人员的能力，培养素质好、懂市场、会管理、有能力的本土化接班人才。二是要建立针对集体经济组织管理者的激励机制和容错机制，激发想担当、敢担当的信心，激励机制也要增加开放性，以便引入"新鲜血液"进入集体经济组织管理团队。三是建立风险防范机制，降低集体经济组织经营风险,打消管理人员对经营风险的担忧,探索建立政府性风险补偿金、经营主体风险防控金,相关机构拓展针对集体经济组织的政策性保险,增强集体经济组织抵抗风险的能力。

作者:

潘丹　江西财经大学经济学院教授、江西省第二届省情研究特约研究员

加快构建江西省乡村振兴新格局的新情况及因应之策

□郑瑞强

摘要：乡村振兴战略的本质是农村改革的再深化。针对调研发现的过渡期乡村振兴机构职能划分不清、工作人员"本领恐慌"、产业联农惠农机制松散、传统产业高阶转型困难、乡村人才培育质效不高、全过程民主与文明乡风建设依然薄弱、生态产品价值实现机制创新不足等新情况，课题组建议：推进江西省乡村振兴战略高质量实施，应紧紧围绕乡村发展"人民中心，共同富裕"主题，坚持精致服务引领，深化改革驱动，强化城乡协同与乡村开放，实现区域产业转型升级互促共进"双融合"，提高"数字时代"乡村治理水平，畅通两山双向转化通道，梯次推进城乡生态联动治理，营造高水平的发展环境，增强高浓度创新策源能力，打造高能级产业体系，创新高品质人民生活，推进高标准的绿色发展。

2021年是全面推进乡村振兴的开局之年，服务江西省乡村振兴工作高质量推进，江西农业大学乡村振兴研究课题组于今年7—8月赴赣州、吉安、上饶等地开展了"新时代构建乡村振兴新格局的总体思路与重点举措"专题调研，涉及信丰、井冈山、横峰等16县（市、区）20个乡镇，现场考察了乡村产业发展、人居环境整治等巩固拓展脱贫攻坚成果和全面实施乡村振兴战略工作，与政府工作人员、村干部、新型经营主体、乡村居民等不同群体展开座谈访谈。现将调研发现与政策建议报告如下。

一、构建江西省乡村振兴新格局面临的新情况

党的十九大以来,江西依据乡村振兴战略总体要求和阶段性工作安排,巩固拓展脱贫攻坚成果,扎实做好脱贫攻坚与乡村振兴有效衔接,聚力打造"五美乡村",取得了较好阶段性成效,但仍存在短板弱项,结合调研信息,以下五个领域工作尤其需要有效突破。

(一)乡村振兴战略安排亟待细化,基础性工作仍需加强

过渡期机构职能划分不清。乡村振兴战略已成为新时代"三农"工作总抓手,顺应工作要求,基层相继完成了"乡村振兴局"挂牌工作。调研数据显示,87.5%的受访干部认为过渡期乡村振兴局的工作重点是巩固拓展脱贫攻坚成果,对于其他工作则表示"不太清楚机构职能划分",行权主体角色行为模糊、主动性欠缺,影响到乡村振兴工作有效开展。

工作人员"本领恐慌"。乡村振兴作为涵盖产业振兴、生态振兴、组织振兴、文化振兴和人才振兴的庞大系统工程,较之脱贫攻坚面宽任务重,挑战性更强,为长期从事脱贫攻坚的工作人员提出了更高的专业技能和综合素质要求,96.9%的受访干部希望未来能结合乡村振兴工作接受专业培训,其中也有58.6%的干部表示,乡村振兴培训应进一步增强系统的理论辅导和党性教育,切实提高干部队伍综合素质。

扶贫资产管理等基础性工作仍需加强。精准扶贫期间形成了较大规模的扶贫资产,新形势下如何加强扶贫资产的经营管理、如何将乡村振兴典型探索切实转化为促进乡村振兴工作的长效机制、如何因地制宜设计乡村振兴评价指标体系等工作,仍需统筹谋划。90.5%的村干部表示,当前只是按照要求进行"资产清查",尚未充分考虑"后续经营管护,尤其是收益分享问题";81.3%的政府工作人员指出"乡村振兴考核指标最为关键,涉及资源配置",当前选用的农业农村厅"省对市、县(区)实施乡村振兴战略实绩考核指标"存在"大而全且滞后"问题,应分类设计考核指标、因地制宜选用。

（二）乡村规划总体单薄，区域不均衡发展问题依然明显

乡村振兴呼唤优质规划。调研发现，当前的乡村规划工作普遍存在内容单薄、缺乏群众参与和"专业主义设计误区"等问题，较多地体现为乡村产业发展，对于文明乡风、治理结构等内容涉及不多；规划过程中缺乏群众参与，81.5%的村民表示"参与得不是很深入，主要是村干部与规划设计人员制定"。调研组通过查阅村庄规划资料或参观村史馆"墙上规划"发现，囿于规划编制机构能力，缺少与数字乡村建设、特色产业园区等区域高位规划匹配性考量，城乡融合、一体设计、多规合一理念尚未得到充分反映，规划质量和可操作性值得商榷，规划工作的前瞻性与引导性受限。

乡村振兴帮扶政策仍需精准。精准扶贫期间的差异化资源投入，使得不同贫困村与非贫困之间在基础设施建设和公共服务供给等领域拉开较大差距，加之过渡期"四个不摘"政策延续效应，区域乡村发展不充分不均衡问题愈加严重，受访对象普遍认为，要将巩固脱贫攻坚成果与乡村振兴有效衔接起来，及时优化调整政策，避免帮扶政策的"撤出悬崖"和"过分叠加"等不良现象，既要防范脱贫户返贫风险，又要尽可能让更多的群众受益于国家富民政策，确保乡村振兴帮扶政策"更精准"，促进乡村发展更充分更均衡。

（三）产业联农惠农机制松散，传统产业高阶转型遭遇瓶颈

产业主体互促互益关系可持续性缺乏。调研发现，由于部分农户诚信意识不高，以及实践中缺乏对农户和新型经营主体违约行为的约束惩戒机制，户企利益联结松散，长效利益联结关系建设不足。87.2%的新型经营主体提出，完善利益联结机制的关键在于由"传统的资产收益"转化为"农户的实践参与，直至成为产业链的组成部分"，当前大多数利益联结仍然局限于单纯的产品或要素买卖关系，联农带农机制中"利益联结、价值共创"等实质性内容不多。

传统产业高阶演进困难较多。92.5%的受访干部认为，实现产业兴旺，要顺应产业发展规律，精准把握传统产业与乡村产业振兴在发展规划、业务创新等领域接续提档，促进传统产业向多样化、高级化、高端化演进，并提出可以借鉴以前"乡镇企业"发展经验，推进"乡村产业集群建设"，重在"基础设施完善，尤其是加强5G时代背景下的数字乡村建设"和"结合江西生态优势，大力发展绿色高质高值产业"；95.7%的新型经营主体认为推进产业转型升级，做好制度创新、科技赋能、品牌增值以及金融支持等工作非常重要；也有19.3%的脱贫农户认可当前的产业状态，担心"产业转型升级会带来失业"，也在一定程度上反映了巩固拓展脱贫攻坚成果工作的艰巨性。

（四）乡村人才培育模式粗放，城乡人口流动通道不畅

人才培育质效不高。乡村人才的培养缺乏契合乡村全面振兴的"大人才观"，且人才总量不足，96.2%的受访干部指出，相关培训主要集中在农技相关知识，缺乏系统性的人才选育平台与持续多维效果评价机制，没有体现层次性、梯度性、引领性；"快餐式"培训导致乡村人才的系统认知尤其是思想教育严重不足。另一方面，"田教授""土秀才"等虽已有职称评定做法，但尚未普及且与市场价值实现的关联程度不高。58.5%的农户认为，当前培训工作较多表现为科技特派员培训、医护卫生培训等，内容宽泛粗浅，有些内容落后于实践，甚至存在"形式化"现象，使得培训效果大打折扣。

人口流动的支持性环境脆弱。当前乡村人口尤其是青壮年还是"大量外流"，68.1%的受访农户认为乡村人口不能回流的关键问题是"职业安全性不足"，亦即乡村产业稀薄，就业机会少，存在较大"无业或失业可能"；乡村人才政策也存在临时性、碎片化问题，有关权益留人、项目留人等举措规范化设计不足，使得人口流动尤其是人才回流"想回回不来、回来留不住、留下留不长"。

（五）乡村民主治理短板依然存在，生态产品价值实现机制创新不足

全过程民主与文明乡风建设依然薄弱。乡村基本形成层级化、网格化的治理体系，村干部担任专业合作社理事长、村办企业法人、村集体经营项目承包主体的现象已较为普遍，村干部在村集体经营活动中的"收益分配"以

及村集体经济收益的"分配方式"等问题愈发值得重视,全过程民主议事依然薄弱。至于文明乡风建设,56.3%的农户认为乡村文化服务供给不能有效满足日常精神生活需求,存在文化生活匮乏、内容不丰富、形式单一问题。

两山双向转化通道尚需持续拓宽。得天独厚的生态资源是江西省乡村绿色高质量发展的突出优势,95.2%的乡村聚焦生态价值实现,大力发展全域旅游、绿色有机农业、健康养老、林下经济等生态经济,着力打通两山双向转化通道,将生态优势转化为经济优势,但也有60.7%的旅游市场商户认为发展乡村旅游"市场堪忧",不能"仅卖风景,应该推进旅游产业链整体开发",让更多的群众参与到生态振兴中来,共享绿水青山带来的生态红利。

二、加快构建乡村振兴新格局的五项政策建议

(一)致力于精致服务引领乡村振兴,营造高水平发展环境

始终坚持"精准治理"原则。建立健全乡村振兴推进机制,进一步明确部门间职责分工,做好"一巩固五振兴"工作并逐步建章立制。强化"目标管理",完善乡村振兴考核评价制度、年度报告制度和监督检查制度。因地制宜分区分类设计乡村振兴可量化考核指标,进行科学的"差异化"绩效评价。"精准"实施乡村振兴政策,县域层面出台综合性《打造新时代乡村振兴示范区实施方案》,紧扣乡村发展特征,优化乡村振兴帮扶政策,增点扩面,实现政策"精准惠及更多群众"。

强化乡村振兴规划。契合区域发展战略,主动融入和服务"内外循环",顺应产业发展规律,将资源型产品开发、农业初级产品加工和一些劳动密集型产业更多地布局到广大农村,增加就业机会,完善紧密型利益联结机制,活跃农村经济,构建产业生计与区域资源优势互促互益的良性格局,以高水平的开放带来乡村大发展。开展"乡村公共绿地规划设计"试点,科学规划乡村绿地布局,撬动农村"三块地"集约化使用。采用"驻村规划师—村干部及群众—施工队"一体化规划建设模式,加强规划实施工作的监管考核,

提升规划及执行质量。

注重"精致服务引领"。强化服务引领，创新"精致服务党支部"品牌建设，健全乡村振兴环境"四级联动服务机制"，拓展支部领办、业务托管等方式，转变传统"行为主导发展"为"行政服务发展"模式。实施一批文化项目、培养一批乡土文化人才、创作一批群众喜闻乐见的文化作品、策划一批品牌文化活动、带动一批文化产业并形成一批典型的"六个一批"行动，扎实做好普通村民"主流文化入门引领"。建设县域"乡村振兴发展共同体"，拓展乡村"全维"发展，促进区域间经济社会无碍联通，为推进乡村振兴提供良好发展环境。

（二）全面激活乡村振兴内生动力，增强高浓度创新策源能力

深化农村产权制度改革。深入推进农业农村"三改合一"工作，完善农村集体成员资格认定和退出规制，探索推进农村土地资源、集体资产股份有偿退出机制，围绕"地"的改革促进乡村发展进入"人—产业—生态"的良性循环。创新村集体经济"多样化组合"发展形式，注重经营性项目布局，推进租赁经营、管理服务、资产入股等混合所有制经济，尤其是通过规划设计、建章立制等方式规范村集体经济、新型经营主体与普通农户等利益主体间协调发展、利益分配等问题，避免规模土地流转带来的"乡村虚无化""居民原子化"现象。

强化城乡融合与乡村开放。树立乡村"大人才观"，开展"效果导向"的乡村振兴人才培育示范创建评选活动；重视人才共享，强化城乡人才联动机制建设，不求所有，但求所用。完善"政校企村户"五方协作的乡村人才培育模式，推行岗编适度分离基础上的"教师交流机制"，鼓励有条件的地方设立"返乡下乡创业就业基金"，增进乡村人口流动性。创新农村技能人才"积分制"，进一步健全技能层次的市场价值实现机制。构建多层次、广覆盖、适度竞争的农村金融体系，设立省、市、县三级"乡村振兴发展投资公司"，建立健全乡村居民信用体系，积极实施"农业产业振兴贷"和"财政惠农信贷通"

贴息政策，探索创新农业保险、绿色信贷、"保险+期货"等产业链金融产品，鼓励有条件的地方设立"乡村振兴基金"，有机结合"由产而融"与"由融而产"，强化提升现代金融服务效率。

（三）实现区域产业转型升级互促共进的"双融合"，打造高能级产业体系

促进乡村一二三产业"小融合"。及时回应农业和乡村居民现实期盼，有效对接城镇和城镇居民发展诉求，加快农业产业链的业态创新和商业模式创新，通过实施"品牌建设行动""质量提升工程"等关键行动，立足乡村特有的农业景观、自然风光、乡土文化，做足资源文章，多角度、多层次推进资源优势的发挥和转化，敢于和善于"无中生有"，扬优成势，培育乡村产业发展新动能。

强化城乡一二三产业"大融合"。以"智慧农业"理念为引领，依托"产业链长制"，重点发展覆盖全产业链的新型农机制造业，逐步占据产业链高端，提升现代农业产业综合竞争力。以服务业特别是高端服务业助推乡村产业提档升级，结合"数字乡村"建设，大力发展数字农业、农村电商以及其他涉农新业态新模式。

加强"专精特新"乡村绿色产业集群建设。坚持市场导向、品质引领，坚持"最优即特色"的发展理念，强化全产业链集群式发展，以项目为载体，多点发力、多极突破、多元汇聚，打造具有持续创新力和竞争力的中小微企业群体，营造绿色产业良好生态的产业集群。

（四）加快提升乡村民生服务水平，创新高品质人民生活

健全巩固拓展脱贫攻坚长效机制。抓实抓好"防脱贫人口规模性返贫"和"促进低收入人口增收致富"两个底线任务，全面提高扶贫资产治理水平，探索"信息化建设、阳光化监管，全生命周期管护"的扶贫资产管理新模式，促进健全扶贫资产管护和农户、村集体经济组织及其他经营主体的有效衔接。

拓展农村人口就业增收渠道。加强就业形势监测，建立乡村居民就业"辖区主要领导负责制"，加强乡村就业创业社会保障平台建设，依托职业院校、现代产业融合示范园区等持续开展"农村青年创业富民行动""职业技能提升行动"等工程。

推进产村融合和企村联建。分品种施策、渐进式推进,完善农产品价格形成机制,鼓励"受益主体捆绑式"发展,确保改变资源要素配置伴之以利益格局的相对均衡,保障"涉农生产"主体权益。

完善乡村基础设施建设和公共服务供给。大力推进"数字乡村"建设,注重涉农数据资源整合和共享开放,打造乡村发展的立体多维场景。依据人口动态监测信息,科学优化布局教育资源,营造良好乡村教育生态。以"乡村全域旅游"和"农村物流基础设施骨干网络建设"为抓手,全面提升乡村基础设施建设和公共服务水平。

(五)畅通两山双向转化通道,推进高标准绿色发展

持续推进农村人居环境整治提升行动。坚持"梳理式整治、景区化打造、社区化管理和品质化生活"的工作主线,分领域分步骤实施"生产者责任延伸制度",推进农村人居环境整治专业化、市场化、社会化,以人居环境整治提升推动农村生活方式现代化。

梯次推进城乡生态联动治理。践行"两山理念",建设监测统计考核体系,建立区域重点耗能企业碳排放情况数据库,规范"碳交易"内容和形式,探索城乡区域之间以及企业、农村集体组织、农户等主体之间生态价值实现机制。发力科技创新,促进乡村绿色发展方式转型,推行"生态治理+现代农业发展+集体经济增收"的可持续发展方式,提高全要素生产率,促进乡村发展空间全维化拓展,实现生态优化、产业发展、群众致富的"多方共赢"。

作者:

郑瑞强 江西省重点智库乡村振兴战略研究院研究员、江西省第二届省情研究特约研究员、中共江西省委信息决策咨询专家、江西社科青年创新团队负责人

江西加强畜禽种质资源保护与利用的对策建议

□省社联省情调研课题组

摘要：江西畜禽种质资源丰富，畜禽种业发展成效明显，但仍然存在短板弱项，存在育种理念滞后、关键技术落后、繁育体系协作合力不足、环境支持力度不够等问题。促进江西省畜禽种业发展，应夯实畜禽种业发展基础，打造优势种企，启动江西省畜禽产业集群建设；创新畜禽种业节点管理，强化产学研政用联合育种，推动畜禽种业发展进入良性循环；优化畜禽种业发展环境，做好畜禽种业发展的政策支持，衍生畜禽种业产业链条。

种业是农业的"芯片"，2021年中央一号文件提出"打好种业翻身仗"。畜禽种质资源是生物多样性的重要组成部分，是人类赖以生存和发展的基础，是满足未来发展重要的基因库。同时，种质资源是保障国家粮食安全与重要农产品供给的战略性资源，是农业科技原始创新与现代种业发展的物质基础。为此，课题组在总体把握江西省畜禽种业情况的基础上，深入多家畜禽种业企业开展种业发展情况调研，摸清江西生猪、牛羊和家禽地方品种资源保护的现状、存在的问题，提出针对性、可操作性的政策建议，以促进江西省畜禽业高质量发展。

一、发展现状及主要问题

江西畜禽种质资源丰富，拥有32个地方畜禽品种之多。其中地方猪品种

8个，分别为玉山黑猪、杭猪、乐平花猪、赣西两头乌猪、赣中南花猪、赣东黑猪、滨湖黑猪和东乡花猪；地方鸡品种8个，分别为安义瓦灰鸡、丝羽乌骨鸡、余干乌骨鸡、白耳黄鸡、崇仁麻鸡、东乡绿壳蛋鸡、康乐鸡、宁都黄鸡；地方鸭品种2个，分别为大余麻鸭、吉安红毛鸭；地方鹅品种4个，分别为兴国灰鹅、丰城灰鹅、莲花白鹅、广丰白翎鹅；地方牛品种有6个，分别为吉安黄牛、广丰黄牛、锦江黄牛、滨湖水牛、信丰山地水牛、峡江水牛；地方羊品种2个，分别为广丰山羊和赣西山羊；地方兔、蜂、犬等品种各1个，分别为万载肉兔、中蜂、江西肉狗。江西有31个地方畜禽品种列入《国家畜禽遗传资源品种名录》。

（一）基础性工作有序推进，畜禽种业发展成效明显

全省建设了7家生猪联合育种场（其中4家国家级生猪核心育种场）、120家生猪原种场和扩繁场、3个社会化公猪站、1个国家级核心种公牛站、1家国家级肉牛核心育种场和二级扩繁场、1家湖羊一级扩繁场和二级扩繁场、6家山羊二级扩繁场、4家蛋鸡祖代种鸡场、5家肉鸡祖代种鸡场、20家父母代种鸡场、5家父母代种鸭场。在全省基本形成了原种场、一级场、二级场相互配套的"宝塔型"畜禽良种繁育体系，部分品种生产性能显著提升。

扶持培育了一批畜禽种业企业。本土育种企业（场）如正邦集团、井冈山华富、加大集团、双胞胎集团、东乡良育、景德镇康源等逐步发展壮大；相继引进了上海万谷、四川铁骑力士、福建傲农集团、福建永诚集团、河南牧原集团、新希望六和等专业化育种公司落户江西；2020年圣农集团布局10亿羽产业集群、10亿元项目落户江西资溪，为江西畜禽良种覆盖率稳步提升和优质畜禽生产奠定了良好基础。

（二）短板弱项仍然存在，畜禽种业关键领域亟待突破

一是育种理念滞后：重视引种和种质水平维持，忽视了适合当地环境的畜禽品种创新

调研发现，随着现代育种理念普及，多数种业企业管理者能够清楚育种工作的重要性，但仍有 48.1% 的受访人员依然存在"育种就是培育新品种、育种就是引种、育种就是留种选种"等片面传统认知，基于短期盈利目标要求较多地关注生产速度、抗病性等养殖特征，而非居于生态系统层面强化品种适应性等性状性能和遗传水平评估。种业企业对于畜禽品种与环境之间的互动影响机理认识不够，重视杂交但对选育重视不够，遗传的稳定性、产品的一致性需要进一步提高，没有把系统选育列入常态，较少的可选品种、物理选择的模糊性、短期市场效益追求、固化的机械性技术操作等原因使得繁育主体进入"引种—扩繁—退化—再引种—再扩繁—再退化"的怪圈，错误地将"维持引种水平当做主要任务"，而忽视了依托所处环境的"适合当地环境的畜禽品种创新"。

二是关键技术落后：育种技术更新迭代缓慢，地方畜禽遗传资源保护利用欠缺

未来技术发展趋势将是以全基因组选择和基因编辑为代表的前沿高新技术，持续推动传统育种技术改造升级，实现育种精准化、高效化和规模化。调研信息显示，江西省种业企业仍然缺乏以基因组选择为核心的分子育种技术的研发与推广，导致育种群遗传进展缓慢甚至倒退，较少关注主要性状的性能和遗传水平。虽然江西地方畜禽种质资源丰富，但地方畜禽产业化开发利用比较滞后，产品种类比较单一、市场竞争力弱，优质优价优势尚未充分发挥。由于受到现代养殖方式影响、地方畜禽品种优良基因的保护意识缺乏、"价廉物丰"市场需求导向等因素影响，地方优良畜禽品种的遗传基因被浪费、被无序改良或者没有得到科学合理的保护中利用开发，使之群体萎缩，进而对新品种的培育造成阻碍。部分品种良种繁育体系尚未健全，一些地方品种，如鄱阳湖水牛、大余麻鸭濒临灭绝。

三是繁育体系协作合力不足：种业主体量少力单，"联合育种 + 大企业育种"并行发展格局亟待完善

江西省种业企业仍为独立分散的供给模式，难以形成自主的种业科技创

新能力,在激烈的种业国际竞争压力下,无法承担起拉动畜禽种业产业走向现代化种业的龙头核心作用,"弱、小、散"特征仍然十分明显。

联合育种是实施遗传改良计划的重要方式,畜禽种业发展需要育种企业、育种行业协会、科研院等多元主体紧密协作。然而根据调研访谈得知,合作单位多为一般性的技术指导、指标检测,并没有过多涉及育种目标、育种技术协作突破等核心领域,强化繁育体系多元主体育种技术支持、数据共享等联合育种协作工作任重道远。

四是环境支持力度不够:畜禽种业支持政策亟待优化,产业规划管理水平仍需提高

发展种业,需要大量资本投入、设施设备支撑且市场风险大,如开展新种猪选育,每100头种猪经过三年选育,可能仅有2—3头可以作为种猪,10—20头作为备选二代公猪,剩下的只能作为商品猪淘汰销售,短期内不仅没有收入,还需要大量的投入。原种保护属于公益性事业,畜禽地方品种保护以政府牵头保护为主,以商业保种为辅。调研发现,样本种业企业运营中普遍存在资金紧张现象。例如宁都黄鸡保种育种工作主要是原种场承担,政府给予的支持力度有限。2017年开始,宁都县产业扶贫政策,对宁都黄鸡养殖进行补贴,省、县财政分别承担60%、20%,养殖户与养殖企业自身只需承担20%。2020年脱贫攻坚完成后,保险补贴政策中断,养殖企业与养殖户如需购买保险需要承担全部保费,由于大多养殖户未能及时续保,2021年家禽产品市场价格下跌导致大多数养殖企业严重亏损。再如崇仁麻鸡原种场除去2018年政府投入扶持资金500万元,后续每年政府扶持资金仅为50万元,且保种经费额度同样受到限制。基于此衍生的育种技术设备陈旧、养殖场建设水平不高等制约了种业创新。

二、促进江西省畜禽种业发展的十条政策建议

种业强则产业兴。"十四五"时期,贯彻新发展理念,构建新发展格局,

加快农业农村现代化，满足人民对美好生活的向往，要求江西省畜禽种业必须再上新台阶，紧抓《全国畜禽遗传改良计划（2021—2035年）》实施契机，深入贯彻落实《国务院办公厅关于加强农业种质资源保护与利用的意见》（国办发〔2019〕56号）和《江西省人民政府办公厅关于加强农业种质资源保护与利用的实施意见》（赣府厅发〔2020〕26号）文件精神，做好江西省畜禽种业发展规划，切实开展好全省畜禽种业提升行动，打好畜禽种业翻身仗，实现畜禽品种在性能和品质上双突破，力促畜禽产业向资源节约高效方向发展，确保畜禽产业可持续发展。

（一）夯实畜禽种业发展基础，打造优势种企，启动江西省畜禽产业集群建设

一是提高地方品种保护力度。构建国家级、省级、市级家禽地方品种保护体系。对于产业化程度高、市场前景好的地方畜禽品种，尽快申报国家级原种保护，防止品种特征退化；对于其他地方畜禽品种，应尽快建设省级保种场。对企业参与的国家级原种场的家禽品种，实行A、B场分类保护，即A场主要由财政投入，防止品种退化，B场主要用于商业化应用。完善政府财政担保政策，提升畜禽品种养殖保险水平。

二是加强产业集群建设。畜禽种业发展离不开强大的畜禽产业支撑，应对标国家优势特色产业集群建设，启动江西省畜禽产业化集群建设：以产业链长制为引领，选择江西省正邦科技、双胞胎（集团）股份有限公司、吉安傲农生物科技有限公司、圣农集团等为龙头，优化顶层设计和区域布局，强化先进要素集聚支撑，加快标准化养殖示范区建设步伐，进一步完善养殖、饲料、屠宰加工、肉品市场建设、粪污循环利用、废弃物无害化处理各个链条建设。注重江西省地方品牌打造，鸡类养殖以宁都黄鸡、泰和乌鸡、崇仁麻鸡为主要代表，通过产业分区集群不断带动当地经济发展。力推江西省成为全国种畜禽育种高地、特色风味畜禽生产高地和畜禽高端品牌建设高地。结合农业强省规划和乡村振兴战略推进，创新管理机制，通过信息化服务、

合作社纽带、市场引导、集约化经营，建立和完善服务网络，坚持"实现利益共享是推动产业发展的根本动力"的发展原则，紧密产业发展的主体间利益联结机制，实现联农带农发展，拓展江西省畜禽产业化经营发展空间，实现畜禽产业集群建设工作新突破。

三是打造优势畜禽种业企业。强力推动企业整合发展。支持有实力的优势种业企业兼并重组，引导省级平台公司、国有企业和农业化产业龙头企业通过并购、参股等形式进入种业领域；壮大育繁推一体化种业企业，在"十四五"期间积极建设3—5家国家级核心育种场，鼓励种业龙头企业商业化育种、新品种推广和产业化应用一体化发展，逐步打造一批育种能力强、生产加工技术先进、市场营销网络健全、售后服务完善的现代种业集团。尤其是要强化市场激励效用发挥，支持畜禽种业龙头企业构建以"模块化、流程化、工业化、信息化"为特征的商业化育种体系，推动育种人才、育种技术、育种材料、繁育推广、售后服务等高端要素和服务向种业企业集聚，赋能畜禽种业转型升级。

（二）创新畜禽种业节点管理，强化产学研政用联合育种，推动畜禽种业发展进入良性循环

一是明确江西特色的地方品种攻关指向。更新理念，坚持自主创新，强化合作交流，支持发展区域性联合育种，正视江西畜禽种质资源在资源禀赋方面的现实约束，加大引进省外、国外优质种质资源力度的基础上，强化地方畜禽种源保护与开发利用，发掘优育种质资源。进一步加强与有关国家及著名国际农业企业的合作交流力度，建立高效的智能化种畜禽性能测定体系，加快全基因组选择等育种新技术的应用，结合江西良好生态，突破种质资源狭窄、选育技术落后等困境，防范陷入"技术精致主义"的恶性循环风险，研发具有江西特色的地方品种。

二是建设江西省畜禽种业创新中心。建设由政府、企业、科研院校等多方合作的畜禽种业创新中心，通过联合育种创新中心、种业工程研究中心、

种畜种禽性能测定中心、畜禽种业智慧化管理平台等建设，进一步健全完善以政府为引导、以企业为主体、以首席专家为核心的联合攻关机制，联合省内外育种专家、企业开展育种攻关，解决制约畜禽种业发展"卡脖子"问题。

三是推进畜禽种业公益性研究创新。通过出台畜禽育种公益性研究5年重点目录、设立畜禽种业科技研发专项资金等方式，对新品种认定、新科技成果给予资金奖励或其他财政支持；完善重大品种研发与推广的以奖代补政策，激发产业主体参与畜禽种业创新的内生动力，尤其是创新支持方式，鼓励高校、科研院所从事畜禽种业基础性公益性研究。

四是完善畜禽种业成果转化利用机制。强化品种权知识产权保护，学习借鉴国际上"实质性派生品种制度"（EDV），激发种业企业特别是龙头企业的研发积极性，试点建立种业企业对品种的负责制度，鼓励种业企业针对市场实际需求开展"畜禽种质资源筛选及展示"等专题服务，有效衔接研发与市场，提升种质资源利用转化效率。

五是实施畜禽育种技术更新工程。顺应国际种业进入"生物技术＋人工智能＋大数据信息技术"育种4.0时代趋势，实施畜禽种业新型育种技术更新工程，通过自主创新、外部协作等方式支持和推广分子标记、基因编辑、全基因组选择、大数据、人工智能等新技术，推动种业的数字化、精准化和智能化，服务种业数字化转型升级。

（三）优化畜禽种业发展环境，做好畜禽种业发展的政策支持，衍生畜禽种业产业链条

一是加大财政资金支持力度。优化整合财政、科技和产业发展相关计划，扩大现代畜禽种业领域支持基金规模；创新政策内容，对畜禽种业企业实施更大力度的定向税费减免、专项补助和奖励激励，持续完善支持种业企业发展的财税金融政策体系。

二是延伸畜禽种业产业链条。以产业链"链长制"为依托，以"畜禽育种＋"其他要素方式，推进"种药料环一体化"，向终端提供兽药、饲料、设施等全程解决方案。同时与饲料粮生产、屠宰加工、猪肉产品销售等企业进行对接，通过组建畜禽种业联合体等方式进行紧密合作，打通和延长上下游全产业链，提升附加值，实现畜禽产业高质量发展。

课题组组长：

翁贞林 江西农业大学经济管理学院院长、教授，江西省第二届省情研究
　　　特约研究员

课题组成员：

江西农业大学乡村振兴战略研究院：郑瑞强　谢宁　汤晋　郭锦墉

借鉴重庆经验
推动江西省"十四五"丘陵山区农田宜机化改造的若干建议

□池泽新　彭柳林

摘要：农田宜机化改造是提升丘陵山区农业机械化水平的现实需要。"十四五"期间，江西省高标准农田建设任务依然艰巨，特别是丘陵山区所占的比重大。推进江西省丘陵山区农田宜机化改造，建议借鉴重庆经验，一是将丘陵山区农田宜机化改造列为江西省"十四五"高标准农田建设的重点工程，二是将县级层面农田建设和农业机械化职能合并，三是构建多元化筹资机制，四是建立合理高效的工作推进机制和利益分配机制，五是坚持试点先行。

宜机化是高标准农田建设的重要内容。"十三五"期间，江西省高标准农田建设成效突出，为全国积累了宝贵经验。"十四五"期间，江西省高标准农田建设任务依然艰巨，特别是丘陵山区所占的比重大。重庆针对"巴掌田""鸡窝地"开展"改地适机"的宜机化改造，取得良好效果。建议借鉴重庆经验，推动江西省"十四五"丘陵山区农田宜机化改造。

一、推进江西省丘陵山区农田宜机化改造的重要意义

（一）农田宜机化改造是提升丘陵山区农业机械化水平的现实需要

2018年12月12日，李克强总理在国务院常务会议上要求"支持丘陵山区农田宜机化改造"。《关于加快推进农业机械化和农机装备产业转型升级的指导意见》（国发〔2018〕42号）提出，"重点支持丘陵山区开展农田宜机化改造，到2025年，丘陵山区县（市、区）农作物耕种收综合机械化率要达到55%"。2019年，农业农村部办公厅印发了《丘陵山区农田宜机化改造工作指引（试行）》。2020年，中央"一号文件"首次明确提到"支持丘陵山区农田宜机化改造"。

2019年，农业农村部农业机械化管理司摸查显示，中国1429个丘陵山区县农作物耕种收综合机械化水平为46.87%，比全国平均水平低21.92个百分点，比非丘陵山区县低33.87个百分点。2020年，农业机械化管理司对山西、重庆、湖南等10个主要丘陵山区省份监测显示，"土地不平整，农机进地后不方便作业""地块细碎，作业效率低"和"没有机耕道，农机田间转移不便"是制约丘陵山区农业机械化的三大难题，与农田宜机化改造内容完全重合。

（二）丘陵山区农田宜机化改造是江西省"十四五"高标准农田建设的重点

丘陵山地占比大，是江西省国土资源的重要特点。全省土地总面积16.69万平方公里，除北部较为平坦外，东西南部三面环山，中部丘陵起伏。其中，山地占比36%，丘陵占比42%。这就决定了丘陵山区农田是江西省农田的重要组成部分。据第二次国土调查，江西省6度以上耕地占比31.02%，其中6—15度丘陵耕地占比24.46%，15—25度山区耕地占比5.37%。

"十三五"期间，江西省高标准农田建设的重点主要在相对容易的区域，丘陵山区的建设比例不高。"十四五"期间，江西省计划新建高标准农田600万亩左右，改造提升900万亩左右。达到这样的目标，意味着"十四五"期

间江西省丘陵山区农田将成为高标准农田建设的重点和难点。

（三）加快江西省丘陵山区农业发展迫切要求推进农田宜机化改造

丘陵山区是江西省重要的果、蔬、茶和特色粮油生产基地，丘陵山区的农业发展在全省农业农村发展中关系重大。由于地形条件限制，丘陵山区农田基础设施普遍薄弱，农业机械化水平明显低于平原地区，农业劳动力缺乏且老龄化程度高，因而地块抛荒现象更为突出，在一定程度上影响了丘陵山区的发展。根据《江西省高标准农田建设规划（2021—2025年）》，"十四五"期间，江西省高标准农田建设分区范围涉及81个县（市、区），其中丘陵县（市、区）23个、山区县（市、区）42个，丘陵山区县（市、区）占总数的80%。加快丘陵山区农田宜机化改造，任务艰巨。

从调查情况来看，丰城、九江、宜春、吉安、赣州等地种植户普遍反馈，丘陵山区土地不平整，没有机耕道，地块细碎，严重制约了农机的可达性和使用效率，"无机可用、无好机用、有机难用"问题凸显。同时，请工难、人工成本高、聘请的老龄劳动力风险大等问题又突出，严重制约产业发展。在婺源调研时发现，当地农民种植油菜的意愿已经有所下降，丘陵山区开始出现抛荒现象。其主要原因在于：一方面，年轻人都愿意去繁华的都市，留在农村古色古香建筑里的婺源人大多是耄耋之年的老人，农村青壮年劳动力严重不足；另一方面，当地油菜大多种植在坡地、细碎的小块地，播种、移栽、田间管理、收获、农资运输都非常不方便。

二、重庆丘陵山区农田宜机化改造的经验做法

（一）主要做法

一是由"以机适地"向"改地适机"转变。重庆属于典型的丘陵山区，山地丘陵占比九成多。2014年开始，重庆农委在推动农机装备结构调整过程中，出现大马力、高性能机具在细碎、坡度大、基础设施不配套的丘陵地块上难

以施展问题。2015年开始，重庆农委把推进丘陵山区农业机械化的工作思路从"以机适地"为主转变为"改地适机"为主，积极探索"农田宜机化+高效农业+机械化生产+多业融合"的丘陵山区现代农业发展路径，从百亩级社组试点开始，到千亩级整村示范，再到万亩级整乡推进。

二是合并农田建设和农机管理职能。职能合并后，农田和农机两方面的力量形成合力，从农田、农机融合角度共同推进丘陵山区农业机械化发展。2014年以来，重庆市结合农机化工作实践，以问题为导向，相继制定了《重庆市丘陵山区地块整理整治技术规范》，出台了《重庆市农业委员会金融支持农田宜机化整治方案》《关于农田宜机化整治先建后补的通知》《关于探索建立涉农资金统筹整合长效机制的实施意见》《关于做好引导社会资本参与农田宜机化整治工作的通知》《农业信贷担保或股权投资支持农田宜机化整治产品方案》等一系列政策规定。

三是建立"农户参与、先建后补、定额补助、差额自筹"工作机制。重庆的农田宜机化改造由各类新型经营主体先行改造，验收合格后进行定额补贴，成本差额部分由主体自筹，这种做法有效带动了社会投资，促进了农田建设的资金来源多元化。《重庆市关于农田宜机化整治先建后补的通知》提出，"地（田）块连通改造"每公顷补助15000元、"缓坡化改造"每公顷补助22500元、"水平条田、水平梯田和坡式梯台地改造"每公顷补助30000元。截至2019年底，重庆市政府累计投入资金1.13亿元，带动规模经营主体投资4.4亿元，在全市32个区、县实施农田宜机化整治项目300多个，累计改造面积3.4万公顷。2020年，重庆市政府投资1亿元，2020年底宜机化改造面积累计达到6.67万公顷。

四是实行"土地入股、固定保底、年终分红"的利益分配机制。农户可以先后五次获利。第一次，按照入股土地类型，每年每亩租金旱地200元、水田300元；第二次，按照村集体25%、村民小组15%、合作社10%、入股农户50%的比例，享受年终利润分配；第三次，村民小组15%红利按人头进行分配；第四次，村集体25%红利作为集体发展资金；第五次，村民务工，日收入 50 元左右。

（二）主要成效

一是吸引大量年轻人投资经营农业，乡村产业振兴出现良好势头。重庆已经实施农田宜机化改造的 404 个新型经营主体，平均土地经营规模 28 公顷，平均年龄低于 45 岁，有相当部分是 30 多岁的年轻人。这些青壮经营主体将荒山荒地进行宜机化改造，发展特色优势农产品生产，积极申报"三品一标"和深加工销售，推动了当地特色优势农产品规模化、标准化、品牌化发展。

二是丘陵山区农作物全程机械化率和农业全要素效率大幅提升，节本增效明显。农田宜机化改造后，田间管理更加方便，农机装备结构得到优化，90 马力以上的农业机械可自由进出田间地头作业，水稻、油菜、榨菜、花椒、牧草等农作物生产的全程机械化率和劳动生产率大幅提升，平均每亩每茬种植粮食作物节约成本 390 元，种植主要经济作物节约成本 450 元。

三是产生广泛影响，全国多省学习借鉴。2017 年 11 月，农业农村部在重庆召开了全国丘陵山区农机化发展座谈会，丘陵山区面积占比较大的 21 个省（区、市）参加了会议，学习借鉴重庆市丘陵山区耕地宜机化改造经验，湖南、湖北、安徽、山西等省份已决定开展农田宜机化改造试点。如山西省 2019—2020 年开展了 4000 公顷丘陵山区农田宜机化改造试点；湖南省 2020 年拿出 3000 万元在 15 个县开展 1600 公顷农田宜机化改造试点工作；安徽省 2020 年安排 10 个县开展试点；四川省 2021 年进行了农田宜机化改造试点。

三、推动江西省"十四五"丘陵山区农田宜机化改造的建议

一是将丘陵山区农田宜机化改造列为江西省"十四五"高标准农田建设的重点工程。根据"十四五"期间江西省高标准农田建设任务，特别是丘陵山区梯田化建设目标，丘陵山区农田宜机化建设应当成为高标准农田建设的重要内容，并与"三区"划定、巩固脱贫攻坚成果与乡村振兴有机衔接紧密

结合起来，统筹谋划，有序推进。

二是将县级层面农田建设和农业机械化职能合并。参考重庆以及日本、韩国有关农地整备技术标准与规范文件，结合江西省实际，制定出台《江西省丘陵山区农田宜机化改造技术规范》。

三是构建多元化筹资机制。丘陵山区农田宜机化改造的成本比平原地区高标准农田建设的成本更高（依据重庆等地实践，丘陵山区农田宜机化改造成本为4000元/亩以上，高于江西省现行3000元/亩的高标准农田建设投入标准），需要考虑在现行高标准农田建设省级投入标准的基础上适当增加投入。为此，在继续整合涉农资金用于高标准农田建设的基础上，还要引导带动社会、金融资金和新型经营主体投融资，用好乡村振兴（高标准农田建设）专项债券，进一步健全多元化筹资机制。

四是建立合理高效的工作推进机制和利益分配机制。坚持"先建后补、差额包干、谁用谁建"原则，推进丘陵山区农田宜机化改造，让家庭农场、合作社、村集体经济组织等成为项目实施主体和项目后期使用主体。借鉴重庆做法，实行"土地入股、固定保底、年终分红"的利益分配机制，并区分不同坡度，制定补助标准。

五是坚持试点先行。先聚力建设若干个省、县共建样板工程，同步重点打造一批示范工程，然后总结经验，逐步推广。

作者：

池泽新　江西省农业科学院党委书记、二级教授，江西省首届省情研究首席专家

彭柳林　江西省农业科学院副研究员、江西省第二届省情研究特约研究员

文化旅游

以"五实"行动破解江西省新时代文明实践中心建设深化拓展面临的难题

□省社联省情调研课题组

摘要：江西省新时代文明实践中心建设试点工作正处于拓展态势，具有扩面、提标、增效等特征，但在思想认识、机制设计、队伍建设、深化拓展等方面仍存在短板弱项。为此，建议实施"五实"行动：切实提升思想认识，把试点工作变成示范工程；扎实创新宣讲方式，以"四学"活动传播思想；夯实资源整合根基，助力活动功能出彩有效；务实开展志愿服务，打破以城补乡带乡壁垒；做实资金保障到位，为中心运营提供"源头活水"。

党的十九届六中全会将建设新时代文明实践中心作为文化建设上的变革性实践写入《中共中央关于党的百年奋斗重大成就和历史经验的决议》，充分体现此项工作对于习近平新时代中国特色社会主义思想深入人心和深化群众性精神文明创建的突出意义。课题组围绕江西省新时代文明实践中心建设工作，深入南昌、赣州、新余等设区市调研发现，目前江西省新时代文明实践中心建设试点工作正处于拓展态势，具有扩面、提标、增效等特征，建议通过实施"五实"行动——切实提升思想认识、扎实创新宣讲方式、夯实资源整合根基、务实开展志愿活动、做实资金保障到位，为书写全面建设社会主义现代化江西精彩华章贡献"精神之力"。

一、江西省新时代文明实践中心试点工作推进情况

自 2018 年 7 月中央深改委第三次会议审议通过《关于建设新时代文明实践中心试点工作的指导意见》以来，江西省牢牢把握正确工作方向，做好试点推进的组织领导和政策保障工作。2018 年 12 月寻乌县、渝水区等 19 个县（市、区）列入省级试点，2019 年 10 月青山湖区、丰城市等 12 个县（市、区）进入全国试点名单，2020 年 5 月寻乌县被选为全国新时代文明实践中心建设试点工作重点联系县（市、区）。由于改革典型经验突出，寻乌县和共青城市的创新做法入选中央文明办编选的《建设新时代文明实践中心工作方法 100 例》。从我们调研情况看，试点地区大胆突破、勇于创新，基本完成了学习科学理论的大众平台、基层思政工作的坚强阵地、弘扬时代新风的精神家园、开展志愿服务的广阔舞台等阶段性建设任务，探索创建了赣州市寻乌县"文明实践＋党群服务＋社会治理"综合体，新余市渝水区"敲门嫂"志愿服务、"道德积分银行"乡风引领、"老兵宣讲团"，九江市共青城市"大学生志愿服务"等品牌活动，受到了基层老百姓的广泛好评。

二、江西省新时代文明实践中心建设深化拓展工作面临的主要难题

新时代文明实践中心建设是党中央对思想文化宣传和精神文明建设工作作出的一次重要部署，关系推动习近平新时代中国特色社会主义思想往深里走、往心里走的大局，关系乡村全面振兴和培养时代新人的重任，关系彻底打通群众工作"最后一公里"目标的实现，关系人民群众文化需求的满足和精神力量的增强。课题组调研发现，江西省在思想认识、机制设计、队伍建设、深化拓展等方面存在以下难题。

（一）思想认识存在偏差，工作推动力度不够

一是"一把手"主抓的认识尚有不足。部分县（市、区）、乡（镇、街道办）、村（社区、管理处）"一把手"作为新时代文明实践中心（所、站）的主任（所长、站长）和志愿服务队伍负责人，由于对中心核心功能是什么，功能是如何发生的，如何有效实现功能等问题认识不足，存在"只挂帅不出征"，口头强调要求多，亲自调度部署少的现象。二是部门协同意识不强。部分县（区、市）新时代文明实践中心联席部门把这项工作当作是宣传部门的事，在行动支持上不够给力。例如，在场地上整合度不够，有的部门拿着上级考核规定，要求基层单独设置活动阵地，导致有的活动场所长期闲置，甚至有的部门过于强调该工作的重要性，坚持单独挂牌或在显眼处挂牌；在工作上形式化严重，虽然县（区、市）直属机关按照要求成立了新时代文明实践所，但大部分部门仅满足于上级考核和台账资料，以至"照片一拍，台账一做，效果不管"；在帮扶上打卡式明显，虽然有些地方安排了县（区、市）直属机关挂点帮扶，但大部分部门把拍照合影当作完成了联系帮扶，把走访打卡当作协调解决了困难。三是社会化参与共识不足。新时代文明实践中心的主体是志愿者，在已试点 1 至 2 年时间的地区，志愿者和大众对共同建设新时代文明实践中心的共识还远远不足。一方面，作为建设主体的志愿者，尚没有形成主体意识、参与意识、服务意识，还处在被动安排、被动接受的层面，尤其是有的干部在概念上还含糊不清，把常规工作、会议布置、党内政治生活等当作新时代文明实践活动。另一方面，普通群众对新时代文明实践中心的概念很陌生、不熟悉、有误解，不少人认为就是做形象、造盆景，浪费人力、物力、财力。

（二）机制设计存在"阻点"，运行活力不强

一是顶层设计运作机制不畅。主要体现在贯彻方案上重形式、轻内容，有的地方贯彻试点建设方案时习惯"捡稠的捞"，乍一看有组织、有机构、有阵地、有队伍，但实际活动很难开展起来；有的县区明确了责任部门，实际工作中依然是宣传部代劳。在落实工作上重部署、轻指导，有的虽然建立了

有效的定期调度机制，但深入基层指导督导不多，尤其是针对时间跨度长、涉及面广、参与人数多的活动，没有在科学化、精细化、智能化的设计和指导上下功夫。在资金保障上重短期、轻长效，在新时代文明实践中心建设运行中涉及资金保障的很多问题尚不明确，多元化筹措资金和工作长效激励机制依然不够，常态化开展活动缺乏资金保障。二是志愿服务管理机制不全。比如，志愿服务管理部门无法精准调度志愿服务信息数据，未能统筹整个区域的志愿服务活动，影响工作的精细化管理，无法在整个地区形成志愿服务氛围；再如，开展志愿服务过程中的潜在风险难以预控，缺乏制度性保障。三是阵地资源整合机制不活。阵地资源整合是提高新时代文明实践中心建设效率的有效一招，但设计中存在重基层考核、轻顶层设计，重场所整合、轻内容整合，重阵地建设、轻运营管理，在具体操作中未能考虑基层在具体整合过程中出现的场地不够、场地空间距离过长、场地建设严重滞后等问题，以至于习惯挂制度、挂牌子、强氛围，在内容、活动、部门之间整合不足，整合后基层的负担依然很重，工作开展依然捉襟见肘。四是群众需求征集机制不顺。根据要求目前中心建设开展了"三问"活动，但常态化坚持不够，未能探索出一整套常态化、高效化、智能化的群众意见征求机制。

（三）队伍建设尚有"弱点"，人员合力还未形成

一是具体经办队伍能力不足、身兼数职。新时代文明实践中心建设考验了基层干部的整合能力、保障能力、创新能力、引导能力、服务能力、动员能力。从现阶段来看，县区层面虽然成立了新时代文明实践中心，招聘了事业编人员，但专职此项工作的不多。在镇村两级，有的招聘了党建宣传员，有的是村两委兼任。由于系统性培训不够，专业还不强，又因职数和财力原因，待遇呈现较大的差异，而且多数经办队伍同时兼任多个岗位工作，对本职工作力不从心。二是理论宣讲队伍数量不多、质量不高。新时代文明实践中心作为基层宣传学习习近平新时代中国特色社会主义思想的重要平台，其理论宣讲工作的服务对象在基层，工作主体在基层，任务落实在基层。但从实际来看，

理论宣讲队伍的打造还是一个薄弱点,结合本地特色、用本地方言、以群众喜欢的方式进行宣讲的队伍品牌不多不精,对理论宣讲队伍的系统培训不够。三是社会志愿力量动员不够、被动参与。目前志愿服务力量依然以党员干部为主,且大多是在组织引领下参与志愿服务,未能有效动员乡土文化人才、科技能人、科技特派员、律师、老干部、老专家、老文体工作者、老教师、老模范等走出家门,利用一切机会,到基层农村去,提供技术指导、文化辅导、法律咨询等服务。四是专业社会组织少而不精、运转困难。社会志愿者公益组织在精准对接群众需求导向、靶向定制志愿服务项目上还有较大差距。志愿队伍真正形成影响力的不多,部分队伍赴基层开展服务时,经常遭受到不待见的尴尬境地。同时,专业志愿服务队伍运转困难、同质化竞争明显。

(四)深化拓展存在"痛点",功能效力发挥不高

一是有效供给不足。在顶层设计上,一些文明实践活动的针对性、趣味性、便利性不够强,存在供需错位问题。有的把中心建成了"台上一张桌、台下排排坐"的传统课堂,建成了"一张桌、一组柜、一墙制度"的办公场所,阵地"大而空",内容"多而虚"。例如,在理论宣讲上,习惯于讲座式、理论式、普通话宣讲,接地气和操作性强的内容不多,群众既听不懂也不愿意听;在文化活动上,以群众性歌舞表演居多,好的创作较少、内容比较老旧,群众喜爱的本地戏较少;在社会治理上,真正有效的道德建设活动不多,群众不愿参与,社会主义核心价值观的理念依然不够深入。二是载体创新不够。一方面,各地"齐步走"思维、"等、靠、要"思想明显,上下一样粗。从调研走访情况看,许多单位、镇、村都只是按照基本标准推进新时代文明实践中心(所、站)建设工作,只求不错,不求出彩,没有精心设计各具特色的项目和载体。另一方面,碎片化、形式化、功利化趋势明显,品牌化建设、问题化导向、常态化坚持不够。虽然在文明实践创新中均有所作为,但综观全省,真正形成有影响的、有效果的品牌不多。有的误把手段当目标,为了创新而创新,真正解决实际问题的不多,常态化坚持的也不多。三是功能发

挥不强。新时代文明实践中心建设落脚在务实，目的是要充分发挥各功能模块和各类平台引导凝聚群众的效果。从内容模块看，各地新时代文明实践中心（所、站）开展的活动主要分为理论宣讲、文化活动、志愿服务以及社会治理四种类型。其中，文化活动类和志愿服务类效果较好，但理论宣讲类和社会治理类无论是从数量、质量上还是从效果上都不尽如人意。从地区实践看，有的县区高度重视，发挥党建引领作用，切实将新时代文明实践中心建设工作抓在手上，充分结合文明创建、乡村振兴等各项工作，取得了较好的效果，打造了火热的品牌，形成了有益的经验，但有的县区则效果较差、品牌不多。

三、让新时代文明实践中心在基层"扎根开花"的政策建议

江西省第十五次党代会提出，"要紧紧围绕举旗帜、聚民心、育新人、兴文化、展形象的使命任务，坚持守正创新，推动宣传思想工作取得新成效、展现新气象""深化拓展新时代文明实践中心建设，扎实推进全域群众性精神文明创建工作"。作为让党的创新理论"飞入寻常百姓家"的重要基层阵地，江西省新时代文明实践中心建设正朝着高质量发展目标迈进。要让党的声音传得更开、传得更广、传得更深入，让文明种子撒播田间地头，从家门口到百姓内心深处，我们建议利用"五实"行动创新体制机制，加快建设深化拓展。

（一）切实提升思想认识，把试点工作变成示范工程

作为深化改革试点，江西要围绕中央方案扎实部署，省级负总责、市级推进，两级统筹指导，落实县级主体责任。一是提升县乡村一把手对"两顶帽子"的政治责任意识。建议由省、市两级党委宣传部定期研判中心建设成效，向试点县（市、区）党委发布《关于新时代文明实践中心试点县域各级党组织和宣传部门管理职责的工作提示》，通过提醒方式进一步强调县乡村三级中心（所、站）负责人和志愿服务负责人的工作职责。同时明确中心（所、站）工作人员的职责清单和任务目标，推动他们站到文明实践一线，既当指挥官

又做志愿者。二是充分重视新时代文明实践中心建设的资源性、群众性、战略性价值。新时代文明实践中心作为资源整合、功能聚合的平台，其构筑的公共服务阵地能够为党政群团等各类机关常态化开展活动提供基础保障；作为乡风文明塑造催化平台，其触角向产业振兴、社会治理、公共服务等工作延伸融入，能够为物质文明建设提供精神力量；作为志愿服务一线活动平台，其集合的常规志愿资源在面临急难险重任务时能及时转化为应急管用资源，实现"平时好用、战时管用"。三是"摸石架桥"解决从建设转向运营的新阶段深化拓展问题。要实现新时代文明实践中心建设工作的城乡广覆盖、活动高水平目标，建议推动设点地区从基层结果导向出发，着力探索文明实践与志愿服务双向提升，着力探索在功能标准化基础上更好发动群众、凝聚群众的方式方法，着力探索志愿服务开展方式从单向满足群众需求向双向满足供需双方转变。四是创立落实中央要求、具有江西特点的新时代文明实践品牌。深入总结提炼井冈山和苏区时期群众工作历史经验，弘扬井冈山精神、苏区精神和长征精神，结合江西各地实践探索，借鉴推广江苏海安百姓名嘴"30×50孵化工程"、新余"老兵宣讲团"等省内外好经验好做法，打造做强中心（所、站）的全省特色优势宣讲品牌。

（二）扎实创新宣讲方式，以"四学"活动传播思想

落实学习实践习近平新时代中国特色社会主义思想的首要政治任务，创新创造符合群众需求的方式方法。一是扎实开展践学活动，在"干和办"中展示科学理论的实践性力量。推动更多机关干部干农家活、讲农家话，开辟乡镇党员干部菜园、果园等，与农村困难群众分享收获成果，真正放下身子向群众学习，密切干群联系。将"我为群众办实事"活动常态化开展与新时代文明实践建设有机结合，坚持人民至上。二是扎实开展研学活动，在"论与析"中展示科学理论的真理性力量。注重围绕干部和群众思想上的"疙瘩"组织研讨交流，干部首先要搞清楚"文明为什么可以实践""文明怎样实践""中心如何建设"等问题，然后可带头将党的创新理论转化为群众能接受能听懂

的"大道理""小道理"。将农村和社区中的"知道分子""大事专家"请进中心（站、所），请党校高校专家讲解国家"一带一路"倡议、"一国两制"实践、中美贸易摩擦等重大时事热点，帮助他们辨是非、明思想，并通过他们影响身边村民居民。把讲理论和讲政策、讲道理和讲故事、讲"国之大者"和讲群众利益关切结合起来。三是扎实开展助学活动，在"送文明"中展示科学理论的人民性力量。要瞄准平常在村住村的农村群众策划学习宣讲服务活动，比如针对青壮年白天忙没有时间的现实，支持各地开办"文化夜校""文明夜市"等，针对农村儿童开展"四点半托管课堂"，并运用新媒体设备定期播放电影、展映纪录片等。四是扎实开展共学活动，在"同学习"中展示科学理论的时代性力量。建议将地方党委理论中心组学习活动、党日活动、理论小组读书会、为群众办实事等安排到基层文明实践中心（所、站）开展，以示范引领、共读共学、讨论交流等途径，既帮助各级党员干部在基层一线中悟思想有收获，又通过群众讲身边变化、反映基层难题共同领会科学理论在新时代的伟大价值。

（三）夯实资源整合根基，助力活动功能出彩有效

破解资源整合难题关键在于发挥各公共服务主体积极性，运用数字化系统打破部门"坚冰"。一是扩大中心覆盖类型，实现横向贯通。建议尽快推动新时代文明实践中心建设从重点构筑农村新时代文明实践阵地向城市街道社区铺开，同时向园区、景区、楼宇、企业等拓展。将城市15分钟生活圈建设与文明实践建设结合起来，通过打造更多"音乐角""阅读角""运动角"构建街道社区15分钟文明实践服务圈。二是畅通服务工作流程，提升功能标准。更加突出组织体系上下联动、管理模式多样创新、服务流程便利再造、工作机制有力完善，特别是推动省级、市级文明实践志愿服务资源下基层，为村、社区新时代文明实践站提供保障。三是开展常态化智能化评估，确保工作成效。尽快制定出台《江西省新时代文明实践中心评估标准》，以标准发布帮助基层明晰文明实践中心核心功能。借鉴上海经验，在江西文明网搭建新时代文明实践综合服务专门模块，为基层工作推进提供"新闻发布、宣传展示、互动

交流"和"供需对接、目标管理、统计评估"等前后台功能。以常态化评估推动常态化活动开展，主要依托系统后台数据以及群众满意度问卷调查结果，减少突击做台账、现场查台账等增加基层负担的评估活动频次。四是整合文明实践研究力量，提供智库支撑。建议由省文明办牵头组织省委党校、省社科院、省内高校等建设新时代文明实践研究基地，围绕志愿服务制度化常态化、干部队伍能力建设、文明实践信息化等课题开展研究，从而为新时代文明实践工作流程再造、标准体系建设、第三方评估等提供决策咨询服务。

（四）务实开展志愿服务，打破以城补乡带乡壁垒

应注重在新型城乡关系框架下，将城市志愿资源引入乡村，带动形成城乡共建新时代文明实践中心的活泼局面。一是将志愿服务与乡村振兴实践联系起来。在志愿活动策划上，要与老百姓关心的致富技能结合起来，将志愿服务与民俗节庆活动、乡村文化旅游结合起来。推广"人手一把钥匙"管理模式，随时随用，培养村民自我管理、自我服务意识。二是以结对帮扶促资源下沉对接。江西省约有4.9万个机关事业单位基层党组织，2.1万个社区（居委会）、行政村党组织。建议在前期开展结对共建新时代文明实践站的基础上，进一步发挥省市机关事业单位支部数量优势，以"多帮一"方式帮助社区行政村支部做实新时代文明实践站，引导城市社区对口帮扶农村乡镇，将开展帮扶情况作为考核城市社区新时代文明实践站建设成效的重要指标。三是运用大数据手段增强志愿服务可及性。用好省市县三级志愿资源数据库，借鉴上海"公益宝""微心愿"经验，发动全省、全市层面爱心资源，对接平台发布的全省各地志愿项目。坚决杜绝志愿服务形式主义，从"穿红马甲"逐步过渡到"脱红马甲"，从"志愿服务是一道风景"逐步变为"随手公益事，润物细无声"。

（五）做实资金保障到位，为中心运营提供"源头活水"

建议构建省市县三级联动的文明行为养成实践基金，开展组织孵化、项

目补助、人员培训、品牌打造等活动，发挥基金"四两拨千斤"的作用。一是发挥各方力量筹资金。横向来看，以政府财政支持为"种子"，企业家捐助、市民众筹为主体；纵向来看，市县乡闲置基金由省级层面统筹，增强基金收益能力。二是注重能力提升用资金。选聘爱心企业家、退休老干部、公益组织负责人、志愿者代表等组建基金理事会、监事会，支持开展文明实践创新项目大赛，对活动预期需求大、效果好的项目进行资助和培育。三是为全省志愿活动提供保险保障。建议由省地方金融监督管理局牵头发挥金融机构积极性，推出专项金融保险产品，从而为各地大力开展丰富多样的志愿活动解除后顾之忧。

本文系 2021 年江西省情调研课题《新时代文明实践中心建设的机制、机理及凝聚力研究》（项目编号 21SQ07）的研究成果。

课题组组长：
高莉娟　中共江西省委党校副校（院）长、教授，新时代党建创新与江西实践研究所研究员，江西省第二届省情研究特约研究员

课题组成员：
孙志杰　中共江西省委党校第 1 期中青班三班学员，中共江西省委党校校（院）刊编辑部主任助理、讲师
凌声萌　中共江西省委党校第 1 期中青班三班学员，新余市渝水区鹄山镇党委副书记、镇长

运用红色资源提升高校党史育人实效性的对策

□省社联省情调研课题组

摘要：当前，各高校运用红色资源开展党史育人实践，在育人形式、育人组织、育人方法和评价上实现了积极转变，但也存在师资力量比较薄弱、红色资源深度挖掘和整合力度不够、育人对象对红色文化的认同度面临较大挑战、教育手段改革创新还有短板等问题。运用红色资源提升高校党史育人的实效性，要将红色资源融入科学研究、融入高校学科专业建设、融入课程教材建设、融入教育教学改革、融入思想文化阵地建设，完善高校红色资源育人的保障条件，同时，制定面向2050年红色教育研究人才发展长远规划，创新教育理念，构建体系化的红色资源教育教学内容，进行话语转换。

红色资源是我们党艰辛而辉煌奋斗历程的见证，是最宝贵的精神财富。党的十八大以来，习近平总书记反复强调，历史是最好的教科书，中国革命历史是最好的营养剂，学习党史是坚持和发展中国特色社会主义、把党和国家各项事业推向前进的必修课，这门功课不仅必修，而且必须修好。深入推进党史学习教育，就要用好红色资源，赓续红色血脉，将红色资源转化为党史学习教育资源，提升教育实效，做到学史明理、学史增信、学史崇德、学史力行，培养一批又一批社会主义合格建设者和可靠接班人。

一、高校运用红色资源开展党史育人实践走向

（一）在育人形式上，由参观学习向现场教学转变

多年来，各高校都重视运用红色资源进行革命传统教育等实践活动。这种实践育人活动大都是由本单位或委托旅行社组织，结合节假日以观光旅游或红色旅游形式开展，教育讲解者主要是导游或革命英烈后代以及当地的知情人，没有专门的培训机构和专业的教学人员参与，也较少从教学设计和课程开发的角度取舍教学内容和选择教学方法。其本质是参观学习。近年来，随着依托红色资源的培训兴起，尤其是专业教师和专门培训机构的介入，运用红色资源开展党史育人的实践活动，开始从一般的参观学习向一种新的教学形式转变，即现场教学。这种教学主题突出、目的明确、形式多样、效果显著。强调教师要注重教育教学目标设定，深入挖掘教学现场所蕴含的历史和承载的教育内容，按照凝练主题、营造氛围、设计活动、讲述典型等诸多要求备课，为教学对象提供相关背景材料，进行现场教学，达到政治教育、思想洗礼、精神淬炼的目的。同时，更加注重仪态容貌、队列行止、教学纪律等，形式上更加规范。

（二）在育人组织上，由课外活动或学校人才培养方案外的自选行为向培养方案内的规定行为即课堂教学转变

由于红色资源产生和形成的区域，大都地处偏远、远离城区，难以直接有效直接利用、进入文本教材和课堂，各地各校人才培养方案也未规范纳入，多采取业余或课外活动等方式进行，组织者大多是各地各校的党团学工部门，一般在重要时间节点、重大纪念日等组织赴红色遗迹遗址、纪念场所开展爱国主义教育，举办英雄模范和先进人物报告会等；或者是组织红色历史知识竞赛、唱红色歌曲、诵红色经典等红色文化活动，以及开展以红色教育为主题的社会实践和田野调查等。参加学习或接受教育的对象往往局限于一定标准和范围内，教学人员也往往由"两课"教师或党团学工干部兼任，具有临

时性和断续性、组织形式比较松散等特点。近年来，随着各地各部门对红色资源教育特性认识的加深，各地各校开始将红色资源融入人才培养方案的课程建设，制定教学计划、规定学时学分，编写校本教材，组建教学科研机构，配备专业教师，甚至开设相关红色课程，使红色资源教育教学更加系统化、规范化和常态化。

（三）在育人方法和评价上，由比较单一向多元转变

多年来，基于参观学习的形式和一般课外活动自选动作，运用红色资源开展育人的教学形式主要是以教师单向知识传授、宣传讲解为主，辅以革命英烈后代、英雄模范和先进人物的报告等，走马观花"猎奇"式游学比较典型。学习成效主要以书面考试评价、撰写心得体会等为主，教育教学评价高低与教学对象实际道德水平、价值判断能力和思想境界提升吻合度不高。近年来，随着专业教学人员的介入，教学内容和涉及的规范，现代教育技术的运用，各地各校开始运用专题式、音像式和访谈式教学方式，将主题教学与展示式教学、单向传输与互动体验教学相结合，从知识评价向能力和价值双评价、从结果评价向过程和结果双评价等转变，为红色资源的教育教学注入了新的理念和活力，提高了教育教学实效，受到了教育对象的好评。

二、高校运用红色资源开展党史育人存在的问题

（一）从育人主体来看，师资力量比较薄弱

主要表现为：一是党史师资严重不足。据笔者不完全统计，截至2020年，全国拥有党史本科专业的5个高校中，在职在岗专任党史教师还不到100人，全国担任党史专业研究生导师的教师不足500人。即便学科力量最强如中国人民大学中共党史系仅有20余人，中共中央党校中共党史教研部仅有27人，导致很多高校在开设党史课程、理论学习培训、进行"四史"教育时专业师

资捉襟见肘。二是领军人才不多、人才结构不尽合理。据统计，全国党史部门在编在岗从事党史研究工作人员中，学历结构方面大致呈金字塔式分布。本科及以下学历人员约占95%，硕士和博士学位的人员约5%，具备党史专业背景的人员很少，职称结构方面，高级职称人数少，中级职称人数居中，初级及以下职称人数最多。且党史专业教师进入新老交替期，因缺乏后备人才的补充而面临青黄不接的困境。从江西来看，目前只有井冈山大学有中共党史本科专业，每年招收20余人；拥有中共党史硕士研究生的只有南昌大学，每年仅招收2人左右；尚无博士研究生招生学科点。全省高校中完全从事中共党史研究和教学的人数约80人，而且大部分分散在马克思主义中国化和中国近现代纲要等学科体系，党史研究仅为业余工作。在现有教学和研究人员中，相当比例非科班出身，缺乏专业基本训练，理论水平不高、科研能力不强、教学能力不足，具备深厚学养与良好综合素养、在全国有重要影响的领军人才严重缺乏。

（二）从红色资源本身来看，深度挖掘和整合力度不够

主要表现为：一是有些高校不够重视，经费投入相对不足，没有足够的教育资源支持教育对象到红色场馆以及旧址遗址开展实践教学；红色校园文化基地建设、红色网站建设等滞后，支撑红色教育相关软硬件资源还较缺乏，常态化开展党史教育学习和红色文化活动较少，缺乏总体规划和体系建设，尚未形成运用红色资源的良好氛围。二是由于师资水平不高，部分教师对红色资源作为教育资源具有的情境性、离散性、多样性、非完全知识性等特质认识不够，缺乏对红色资源的生成逻辑、主要内容、历史地位等理论体系深刻阐释，导致挖掘的红色教育内容缺乏系统性、时代性，碎片化比较严重，政治性有待提高。有些红色资源教育内容较为生硬，难以引起学生的共鸣，部分内容与当代大学生的生活距离遥远，与现实脱节甚至不合时宜，缺乏时代性，教学也仅依靠老师口述和生硬的文字描述，缺乏代入感，难以引发对历史情感的共鸣。三是课程设置和内容不尽科学。部分高校在开设的通识选

修课中，教师一般以自身研究的某一知识领域为依据申请开课，容易造成教学内容存在过度知识化的倾向，缺乏对学生能力和素质要求的总体设计。有些红色教育课程结论性的理论较多，理论支撑材料和学理分析较少，缺乏基于历史事实全面性考察的基础上对红色资源的逻辑分析，有些强制安排的教育内容引起学生的逆反心理。有些内容政治性、理论性不高，为了强调吸引性，出现故事性多、理论性少，历史性多、现实性少，碎片化多、整体性少，演绎成分多、历史真实性少，活动性多、体验性少等现象，导致红色资源课程教育教学吸引力、感染力和针对性不强。

（三）从育人对象来看，对红色文化的认同度面临较大挑战

主要表现为：一是时代隔阂的考验。由于现代大学生距离革命战争年代的时间和空间距离大，情感体验和感性认识不够直接，对红色文化的情感认同不够强烈；缺少从小耳濡目染导致红色历史记忆容易在新时代淡漠或疏远。如果缺乏对红色文化的科学认知和正确的引导，极易引起学生对红色文化产生主观的、非理性的臆断。二是市场经济条件下价值观变化的影响，尤其在网络信息时代特定时空环境的深刻转换背景下，由于社会价值观导向偏差、利益至上畸形追求等，部分大学生重视物质利益而忽视精神世界的构建，对学习了解红色文化历史记忆的主观意愿不够强烈。三是现代社会多元价值理念和多种社会思潮的冲击，尤其是历史虚无主义等各种错误思潮的侵袭贻害流长，红色资源和革命精神谱系利用与转化遭受去主流化、甚至抹黑现象。近年来，网络和文艺创作中存在着"调侃崇高、扭曲经典、颠覆历史，丑化人民群众和英雄人物"的错误现象，一些人打着"还原历史真实"的旗号，散布各种谣言和噱头，解构中国共产党精神谱系的核心价值、红色文化的崇高性、利用红色资源固本铸魂的合理性。

（四）从育人方法来看，教育手段改革创新还有短板

主要表现为：一是部分教师只注重理论说教，缺乏与学生的交流和互动，

忽视了学生的主观参与意愿和教育主体地位。灌输并不等同于权威之下的强迫性和强制性，而是基于意识形态特殊性的教育原则。部分教师对灌输理论认识不够准确，运用也不够到位，在教学过程中一味地强调理论说教，缺少讲好故事、精准滴灌的教育教学手段，做不到因事而化、因时而进、因势而新，片面注重红色文化的理论认知，而缺乏对红色文化情感和价值观认同的培育和引导。二是缺乏传统手段与新媒体的协同融合，教育教学时代感和创新性不足。有些高校对现代信息教育手段利用不够充分、教学效果难以凸显。一些红色文化专题网站、微博、微信公众号推送内容陈旧，形式刻板、叙事手段落后，缺乏吸引力和时代感。三是融合多样化教育手段的理念不强，致使教育教学缺乏生机与活力。在教学过程中，学生的年龄特点、性格特点、专业特点未得到足够重视，充分利用多样化教育手段开发学生学习动力、学习潜能、学习兴趣不足，红色文化教育理论化和格式化、同质化倾向还较严重，造成学生在红色资源学习上获得感、满足感和求知欲不强。

三、运用红色资源提升高校党史育人实效性的应对策略

（一）制定面向2050年红色教育研究人才发展长远规划

人才是提升教育水平和教育效果的关键，高校是党史人才培养和开发利用红色资源的主阵地。一要重视和加强红色学科建设。课程设置和人才培养平台是人才队伍建设的两个关键因素，尤其是在高校教学与研究高度专业化、学科化的今天，没有学科支撑的研究与教学，研究队伍就会松散、研究就会零散、学科建设就不会有特色和亮点，高质量的人才队伍建设就缺少基本支撑。应在马克思主义理论和中共党史党建一级学科下设置红色研究二级学科。二是优化队伍结构，形成合理的学术梯队和人才梯队。合理规划红色资源研究、教学和人才培养体系，重点考虑设置马克思主义理论、中共党史学本硕博专项招生计划，形成一批在全国党史界和思想理论界有较大影响的党史专家，打造包括博士、硕士、学士学术层次分明、年龄结构合理的学术梯队。三是

挖掘高校系统中现有思想政治理论课教师的内在潜力。可整合现有思政课设置，调整开设"四史"课程，形成教育教学"指挥棒"，引导和支持更多思政课教师学习、研究、讲授党史，鼓励更多研究成果回归反哺教学，作为教材的拓展和补充，推动大批思政课教师成为红色资源和中共党史的研究者和教育者。

（二）创新教育理念，体现以学生为中心

长期以来，运用红色资源育人大都是依靠政策和行政力量的推动，较多地关注于教育的社会价值而忽视于学生成长发展的个体价值，一定程度上削弱了学生创新热情和进取意识，导致参与能力下降，求知欲和上进心不足。学生是教育的逻辑起点和最终归宿，教育活动的开展要基于学生的思想道德水平现状和现实需要，积极引导其能动地学习和连续性发展。

因此，首先必须坚持以学生为中心的教育理念，尊重高校教育规律，立足新时代大学生身心发展规律和特点，认真研判高校红色资源育人存在的不足和短板，关注学生的时代性、研究其独特性、抓住其兴趣点，做到"有的放矢"。其次要充分尊重学生的主体地位，满足他们多方面、多层次的需要，在教学内容的选取、教学方式的运用、教学氛围的营造等方面突出学生的主体性和个体差异性，使每个学生的独特个性和能力都能在教育过程中得到增强和展现，各种潜能都能够得到充分发挥，从而提升具有适应未来社会发展变化的能力，最终实现人生的自我价值。

（三）构建体系化的红色资源教育教学内容

当前，高校红色资源教育的主渠道是高校思想政治理论课的课程体系、通识选修课以及其他相关人文知识课程的开设。思想政治理论课的课程体系中并没有明确红色资源教育的问题，相关内容只是零散分布在某几门思想政治理论课的部分章节以及较少的通识选修课中，尤其是从革命精神立意、分析的内容非常少，不足以使大学生形成对革命文化完整的理论认知，总体性、系统性的红色资源教育内容体系尚未形成。

为此,首先,在四门高校思想政治理论课之间应通盘计划、合理分工、密切配合,主动挖掘本门课程与红色资源教学内容之间的契合点,使大学生能够站在新的高度理解革命历史和革命文化。其次,要在红色资源教育教学内容的文字概括、情节叙事、话语建设、逻辑阐释等方面全面科学设计,使红色资源更好地融入教学体系中,形成红色资源教育教学的最大课程合力,增强大学生的认知认同。最后,除了思想政治理论课之外,建议在人文社科类的通识选修课中,或者直接开设"四史"必修课等红色资源教育的相关课程,或者在专业课程中融入红色资源教育元素,从而全方位地构建红色资源教育教学课程体系。

(四)运用红色资源育人要进行话语转换

话语是人与人在互动过程中呈现出来的语言,具有鲜明的社会性特征。任何话语都有生成的现实土壤,不同的土壤需要不同的话语表达。大学生作为社会存在的产物,独特的生活环境体验造就了每个个体特殊的生活方式。目前红色资源的话语表达又无法超越现实性的境遇,这也是导致红色资源在高校育人中实效性不强的重要原因。一方面,话语生成的本体存在差异。红色革命历史文化诞生于革命战争年代,而新时代大学生处于和平稳定的时代环境中,这种社会存在前提性条件的巨大差异,使得大学生很难对革命先辈的艰苦生活感同身受,从而真实表达对革命历史的尊崇和认同。即使他们通过观红色影视、唱革命金曲等方式表达对革命历史的敬仰和革命先辈的怀念,革命话语的表达空间也总是很难引发身处和平年代的大学生的共鸣。另一方面,话语的表达形式存在差异。文化是时代发展的最强音,红色文化由于远离现实,只能通过抽象化、实物化的存在形态展现那个特殊历史年代的风貌。如果一直停留在红色文化抽象的历史话语表达形式中,红色文化只能越来越丧失生命力。

因此,一是要将红色革命话语渗透、融入新时代大学生的生活和发展的现实境遇中，用新时代的话语阐释红色资源，真正引发大学生的情感共鸣。二是不断打破原有的历史视野，从现实世界中汲取话语表达的灵感，实现历史文本话语向现实生活话语的转换，真正实现红色资源内化为大学生精神需求，产生强烈的认同感。三是实现灌输式话语向对话式、互动式、体验式话语的转换，要主动运用大数据技术和自媒体平台等提升红色文化教育的亲和力，增加红色资源实践性教学的内容，使大学生走出课堂，走进红色遗迹遗址，通过红色调研、素质拓展、参观体验等方式使教育"有滋有味"、入脑入心，提升教育的吸引力和感染力。

四、运用红色资源提升高校党史育人的实效性实施路径

（一）将红色资源融入科学研究

学理研究既是对实践探索的总结，又推动着实践的发展。要推动高校红色资源育人的发展，必须加强红色资源育人的理论研究。只有深刻认识了解红色资源的内涵与类型、红色资源的价值与功能、红色资源蕴含的教学内容、红色资源兼容的多样化的教学形式、红色资源的教育教学特质，才能从理论上把握高校红色资源的育人主流价值和现实需求。一是设立专门红色资源研究机构，建设专门的红色资源研究团队，搭建研究平台，从理论上进行科学研究，增强红色资源研究能力、阐释能力、传播能力，形成系列成果，并积极组织申报省级或国家级研究平台。二是策划红色资源育人课题。课题是开展科学研究的重要形式和载体。红色资源融入科学研究的重要表征就是红色资源课题的申报和立项。要彰显红色资源育人的实效性，必须规划设立一大批红色资源课题和研究项目。高校可以设立红色资源专项课题，夯实学校研究基础，并在此基础上组织团队申报省级、国家级课题，凝聚一大批科学研究力量。三是推出系列高水平论文、论著等学术成果。论文、论著等学术成果的数量和质量是科学研究水平的重要衡量指标，高校育人要在实践中走深走实走远，必须从理论上阐释清楚红色资源中蕴含的价值、内涵、教育内容

及其展现出来的中国共产党的理想信念、精神内核和创新精神。

(二)红色资源融入高校学科专业建设

学科专业建设是高校内涵式发展的主要路径,是实现高校人才培养、科学研究和社会服务功能的重要内容,影响和决定着高校的办学水平和办学特色,红色资源是马克思主义与中华优秀传统文化相结合的历史积淀,蕴含着丰富的马克思主义理论、中国共产党历史等学科内容,蕴含着政治学、历史学、经济学、社会学、教育学、艺术学等多专业的内容。统筹红色资源教育教学,必须以课程思政为导向,在各类学科专业中挖掘红色资源育人元素,合理设置相关内容。

以井冈山大学为例,在人文类课程中,文学专业开设"红色文艺理论"、"毛泽东诗词"等课程;历史专业开设"革命史"和"革命文化"等地方特色课程,如开设"井冈山革命根据地和中央苏区史"等;旅游管理专业开设"红色旅游地理""红色旅游文化""红色旅游规划"等课程;文物与博物馆专业开设"革命博物馆展陈"等相关课程;社会工作专业开设"群众工作专题"等课程。在理工类课程中,化学化工专业开设"红色标语保护"等课程;建筑学专业开设"革命旧址干打垒墙体保护"等课题;电子信息专业开设"旧居旧址三维数字扫描"等课程;医学类专业开设"红医精神"等课程。在教育艺术类课程中,体育专业开设"红色定向越野""红色野外生存训练""红色拓展训练"等课程;舞蹈表演与音乐专业开设"红色艺术赏析"等课程;在美术学专业开设"红色美术专题"等课程。

(三)红色资源融入课程教材建设

课程教材是教育教学的基本条件和重要内容,是直接影响人才培养质量的最活跃因素,是保证教学方向、提升教学质量和教学水平的根本指南。一要建设好思想政治理论课课程群。思想政治理论课是高校红色资源育人的主阵地和主渠道,要积极推进红色资源进教材、进课堂、进头脑,建立红色资源育人的实践基地，探索专题式、问题式、讨论式、互动式、情景式等教育教学方式改革，丰富教学内容、改革教学方法，将红色资源元素融入思想政治理论课中。二要开设好红色资源育人的特色课程。红色资源有鲜明的地方特性，各高校可根据本地红色资源特点开设地方校本课程群，如井冈山大学开设"井冈山精神与当代大学生"，临沂大学开设"沂蒙红色文化与沂蒙精神"等，制作视频公开课，构建思政理论课、选修课和专题讲座三位一体的网状教学体系。三要在专业课程群中融入红色资源要素。如音乐舞蹈学课程群"单声部视唱练耳教程""钢琴即兴伴奏教程""舞蹈剧目教程""合唱重唱教程""歌曲演唱教程""器乐合奏教程"等融入地域特色的红色音乐舞蹈元素，让各种红色演出课程化；美术专业的"素描""色彩""中国画""版画""油画""摄影艺术""招贴设计"等课程，视觉传达设计专业的"造型基础""设计色彩""图形设计""版画艺术""广告创意""包装设计"等课程，动画专业的"卡通造型""原画设计""动画项目教学""漫画创作"等课程融入红色艺术元素。四要编写相关红色文化教程。要根据课程建设需要，除了编写校本教材外，还可以根据专业建设需要编写教案、教学大纲、习题、实验、课件、课外学习资料等教材内容。如井冈山大学编写了《井冈山精神与当代大学生》《红色资源与大学生户外运动》《红色文化卫生概论》《井冈山红色旅游讲义》《红色资源融入高校教育教学案例选》等教材。

（四）将红色资源融入教育教学改革

教育教学改革是破解教育教学难题，推动教育教学发展、提升教学质量的内在动力。红色资源形式多样、具体性强、吸引力强，这就使得教育者有可能运用红色资源丰富教学内容、创新教学途径、改进教学方式，开展教育教学改革。一要鼓励教师积极探索将红色资源融入教育教学实践，开展多样化的教育教学改革研究。组织教师积极申报国家、省、校三级教学改革项目，发表教学改革研究论文，构建红色育人特色新模式，推出一批有影响、有实效的教学改革优秀成果，推动教育教学质量和人才培养水平的提升。二要把红色资源融入实践育人,建立红色实践教学基地。充分发挥学生的主体性作用,让学生身临其境,凭借情感、直觉、灵性等投入各种实践之中,通过专业实践教学和社会实践,深入红色资源聚集区域,去发现、去感受、去体验、去思考、去领悟,使学生的学习能力、实践能力和创新能力都得到提高,从而实现学生的全面发展。

(五)红色资源融入思想文化阵地建设

思想文化阵地是发出党和人民声音,传播思想文化,培养社会主义事业建设者和接班人的重要依托,对大学生的世界观、人生观和价值观具有潜移默化的深远影响,是高校办学特色和综合实力的反映。一要将红色资源融入传播媒体。校园传播媒体是大学文化、办学特色的有机组成部分。要立足地方的革命精神、红色资源,构建校报学报内刊、校园广播电台、宣传橱窗、网站、微信、微博等新媒体平台等立体式宣传模式,把校园传播媒体打造成革命精神和红色资源传播的重要渠道。二要将红色资源融入党团活动与思政工作。开展主题活动是高校教育教学和人才培养的重要组成部分,对于加强和改进大学生思想政治教育,创新方式方法有较好实效。要将红色资源融入党课团课、党团活动、社团活动、日常思想政治工作等特色活动中,突出传承红色基因创建标杆院系、样板支部、红色班级;突出"四史"学习教育举办红色励志班、青年马克思主义工程、大学生骨干班的培训,突出地域红色资源和革命精神组建红色宣讲团、革命精神研究学习社团等,实现党史学习教育常态化全覆盖,增强高校思想政治工作的针对性和实效性。三要将红色资源融入文艺活动。将红色资源融入学校校园文化活动,对于繁荣校园文化、润物无声开展革命精神教育,全方位构建红色文化氛围,扩大学校的社会影响力具有重要的价值和意义。要着重打造以红色为底色的校园文化艺术节、举办红色主题系列艺术展演活动,围绕红色经典艺术组建校园文化社团,将红色资源与高雅艺术结合融入校园文艺活动,调动广大学生了解中国共产党革命历史和革命精神的积极性和创造性。四要将红色资源融入高校学术活动阵地。学术活动阵地是阐述和交流学术思想，促进科学研究的重要平台，通过举办红色资源理论研讨会、报告会以及红色学术讲座和专题学习会，设置红色研究栏目和创办红色专业刊物等，打造红色资源育人的交流平台。五要将红色资源融入校园环境建设。校园环境是高校以文化人的重要载体，具有实时时效性、可视可触摸实物性、身临其境空间性的优势和特点。通过将红色资源融入校园环境建设，实施红色创意工程，建设红色文化场馆、纪念设施、文化长廊等，可以让广大师生置身于革命历史和革命精神、革命文化的熏陶中耳濡目染，对于坚定师生理想信念，培养学生的高尚道德情操，规范日常行为，提高审美趣味，增强学校的凝聚力、向心力、创造力都具有重要意义。

（六）完善高校红色资源育人的保障条件

红色资源育人是一项系统工作，保障条件是高校开展人才培养、科学研究、社会服务和文化传承的保证和基石。一要坚持协同创新。要汇聚各方红色资源研究教育宣传人才，积极整合校内外各学科研究力量，通过联合校外党政机关、社会机构等教育力量，明确和凝练有关红色资源研究的相对稳定方向。通过依托独具特色的红色资源，积极加强与地方党史部门、档案馆、博物馆、纪念馆等合作，建立革命传统教育基地和专业实习基地。二要建立健全保障制度。为使红色资源育人工作科学化、制度化、规范化。高校要结合本校实际，强化顶层设计，动员全校力量，制定和颁布推动学校红色育人工程指导意见或实施方案。三要加强红色资源与各学科专业联系，有效利用社会各方教育资源，整合分散在政府部门、高校、科研机构、企业等单位的资源要素，提升课程思政的水平。要不断完善激励机制，并辅以基础设施建设与经费投入保障机制，在经费支持、职称评定、收入分配、科研编制、成果奖励、课题申报、出国访学、学术出版等方面给予政策上的支持。

作者：

胡春晓　井冈山大学党委书记、教授，江西省第二届省情研究首席专家

赓续红色血脉：打造江西党史学习教育暨红色旅游"江西样板"的思考和建议

□尹敏　程宇昌　陈富国

摘要：赓续红色血脉是新时代党的重大课题和永恒主题。当前，江西红色旅游主要问题是：红色示范景点不多、产品形式不够丰富、旅游产品配套不够、从业人员素质不一。由此，课题组建议：一是建构红色资源保护、党史学习教育和红色旅游的"三位一体"新模式，增强红色旅游；二是打造百人红色故事宣讲示范点，增重红色旅游；三是打造百堂党史学习教育示范思政课，增彩红色旅游；四是打造百地红色家书诵读示范点，增辉红色旅游；五是打造百个红色精品团建，增色红色旅游；六是打造百家露天红色影院，增光红色旅游；七是打造百处红军路一小段，增厚红色旅游；八是试点打造若干党史学习教育暨精品红色旅游线路的示范点。

2021年6月25日下午，中央政治局就用好红色资源、赓续红色血脉进行第三十一次集体学习，显见，赓续红色血脉意义重大、使命光荣。江西是革命老区，是红色文化的起源地和实践场，红色资源尤为丰富、红色血脉尤为浓稠。习近平总书记指出，要用好这样的红色资源，讲好红色故事，搞好红色教育，让红色基因代代相传。由此，以党史学习教育为切入点，以弘扬红色文化和赓续红色血脉为着力点，以红色旅游为融合点，将"红色资源保护、党史学习教育和红色旅游"三者紧密相结合，努力建构红色基因传承、党史育人和红色旅游的"三位一体"业态新模式，在红色旅游中，实现党史育人、红色文化育才，深入贯彻习近平总书记在中共中央政治局第三十一次集体学习和党史学习教育动员会及在江西考察时的重要讲话精神，认真贯彻落实中共中央办公厅、国务院办公厅印发《关于实施革命文物保护利用工程（2018—2022年）的意见》和《文化和旅游部办公厅关于遴选推出"建党百年百条精品红色旅游线路"的通知》文件精神，在传承中实现保护，努力打造江西党史学习教育暨红色旅游的"江西样板"，具有较为重要的现实意义和示范价值。

一、江西红色旅游主要问题

1. 红色示范景点不多。截至2019年9月，全国爱国主义教育示范基地总数达到473个。其中北京市红色旅游示范景区最多，共有29个，排名首位；湖南24个，江苏、四川23个，湖北22个，河北19个，江西18个。比较而言，江西红色旅游示范景点数与其他省份还有差距，与江西是革命老区的突出地位不匹配。

2. 红色摇篮强其他弱。据有关统计，2017年，井冈山景区接待的省外游客中，有22.1%的游客停留时间超过48小时，停留时间超过12小时的游客比例为65.4%。在井冈山、瑞金、南昌等红色摇篮地接待游客中，省内游客占54%，省外游客占比46%，说明红色摇篮地游客接待量比重大、逗留时间长，其他红色景区旅游经济弱。

3. 产品形式丰富不够。江西红色旅游产品特色不鲜明、个性化不明显，许多景点存在着"复制""粘贴"等现象，而随着人民生活水平的提高，人们个性化、特色化和主题化的需求越来越高，相对而言，其他省份如陕西、湖南做得较好，陕西有秦始皇兵马俑、黄帝陵、华山、延安等，其中延安红色文化景区特点鲜明，比较而言，江西红色旅游产品单一性明显。

4. 旅游产品配套不够。江西红色景点除井冈山、瑞金外，大多红色景点交通不便，旅游产品间距大，旅游产业综合服务和基础设施落后的问题较为凸显，如景点之间交通问题、汽车拥堵问题、泊车问题、如厕问题等，红色旅游基础设施、旅游接待能力和服务水平整体不强。

5. 从业人员素质不一。红色景区导游学历不一，解说词内容不鲜活，有的"照本宣科"，版本陈旧，对红色文化内涵解读不够，精神解读的与时俱进不够，对党史人物解说不生动，故事性不强，缺乏新意、缺少激情，距离"能说会唱""能讲会演"的标准有差距。

二、江西红色资源的禀赋优势

1. 红色资源丰富。据统计，江西登记在册的革命旧居旧址有1500多处，革命纪念馆有19个。此外，井冈山是革命的摇篮，瑞金是共和国的摇篮，南昌是人民军队的摇篮，安源是工人运动的摇篮，新建小平小道是改革开放思想的摇篮。铜鼓是毛泽东化险为夷的福地，寻乌是毛泽东农村调查的宝地，于都是红军长征的出发地，永新三湾是支部建在连队上的创设地，等等。又以吉安市为例，吉安市13个县（市、区）革命遗址558个，其中重要党史事件和重要机构旧址268个，重要党史事件及人物活动纪念地106个，革命领导人故居83个。

2. 红色文化丰富。红色文化是江西文化的重要禀赋气质，如红歌、红色故事、红军饮食文化（红米饭、南瓜粥、红军菜、红军酒）、红军服饰文化、红色标语、红色家书、领导人故居、战斗旧址、红色会址、烈士陵园、红色广场、纪念碑、纪念亭、博物馆等等，红色文化丰富多彩。

3. 红色精神丰富。江西红色精神内涵丰富，有八一精神、井冈山精神、苏区精神、长征精神等，这些精神是江西人民和全国人民的宝贵财富，是红军从胜利走向胜利的根本原因，传承好和弘扬好江西红色精神，是江西人民的历史使命和现实要求，是江西的历史重责和使命传承。

三、赓续红色血脉：打造党史学习教育江西红色旅游"江西样板"的建议

以文化和旅游部下发的"全国乡村旅游重点村镇"和"建党百年百条精品红色旅游线路"的遴选工作相结合，领导高度重视，相关单位牵头、有关高校参与、多部门通力协作，努力打造江西红色旅游新样板。

1. 建构红色资源保护、党史学习教育和红色旅游"三位一体"新模式，增强红色旅游。充分利用江西红色资源丰富及其红色基因强大的特点，以党史学习教育为切入点，以大中小学思想政治实践课为着力点，以红色旅游为核心，以红色基因传承为重点，赓续红色血脉，建构大中小学红色资源地的思想政治实践课情境教学点，通过"建设单位申请、主管部门审查、面向社会公示"等步骤，打造全省100个红色旅游示范点、党史学习教育示范基地、红色旅游精品示范线路，实现"三位一体"，不断增强江西红色旅游。

2. 以挖掘和整理江西千名党史人物红色故事为重点，打造百人红色故事宣讲示范点，增重红色旅游。一是相关部门设立课题，鼓励高校教师积极申报，以课题项目方式，挖掘和整理江西红色资源地千名党史人物的红色故事。二是以千名党史人物红色故事为重点，在千名党史人物事迹地或红色故事资源地，因地制宜，打造百家红色资源地旅游示范点。三是将千名党史人物红色故事转化为鲜活的导游词，结合大中小学思想政治实践课教学，开展大中小学生红色文化的游学活动。四是以千名党史人物红色故事为题材，拍摄红色微电影，打造百家红色微电影影院，循环定期播放，不断增重江西红色旅游的内涵。

3. 以大中小学思政实践课为切入点，打造百堂党史学习教育示范思政课，增彩红色旅游。一是以思政社会实践课为切入点，以红色人物、红色故事、红色资源为对象，以社会实践课教学为方式，打造党史学习教育示范基地。二是因地制宜，鼓励红色资源各属地高校申报党史学习教育示范基地即"百堂精品红色思政课"项目，红色资源管理单位联合属地高校的师生，做好"百

堂精品红色思政课"的集体备课及相关教学、科研和宣传工作,传承红色基因。三是将"百堂精品红色思政课"列入江西省高校一流课程建设或精品课程建设,实现以精品思政课程促课程思政建设,赓续红色血脉。四是将示范基地的"百堂精品红色思政课"列入游学计划,组织团队游客或大中小学开展集体学习,不断增彩红色旅游。

4. 以红色家书诵读为路径,打造百地红色家书诵读示范点,增辉红色旅游。一是省市教育主管部门设立红色家书情境课堂建设项目,嫁接红色旅游,助力红色资源地红色文化建设。二是以"百家红色家书诵读情境课堂"为着力点,由红色资源管理单位联合属地大中小学,开展红色家书诵读的教研活动,打造红色家书诵读情境地。三是以属地大中小学学生和旅游团体为主要对象,开展红色家书诵读或比赛活动,传承红色基因、赓续红色血脉,不断增辉红色旅游。

5. 以人文互动为抓手,打造百个红色精品团建,增色红色旅游。一是以人文互动为抓手,在红色资源地增设多种党史学习教育互动场景或游戏,增添游览风趣,加强游客与景区的感情链接。二是相关部门设立课题或项目,如设立"百种精品红色团建活动"项目,鼓励红色资源管理单位、红色资源属地大中小学和民营团建公司申报,打造百种精品红色血脉传承团建。三是红色团建活动以党史学习教育为主题,形式多样,不拘一格,将红色文化、集体主义和团队荣誉感有效融合,打造百种精品团建,对团体游客预约服务、免费团建,让游客参与进来、活动让人嗨起来,不断增色红色旅游。

6. 以红色景点夜游为突破口,打造百家露天红色影院,增光红色旅游。一是有序开放部分红色景点夜游,并逐渐实现红色景点夜游的全面开放。二是打造露天红色影院。对开展夜游的部分红色景区,设立露天红色影院,播放红色经典影片,活跃红色夜游文化生活。三是打造红色故事大讲堂。在部分开放夜游的红色景区,设立红色人物故事大讲堂,聘请红色后代人物、属地大中小学校思政课教师、红色文化研究者和爱好者等,定期开讲红色故事会,促进夜游经济,不断增光红色旅游。

7. 以重走一段红军路为模块,打造百处红军路一小段,增厚红色旅游。一是开展重走长征路一小段活动。以大中小学游学和单位团建为主要对象,在江西境内建设百地红军路一小段,在情境实地体悟长征精神。二是情境实地感受红色文化。穿红军衣、吃红军饭、背红军枪(枪支道具)、写红军标语等,重温革命岁月、感受革命荣光。三是开展红军野战仿真训练。在野战训练中感受革命艰难,学习红军不怕牺牲的革命精神,增强集体主义和爱国主义,不断增厚红色旅游。

8. 以县域红色旅游为试点,打造若干党史学习教育暨精品红色旅游线路的示范点。一是以县域红色旅游为模块,以红色产业为核心,试点打造若干家红色旅游保护、党史学习教育基地和红色旅游精品线路"三位一体"的红色产业链示范点。二是针对红色旅游精品示范线路,融入红色文艺精品节目,强化党史教育效果,加强红色资源地相关基础建设,畅通旅游交通,优化红色旅游精品示范线路,打造传承红色血脉江西示范点。三是红色旅游促进红色经济。大力宣传,主推团建活动、游学活动、红色夜游和红色文艺精品节目等,以创意文化助推红色文创产品,实现江西红色旅游经济的新突破,着力打造赓续红色血脉的江西红色旅游"江西样板"。

本文系江西省2020年教改课题《百年未有之大变局背景下高校思政课实践教学"五强三化"立体课堂的实践与探索——以地方工科院校为例》(项目编号JXJG-20-18-17)的阶段性成果之一。

作者:

尹　敏　江西师范大学历史文化与旅游学院副教授

程宇昌　南昌工程学院马克思主义学院教授、博士,江西省现代中国研究学会理事,江西省第二届省情研究特约研究员

陈富国　江西农业大学马克思主义学院教授、博士

呼唤南昌旅游进入"鄱阳湖时代"

□黄细嘉　赵恒　谢珈

摘要：南昌旅游的"鄱阳湖时代"，是鄱阳湖旅游产品成为南昌旅游重要支撑产品、鄱阳湖旅游产业成为南昌旅游龙头引领产业、鄱阳湖旅游品牌成为南昌旅游地标性名片、南昌·鄱阳湖跻身我国重要旅游目的地行列的时代。南昌旅游进入鄱阳湖时代，既是树立南昌旅游大品牌，也是打造南昌旅游目的地，还是优化南昌旅游地理格局的需要。为此，要建设汪山土库、海昏侯国遗址公园、南矶山、五星垦殖场、军山湖5个王牌景点，构建南昌鄱阳湖多功能旅游目的地，塑造"鄱湖候鸟都"新形象，完善临鄱亲鄱旅游配套设施，促进南昌鄱阳湖旅游区高质量发展。

1月5日，南昌市召开旅游产业发展大会，提出把南昌打造成为国际知名文化旅游强市、国内重要国际著名的旅游目的地。那么，"靠什么""凭什么""做什么"才能实现呢？当然是在继续做好城市、景区（梅岭）、乡村旅游三驾马车基础上，寻找新突破口和强支撑点，就是做大做优做强鄱阳湖产品、产业、品牌，即做好鄱阳湖旅游这篇大文章。其实，早在南昌市"十三五"规划纲要中就提出设想，要建设揽山临湖的山水都市，不仅要把梅岭纳入城区，更要把城市边界最终引向鄱阳湖。这次会议，南昌市提出要推动生态旅游提质，充分发挥山水都市优势，大力发展生态观光、湖泊旅游、湿地旅游，打造"春看草、夏看水、秋看花、冬看鸟"的景观片区。鉴于此，我们呼吁南昌旅游进入"鄱阳湖时代"，引领南昌旅游实现高质量跨越式发展，实现打造国际知名文旅强市、国内重要国际著名旅游目的地的宏伟目标。因此，南昌要与时俱进，转换思路，大胆布局，着力构建南昌鄱阳湖旅游体系，赋予南昌"生态旅游胜地、候鸟观赏都市、大湖休闲名城"新名片，打造南昌旅游"鄱阳湖时代"。

一、何为南昌旅游的"鄱阳湖时代"

随着海昏侯国遗址管理局成立、新建县设区、昌北机场三期扩建，以及赣江新区、鄱阳湖生态文明试验区设立，昌景黄高铁、昌九客专加快建设，环鄱旅游公路、昌万公路升级改造，南昌城市建设从"跨江发展、沿江拓展"转向"跨江临湖、揽山入城"阶段，并快速向鄱阳湖纵深迈进。作为典型滨鄱湖、傍鄱湖、连鄱湖、通鄱湖城市，南昌正从"赣江时代"迈向"鄱阳湖时代"，成为实实在在的"在鄱湖""是鄱湖""揽鄱湖"城市。

南昌旅游进入"鄱阳湖时代"，必须从"红绿古三足鼎立"的旧格局演化为"山城湖村四分天下"新局面。这不仅意味着鄱阳湖旅游体系建设日臻完善，补齐了南昌旅游"山高水低"格局的短板，还说明鄱阳湖旅游目的地已经形成，成为南昌旅游重要一极，更表明鄱阳湖旅游品牌深入人心，已铸造成南昌旅游新标杆。主要表现：一是鄱阳湖旅游产品已是南昌旅游重要支撑产品，二是鄱阳湖旅游产业当是南昌旅游龙头引领产业，三是鄱阳湖旅游品牌成为南昌旅游地标性名片，四是南昌·鄱阳湖跻身我国重要旅游目的地行列。

二、南昌旅游为何要进入"鄱阳湖时代"

作为全国最大淡水湖，鄱阳湖是国际重要湿地及候鸟天堂，但残酷的现实是鄱阳湖有最优质的旅游资源、是最重要的旅游产品、携最知名的旅游品牌，却出现"世人只知鄱阳湖，不明鄱湖在何方"的窘境；尤其对于"在鄱湖"的南昌市来说，鄱阳湖仿佛就是一块"处女地"，孑立自赏，还未被谁撩动"芳心"、夺走"春心"、拥有"欢心"。

南昌作为一座历史悠久的文化之城、红色基因凸显的英雄之城、依山傍湖拥江的生态之城,"红、绿、古"三色资源交相辉映。新中国成立后,南昌主打"英雄城"牌初见成效,却又因井冈山、瑞金等红色旅游城市崛起,产生遮蔽效应而品牌不显,致使长期处于"景红城不红"的困境。由于地理位置和交通格局限制,20世纪90年代,南昌与全省打"庐山牌"战略擦肩而过,错失借世界名山之势打造过境或中转旅游目的地城市良机。旅游整体形象何去何从,成为南昌亟待解决的"世纪难题"。南昌仿佛就是一颗"蒙尘明珠",翘首以盼擦亮它的"有缘人"。鄱阳湖地跨江西九江、上饶、南昌三市,九江因有"庐山牌"不可能过多关注鄱阳湖;上饶因中心城市较远,加之三清山、婺源等品牌过多,且滨湖的鄱、余、万各县基础设施较为滞后,也不可能重点打造鄱阳湖;而"在鄱湖"的南昌市则在人流、物流、信息流、资金流等方面具有明显优势,且一直未有知名旅游品牌支撑发展,其中心城区离鄱阳湖"空间距离近但心理距离远",来昌外地人对鄱阳湖就在南昌基本无感,即使是本地人也感觉鄱阳湖很远,既不知怎么去,也不知道哪里最好,更不知道了看什么,造成严重的品牌丧失,我们强烈呼吁:南昌旅游要打"鄱湖牌",即打造一个南昌旅游的"鄱阳湖时代"。

一是树立南昌旅游大品牌的需要。从地缘关系看,南昌是"在湖市"、鄱阳湖是南昌"市辖湖"(部分)。市辖新建区、南昌县和进贤县与鄱阳湖湖体直接相连,滨湖沿线较长,可入性较好。南昌主城区到鄱阳湖主体部分及其著名景点五星垦殖场、南矶山、军山湖、海昏侯国遗址公园、汪山土库等,距离仅35—50公里不等,时间、交通成本较低。把南昌作为国内外游客走进、亲近、体验、感知鄱阳湖的首选地是最佳选择。依托鄱阳湖世界级品牌知名度、形象魅力度、客源招徕度,将鄱阳湖打造成为南昌旅游支撑产品、顶级知名品牌、地标性名片,是南昌市发挥资源优势、做精旅游产品、做靓旅游品牌、做强旅游产业、做大旅游产值的第一选项。

二是打造南昌旅游目的地的需要。南昌虽打造出品质较高的"八一系列"

红色旅游产品和滕王阁、八大山人古色旅游产品，但这些王牌景点规模较小、公益性偏强，且多集中于主城区。梅岭人气虽旺，但点多面散，难以成为一流品牌，对外地人吸引不够，充其量只是南昌人的"山水花园"而已。没有吸引"过夜客"的高消费旅游产品，南昌成不了招徕国内外远距离游客的旅游目的地。若将鄱阳湖作为南昌旅游的新爆点，其所搭载的品类丰富、规模可观的大型高消费能级旅游产品、线路、景区，可以促进南昌成长为著名的旅游目的地。

三是优化南昌旅游地理格局的需要。号称"水都"的南昌，在山水旅游地理格局中，梅岭山岳旅游一枝独秀，湖泊和河流等水域旅游开发滞后，基本没有成熟景区。在城乡旅游格局中，城市旅游与乡村旅游可谓并驾齐驱。鄱阳湖成为南昌旅游重要支撑产品，既弥补了南昌湖泊旅游的缺失，又为南昌新增重要旅游发展动力源和增长极，使南昌旅游最终形成东西南北发展均衡的"山城湖村"四极一面新格局。这既是改变南昌乃至江西旅游山水失衡格局的需要，又是优化南昌旅游地理格局的需要，还是改善南昌旅游季节失衡的需要。

三、南昌旅游如何进入"鄱阳湖时代"

（一）把脉鄱阳湖文旅资源特色，建设南昌·鄱阳湖旅游 5 个王牌景点

对进贤县、南昌县、新建区的涉鄱旅游资源进行梳理，弄清类型和布局，把脉特色与主题。根据个性特征和组合状况，打造湖泊康养度假、湿地生态科普、渔村（古村）民俗体验、赣鄱田园观光、鄱湖美食品尝、历史遗产研学、宗教文化旅游的鄱阳湖多功能旅游格局，形成具有鄱湖韵味的绿色、古色、土色一体化发展的旅游产品体系，着重建设南昌·鄱阳湖旅游 5 个王牌景点：一是建设南矶山鄱湖旅游标志性景区。切实科学规划南矶山湿地资源，加快自然保护区生态化利用，秉持"核心湿地不进入、外围区域巧利用、配套区域精开发"的建设原则，将南矶山乡镇所在地建设成为渔蚌文化度假村、候鸟最佳观测点、湿地花海观赏区、鄱湖美食品尝地。二是建设海昏侯国遗址公园5A级旅游景区。深挖以南昌为中心的南方汉代文化内涵以及豫章郡、南昌县、海昏侯国的历史资源，丰富海昏侯国遗址公园旅游产品体系，完善配套设施，建设高品质国家考古遗址公园和历史文化旅游区，并打造为国家5A级景区。三是建设汪山土库家族文化旅游品牌。叫响"北京有个明清故宫，西藏有个布达拉宫，南昌有个汪山土库"品牌宣传口号，将汪山土库作为中国最大规模家族建筑之一推向市场,形成鄱阳湖特有的家族文化展示、渔村（古村）民俗体验、赣鄱田园观光旅游区。四是建设五星垦殖场鄱湖乡村旅游胜地。将五星垦殖场打造成为集乡村田园、垦荒历史、湿地风光、候鸟天堂为一体的综合性鄱湖乡村旅游地。五是建设军山湖休闲康养度假区。以军山湖"一湖清水"和宜人的自然风光、深厚的人文资源为载体，建设具聚集效应的高端休闲康养度假区，定期举办中国·南昌"军山湖杯"鄱阳湖螃蟹节、环鄱阳湖国际自行车大赛等节庆赛事，形成新的旅游消费热点。

（二）整合鄱阳湖区域优质旅游产品，构建南昌鄱阳湖多功能旅游目的地

南昌鄱阳湖区域既有青岚湖、军山湖、幽兰湖等湖泊水域资源相映生辉，又有南方侯国文明代表海昏侯国遗址、中国府第博物馆汪山土库、朱元璋与陈友谅大战鄱阳湖遗址等古色资源独领风骚；也有五星垦殖场、南矶山、金溪湖等生态湿地与候鸟保护区等特色生态资源独树一帜；还有西湖李家等乡村旅游资源风情独具。围绕湖泊生态、滨湖湿地、候鸟天堂、海昏文化、府第文化等主题，开发南昌鄱阳湖系列旅游产品，包装组合南昌鄱阳湖游线，将南昌临鄱阳湖区域国家级、世界级旅游景区组合为"南昌·鄱阳湖"旅游区，形成集生态观光、湖滨度假、文化博览、历史研学、影视拍摄等功能于一身的南昌·鄱阳湖旅游目的地。就如太湖也是苏州、无锡、湖州等城市共有，因苏州有园林品牌，未过多关注太湖，无锡则以太湖为旅游品牌，早已建成无锡太湖旅游目的地。

（三）树立南昌旅游新定位，塑造"天下英雄城·鄱湖候鸟都"整体形象

鄱阳湖作为世界六大湿地之一，是众多候鸟的越冬地，其优越的生态环境使鄱阳湖具有候鸟天堂的美称。2019年江西省将鄱阳湖主要候鸟白鹤定为省鸟，这一决定具有极高的生态意义和品牌价值。南昌作为江西省会，要履行省会职责、发挥省会担当，在"天下英雄城"基础上，拓展"鄱湖候鸟都"新定位，提高鄱阳湖与南昌的紧密度。为此，一要强化"鄱湖候鸟都"的论证和宣传，建设好南昌三县六区已有的候鸟观赏点，营造"鄱湖候鸟都"氛围，形成观鸟景区体系，实现市域各县区（各地）均可观鸟的目标。二要定期举办中国·南昌鄱阳湖国际观鸟节等活动，以观鸟邀客、赏鸟会友、拍鸟留人，向中外游客展示鄱阳湖人与自然和谐共生的生态环境，突出南昌"鸟类天堂""白鹤之城""候鸟之都"特色。三要将南昌沿鄱阳湖区域旅游资源开发运营和鄱阳湖大旅游圈、南昌都市旅游圈紧密结合，加强区域联动融合，共享共用共推鄱阳湖，扩大南昌·鄱阳湖旅游品牌号召力和招徕力，达成"鄱阳湖在南昌，南昌有鄱阳湖"的社会共识，形成南昌·鄱阳湖强力概念。四要占据新媒体营销阵地，多维度推广南昌·鄱阳湖，尤其要融入智慧旅游，利用旅游掌上App、微信公众号、微博自媒体等新型方法，并结合报纸、杂志、电视、流动车辆、节庆活动等传统方式，建立全方位、立体式、多维化宣传模式，提高"鄱湖候鸟都"品牌效应。

（四）完善临鄱亲鄱旅游配套设施，促进南昌·鄱阳湖旅游区高质量发展

有针对性地完善鄱阳湖旅游产业配套设施，以适应高质量旅游发展需要。一是推出"鄱湖食"品牌，打造鄱阳湖四季特色餐饮，做好一桌由鄱阳湖食材为主导的地道"鄱湖菜"：军湖大闸蟹、藜蒿炒腊肉、大塘东坡肉、鲫鱼炖豆腐、鄱湖酒糟鱼、元璋叫化鸡、鄱湖炒河虾等。二是打造"亲湖宿"模式，增加临湖景区高品位酒店配置，建设鄱阳湖主题风格酒店和赣鄱风味特色民宿，提供"渔民村"和沿湖吊脚楼、"水上船屋"等住宿模式。三是建设多条"通鄱路"和一条"环鄱道"，以中心城区为起点建设一条"通鄱大道"，将其

建设成为鄱阳湖旅游专线道路;南昌县、进贤县、安义县、新建区在现有连通鄱阳湖主要景区道路基础上,各拓展优化提升一条"通鄱路";开通中心城区和鄱湖景区之间的旅游专线汽车(旅游公交);建设一条连接鄱阳湖各主要旅游景区的集旅游公路、自行车道、休闲绿道、观赏步道为一体的"环鄱大道"。四是形成"体验鄱湖"游线,以军山湖、青岚湖、金溪湖、幽兰湖、南矶山为线路核心,以鄱湖观鸟为突破口,融合游船、游艇、码头、湿地,聚焦观光、体育、休闲、娱乐、科普等功能,建设赣鄱水域风情观鸟游线路;以海昏侯国遗址为引爆点,以汪山土库为重要节点,纳入樵舍、塘南、西湖李家等古村镇民俗旅游景区,形成赣鄱历史文化沉浸游线路。

作者:

黄细嘉　南昌大学江西发展研究院院长、教授、博士生导师,江西省第二届省情研究首席专家

赵　恒　南昌大学旅游研究院硕士研究生

谢　珈　江西省社联学术中心副研究员

做好江西省旅游康养产业的政策建议

□ 曹国新

摘要：江西省旅游康养产业大有文章可做。推进旅游康养产业发展不能眉毛胡子一把抓，应突出重点，聚焦温泉、避暑、森林和热敏灸四大特色优势资源，建设旅游康养小镇，延展旅游康养产业链条，推动江西旅游从传统观光向深度旅游高质量迭代发展。

2020年初，江西省委书记在省政协关于提升江西省重点景区影响力的调研报告上批示，"我省旅游康养产业大有文章可做"，要"使旅游康养产业成为人民对美好生活需要的重要内容和实现高质量跨越式发展的重要支撑"，指出了下阶段江西旅游业向旅游康养突进的战略方向及服务人民、升级产业的根本目的。同年，《江西省文化和旅游产业链链长制工作方案》提出了"打造一批康养旅游目的地"的重点任务。2021年5月19日，江西省省长《在全省旅游产业发展大会上的讲话》向全省发出了"争做全国旅游与康养产业融合发展'先行者'"的号召。

目前，有关部门正酝酿起草关于推进康养旅游发展的政策文件。为发挥智库作用，在江西财大主要领导的支持下，我们组织专家组开展了调查研究，形成了江西省旅游业应顺应后小康社会"慢旅游"的市场趋势，聚焦温泉、避暑、森林和热敏灸四大特色优势资源，建设旅游康养小镇，延展旅游康养产业链条的相关思考。

一、身心康养是后小康旅游的本质要求

从词源学的角度看,汉语"旅游"的"旅"和"游","观光"的"观"和"光",拉丁语的"tornare"、希腊语的"tornos"、英语的"tour",都有暂离日常生活,获得身心再造,提升生命的丰度和自由度后,重装归来的意味。中国传统旅游诗、旅游画的上源深受天师道上层教派的影响,充满到洞天福地采药养生的瑰丽想象,追求"使胸次悠然,与天地同流"(朱熹)的超验感觉。

古希腊、古罗马的"旅游"几乎专指去温泉胜地休闲健体。到了中世纪,古希腊、古罗马式的古典旅游消失了,那时欧洲的"旅游"已转化为专指去天主教圣地朝圣修行。1326年,以医养为名,比利时斯帕(Spa)地方的含铁温泉对游客开放,此后,温泉旅游风靡西欧,该事件被史学家评价为"身体的复兴",代表着文艺复兴在日常生活中的展开。19世纪肺结核病袭扰欧洲,长时间待在空气清冷的山间度假地(resort)成为像茜茜公主那样的有闲阶级闲适雅致生活的时尚标志。总之,山间疗养、温泉泡浴、身心再造是中西旅游文脉共同的经典记忆。

1627年,英国北约克郡的斯卡伯勒出现了世界上最早的海滩浴场。海滩浴场直截追求"阳光、沙滩、性感",是属于普通市民阶级的大众旅游文化,它既继承了有闲阶级旅游文化内外修炼的精神内核,又更加炽烈和纯粹。从现象上说,相比日常生活,大众旅游文化有更加理想化的生活状态、更加游戏化的学习状态、更加全面发展的成长状态等三条展开途径,是对旅游文脉经典记忆的继承和拓进。

综上,身心再造、内外提升、超越日常生活是旅游活动的本源与本质。这就决定了,旅游是一种具有自我投资性质的高档消费行为,遵循与奢侈品类似的市场规律,只要物有所值,花钱越多、耗时越长、越需要一定的知识技能和准入门槛越好。人们本能地一致反对浮光掠影的"到此一游",向往有深度的、与日常理性经济人生活不一样的、能修复自我、全面发展的旅游活动。而这正是人们对"品质旅游"的判断标准。

后小康社会，"钱"和"闲"的硬约束有所缓解，人民追求美好生活的经济社会条件得到很大改善，已成为推动让游程慢下来，转向身心康养，实现旅游业迭代升级的根本动力。

二、江西旅游业亟待向旅游康养突围

中国近代风雷激荡，未及形成属于近代市民阶级的大众旅游文化。1979年，邓小平同志发表"黄山谈话"。中国旅游业复兴之初，行业界主要将旅游业当作"短平快的创汇产业"。在需求侧，虽然提出"食宿行游购娱"的"旅游需求六要素"；在供给侧，却仅将"旅游饭店、旅行社、旅游交通"列为"旅游业三支柱"。这忽视了对旅游活动深层动因与动力的思考，用做标准化快销品的思路，解决"短缺经济"的手法，重点发展针对境外低端包价游的简单业态，也就是现在大家常说的"快旅快游""白天看庙、晚上睡觉"的"传统观光产品"，并对其形成了路径依赖。

江西旅游资源在全国数一数二。经改革开放40余年发展，红色旅游、山岳旅游、乡村旅游形成了规模和特色。到2020年，5A和4A级景区数量、游客接待人数、旅游综合收入等主要指标已连续三年企稳全国前十的位次。

然而，以传统观光产品为主的业态已呈现结构性的问题：一是传统观光产品简单抄袭，重复建设，产能过剩，有效需求不足、景区接待能力闲置，部分景区门可罗雀，旅游投资的边际效益锐减；二是传统观光产品体验单薄，季节性强，游客容留时间短，人均消费低，效益提升慢，退出壁垒高，投资回收期漫长；三是传统观光产品产业链短小，上下游不能协同共赢，门票经济严重；四是传统观光产品片面依赖优质景观资源，沉溺于"举旗子、叠被子、端盘子"的传统服务业，"金点子谋划、互联网营运、嵌入式共享"为特征的现代服务业不发育，产业增加值占旅游总收入的比例低，财富创造能力不足；五是部分地方已出现"资源诅咒"苗头，一些旅游区发生了低端业态挤出高端业态、低端产业挤出高端产业的"逆淘汰"现象。

发展旅游康养可延长旅游旺季、扩容旅游消费、整体导入新的旅游吸引物、跨界引进新的经营团队、融合形成新的市场品牌、增加科技创新和知识产权要素、伸展产业链条、启动新的投资边际效益递增周期，是推动江西旅游迭代升级的综合抓手和优选之策。

三、发展旅游康养应聚焦优势资源建设康养小镇

江西旅游 40 余年波澜壮阔的发展实践中，并非没有产业迭代升级的精彩案例。1999 年，江西省委省政府力推"红色摇篮"品牌，井冈山红色旅游初具规模。其时，大家工作的重点都是搞参观、建红色景区、扩大接团能力，走的是外延扩大再生产的路子。2007 年，江西省委组织部井冈山黄洋界宾馆首创红色培训。随即，大家工作的重点迅速转向搞红培、建培训机构、挖掘内容深度，走的是内涵扩大再生产的路子。

发展到现在，落地井冈山茨坪镇，井冈山红色培训已成长为年接待学员 50 余万人，能提供 2 天到 7 天细分化系列红培产品，有 30 多家落地培训机构、300 多家线上线下收客单位，以及一大批专营红军服、红军饭、红歌培训、挑粮小道沿途讲解等专项服务的周边企业。每一个参与者都紧紧围绕自己最具核心力的环节或专项，组合在一起，打通了上下游，形成了具备弹性专精特征的巩固而有弹性的产业链条。

总结井冈山红色旅游迭代升级的经验，就是要从优势资源入手，向特色优势要竞争力；从纵向整合着手，向集约发展要效益。具体而言，就是要找到市场号召力足够强，强到可以汇聚大量客源，同时市场容量足够大，大到可以养活整条产业链的地方，然后在那里建设旅游小镇，将整条产业链嵌入其中。

旅游康养是一个横跨从身体到心灵、从休息到运动、从食补到医疗、从传统手段到时尚办法、从自我完善到社群认同的内涵不断丰富，外延不断扩张的庞大概念，其本身像一个啥都能装的大筐子，而其内部的差异却大到几

乎不可化约，甚至针锋相对。选择中医导引养生术的人和选择西式现代瑜伽术的人、选择日式野趣温泉的人和选择欧式设施温泉的人、选择休息静养的人和选择运动强体的人，根本就是截然分开的细分市场。

发展旅游康养不能一锅煮、一窝蜂，不能一哄而上，否则必定失败。我们必须在资源与市场之间进行深刻的权衡，做出理性的取舍，找到适宜的突破口和着力点。经过为期一年的调查研究，我们建议，江西省应聚焦温泉、避暑、森林和热敏灸四大特色优势资源，建设康养小镇，发展旅游康养产业。

四、以明月山温汤镇为样本打造温泉康养小镇

（一）江西温泉康养条件优异，绩效不佳

温泉泡浴是最古老，也是最经典的旅游康养。按水温高于25℃，日涌量高于700立方米，含有对人体有益矿物质成分的地下天然出露水标准，江西全省现有有开发价值的温泉80处，其中60~82℃的高温温泉16处，40~59℃的中温温泉37处，25~39℃的低温温泉27处，温泉数量居全国第7位，水量居全国11位。

根据江西温泉开发实践，水温42℃、日涌量2000立方米是决定开发效益的两条界限。温泉泡池水温一般控制在37~42℃，温泉水温低于42℃，需耗费能源人工加热。要进行规模化开发，日涌量不能低于2000立方米，日涌量低了，就需严格过滤循环使用。上述两个条件均理想时，每立方米温泉水的采送加热过滤等费用仅为5元左右，条件不好的可以高达40余元。

江西满足上述两个条件的优质温泉可分为北部、中部、南部三大温泉区，最为优质的有九江庐山温泉、宜春温汤温泉、奉新九仙温泉、抚州临川温泉、资溪法水温泉、安福武功山温泉、遂川汤湖温泉、龙南温泉、石城温泉、会昌温泉、安远虎岗温泉等。

综合考虑经济发展、气候适宜、交通区位、优质温泉数量等条件，江西发展温泉旅游的条件居全国前三，开发绩效却不如人意。一是温泉企业弱小。

省旅游协会温泉分会现有会员单位45家，大多为单体温泉酒店，仅有天沐温泉一个联号温泉企业。这些温泉企业2019年实现经营收入8.7亿元，平均每家不到2千万元，处于全行业亏损状态。二是模式不可持续。温泉项目全行业亏损本身难盈利，目前正在招商引资推进建设的温泉项目，投资方无不要求地方政府配套房地产项目以平衡收支。这是一种不可持续的模式，有房地产项目售罄，温泉投资停摆的风险，特别是那些由纯房地产公司建设的温泉项目烂尾的风险更大。

（二）开发温泉康养须遵循三项原则

温泉是一种矿产资源，属于能源矿产、金属矿产、非金属矿产、水气矿产，四种法定矿产中的水气矿产，其开发须遵循矿产经济自然垄断、可持续发展、包容性发展的基本原则。具体而言：①一处温泉胜地由一个主体或联合体生产经营，能避免近距离同业竞争产生的负外部性，会比多个主体同时生产经营更有效率和效益；②开发过程中须避免对温泉资源和周边自然社会环境的掠夺式使用，以保护专用资产和无形资产的时间价值；③要推动相关社区的和谐发展、融合发展，以实现旅游区与相关社区的同步共进、相互支撑，避免"企业办社会"的高额成本。自然垄断、可持续发展、包容性发展，三者构成相互增值的良性循环。总之，温泉须建成综合体，建成既能包容社区也能被社区包容的温泉康养小镇。

过去，江西各地往往单一使用建温泉酒店的方式开发温泉资源，一座座温泉酒店就像一个个高墙围绕的采矿场，隔离了温泉经济与当地社区发展的联系，不具包容性，形不成自然垄断，没有效率和效益，全行业亏损的症结正在于此。

（三）明月山温汤镇建设康养小镇的实践做法

明月山温汤镇为我们提供了打破症结、突破瓶颈，建设温泉康养小镇的示范样本。自然垄断方面，明月山温泉风景名胜区管理委员会没有将宝贵的温泉旅游资源一租一卖了之，始终牢牢把握开发建设的主动权，形成了以发展规划为"纪"，下属国有涉旅企业为"纲"，民营涉旅企业为"目"，能够壹引起纪、万民皆起，壹引起纲、万目皆张，运转自如、充分内部化的联合体。2020年1月24日全国进入防疫状态，旅游业停摆。20天后的2月14日，明月山管委会出台为合作旅游企业提供1000万元紧急纾困借款的政策，成为疫情期间，全省唯一一家主动出手保护上下游，涵养产业链的龙头景区，生动体现了联合体休戚与共的有机联系。

可持续发展方面，2018年，宜春市第四届人民代表大会常务委员会公告实施的《宜春市温汤地热水资源保护条例》及依条例制定的《温汤地热水资源开发利用与保护规划》规定，温泉水由明月山温泉风景名胜区管理委员会负责保护、利用和管理，日取水量不超过8000立方米，高峰期不超过1万立方米。管委会对这1万立方米温泉水实施配额管理，用配额招商。由此，形成了温泉资源永续利用，温泉企业持续提质的具精益生产特征的运行机制。

包容性发展方面，走的是举"千年富硒温泉，可饮可浴，健身疗病，清甜可口，世界罕见"大旗；打造主客共享，人人向往的温泉康养小镇；吸引"新温汤人"买房长租长住，将游客变成居民，将小镇建设成成长型社区，发展移民经济的路子。

具体工作分五个板块。一是建设拥有8600余张床位的温泉酒店群落，以及"宋城·明月千古情"等配套业态，形成了温泉康养小镇的接待能力，使其成为一个"去得成"的地方。二是围绕始建于南宋绍定年间的千年古井原物，建设由"三街十巷十八院""一山一河一公园"构成的古井泉街，构成了温泉康养小镇的公共共享空间，使其成为一个"逛得开"的地方。三是有顶层设计的开发温泉地产，发展移民经济。管委会牢牢把控温泉地产的开发节奏，每年析出适量温泉公寓、温泉别墅。近20年来，已有来自上海、浙江等地的1万余户，1.8万人通过购房落地温汤镇，成为"新温汤人"。"新温汤人"的移民经济所带来的投资和消费成为拉动和支撑温汤镇发展的关键动力。它们建构了温泉康养小镇的成长型社区，使其成为一个"住得下"的地方。四是创建 5A 景区和国家级旅游度假区期间，对相关农房等进行了"两改"，涉改居民均返迁至带沿街门面房的新居，拥有了办温泉泡脚屋、开商店、餐厅、民宿，参与旅游经济"当老板"的优质资源，形成了温泉康养小镇的现代化内循环经济，使其成为一个"活得好"的地方。五是坚定不移百折不挠地发展特色工农业。引进"润田翠"饮用矿泉水、"隆平高科"优质农产品等特色工农业项目，形成了温泉康养小镇的现代化外循环经济，使其成为一个"富得快"的地方。

（四）江西有潜力成为全国温泉康养龙头

单一使用建温泉酒店的方式开发温泉资源的地方只做了第一板块的工作，采用温泉项目捆绑房地产开发的地方，开发商往往选择一次性榨尽地产利益，都是不可持续的。只有同时做齐做好五个板块的工作，牢牢把握温泉资源开发的主动权，才是建设温泉康养小镇，发展温泉旅游康养的不二法门。解决了这些问题，江西就有可能建成 10 个以上的明月山温汤镇，形成千亿级温泉康养产业集群，成为全国温泉旅游康养的龙头老大。

五、以井冈山茨坪镇为样本打造避暑康养小镇

（一）避暑康养是旅游康养产业皇冠上的明珠

在市场形象上避暑康养比温泉泡浴格调更高，在消费上则更加高档。相比温泉康养，避暑康养容留时间更长，对接待设施、康养项目和生态环境的要求更高，建设投入和运营成本也更高。

19 世纪肺结核病袭扰欧洲，清凉新鲜的空气有利病情防治，商业性避暑康养设施开始出现。发展至今，逐渐形成了阿尔卑斯山、比利牛斯山山间那些梦幻般的避暑康养胜地，也形成了法国地中海俱乐部等专业化联号企业。欧洲避暑康养胜地发展至今依然欣欣向荣，主要得益于百年间解决了三大问题。一是避暑康养淡旺季鲜明，综合成本极高。20 世纪 30 年代，欧洲的山地

避暑康养胜地开始不遗余力地推广滑雪运动、建设会议设施，成功转型为夏避暑、冬滑雪、春秋开会的多旺季结构。与此同时，主打滑雪的胜地也向避暑和会议拓展。这大大摊低了营运成本，扩容了供给主体，拓宽了市场范围。二是形成了产业集聚，在本文的语境中就是建成了避暑康养小镇。模式有两种，即围绕大型避暑康养设施周边，聚集大量中小型专业化设施的"精益生产"模式，以及由一大堆"特色民宿"聚合起来的"弹性专精"模式。这有效分散了市场风险，提升了产业链的弹性与韧性。三是出现了地中海俱乐部等专业化联号企业。这些头部企业不断研发新产品、发掘新市场、开发新胜地、引领新时尚，为全行业带来源源不断的创意提示、知识溢出和设备输出。

（二）庐山是中国近现代山地避暑康养胜地的鼻祖

在高纬度地区避暑、海滨避暑、高原避暑、山地避暑四种避暑康养形式中，江西只拥有发展山地避暑的自然地理条件，却是全国最早建成近现代避暑康养胜地的地方。1895年开始，英国传教士李德立强租庐山牯牛岭东谷，仿效租界建立自治机构，并将土地划块编号出售给周边几省的西方人建屋避暑，先后建成1320多栋欧洲乡土风格避暑别墅，及附属基础设施。高峰期有5千多外国人和上万名中国仆佣定期上山避暑，成为远东最著名和最具规模的避暑康养胜地。

1926年，当时的民国政府成立正县级的庐山管理局，到1936年1月1日完全收回了牯岭避暑地行政权，终结了庐山"国中之国"的历史。此后，庐山成为当时的民国政府的"夏都"。新中国成立后的1953年，国家卫生部在庐山牯岭镇建立庐山疗养院，除接收既有避暑别墅等设施，还引进了当时苏联最先进的理疗康复设施和食疗复健项目，各级党政军机关和人民团体、大型国企也纷纷在庐山牯岭镇建立疗休养机构，开创了新中国的避暑康养事业。

（三）以井冈山茨坪镇为样本的三点理由

庐山牯岭镇的山地避暑康养胜地持续不断建设了120余年，有全国最响亮的品牌，然而，由于存在以下几个问题，近20年来发展绩效不如井冈山茨坪镇。

一是茨坪镇不要门票。茨坪镇是井冈山风景名胜区的中心镇，由于319国道穿山而过，及井冈山尊崇的红色历史地位等原因，井冈山仅黄洋界、水口瀑布等景点为调控客流等原因设置了门票。而庐山一直实行门票160—180元加观光车90元，一次上山7天有效的门票政策。这在长时段、高消费的避暑康养市场上产生了远比我们的想象更严重的市场反馈。

二是牯岭镇无地可用。1996年庐山评定世界文化景观时，联合国教科文组织专家测算山上居民不应超过6千人。当时，山上牯岭镇有常住居民1.2万人、登记流动人口0.7万人。山上居民大量占用山上建筑，可用于旅游发展的用地和建筑捉襟见肘，做旅游用途的历史老别墅只有十几栋。2006年以后，通过建设庐山新城下迁了庐山管理局职工4千余人，但远未达到只留6千人在山上的目标。而井冈山，2005年时在山下新建井冈山新城，并有效执行了将山上各单位的办公地点和职工宿舍迁到山下的政策，较好地缓解了山上的用地问题，落地了一系列项目设施。

三是茨坪镇做活了红色培训。季节性造成的综合成本畸高，是发展避暑康养的拦路虎。20世纪80年代以来，庐山先后提出过将牯岭镇建设成国际会议中心、珠三角赏雪基地、五教祈福圣地等破解季节性的举措，由于各种原因均未取得大的突破。井冈山茨坪镇却做活了红色培训，红色培训对季节不敏感，大大延长了接待设施的使用旺季，摊薄了综合成本。

（四）江西建设山地避暑康养小镇的三个原则

科学选址、加强管理、四季旅游，是江西建设山地避暑康养小镇时需关注的三个原则。具体而言，一是要选择海拔700米以上，水源充足，平地面积不小于300亩，有一定社区规模的山间盆地或平缓宽敞的谷地。其中，海拔700—900米为合格资源，900—1200米为优秀资源，1200米以上为优异资源。另外，水源特别重要，当年，庐山牯岭镇的发展便得益于通过如琴湖水库的建设，解决了用水问题。二是要加强管理。奉新县澡溪乡和靖安县中源乡在自然地理上是连成一体的山间宽谷缓坡，海拔 800—1000 米。近 10 年来，自发形成了针对城市退休老人的康养市场，每年夏天吸引 5 万人以上前来避暑康养。由于没有及时组建有力的管理机构、编制科学的发展规划、出台前瞻性的建设标准，导致了无序建设的"公地悲剧"，高端客群不断挤出，山地避暑康养胜地的可持续发展令人忧虑。三是要努力破解避暑康养的季节性，发展四季旅游，摊薄综合成本，打造富于弹性的坚固产业链。

（五）玉山县怀玉山乡值得重点关注

当前，江西最值得关注，可立即开展建设的山地避暑康养潜力资源，是上饶市玉山县的怀玉山乡。怀玉山乡紧邻三清山风景区，有一个面积 6.5 平方公里，平均海拔 1000 米的玉峰盆地，其中条件最好的 1.34 平方公里（2000 亩）已规划为旅游用地，建成了 4A 级景区。这里是当年方志敏率红军北上抗日先遣队英勇战斗直至被俘的地方，发展山地避暑康养建设山地避暑康养胜地的各项条件绝无仅有。如能科学规划、大力投入，一定能快速有效地建成顶级山地避暑康养小镇，成为新的一流胜地。

其他避暑康养自然地理条件更好的地方，如萍乡武功山高山草甸区域、铅山北武夷高山宽谷区域、贵溪阳际峰、于都屏坑山、婺源大鄣山等地都有海拔 1200—1600 米的高山盆地与宽谷，由于它们都处于生态红线内，开发难度很大。

六、以大余县丫山风景区为样本打造森林康养小镇

（一）发展森林康养须激活林区居民的既有用地

发展森林康养最能发挥江西生态优势，激活林区新经济。江西几乎没有原始林，都是人工林和次生林。这就造成了林区中普遍嵌套社区和农区的情况，而且社区往往占据林区中最适宜生存、最具开发价值的用地。目前，江西共

有18处国家级和27处省级风景名胜区、50处国家级和132处省级森林公园、15处国家级和34处省级林业自然保护区、39处国家级和67处省级湿地公园、432处国有林场，所辖区域面积超过全省国土总面积的17%，林业经营面积超过全省林地总面积的22%，集中了全省绝大多数可进行旅游开发的森林旅游资源。

由于江西在全国率先施行了森林禁采政策，同时面临越来越严格的生态红线管理，林区产业亟待转型升级，60余万林区职工及家属亟待共同富裕，这已成为国家生态文明试验区建设的一个关键问题。发展森林康养，将林区居民点转型为森林康养小镇是解决问题的有效路径之一。要不踩踏生态红线，就要激活林区居民的既有用地。

（二）丫山的四级受益模式

这方面，省级风景名胜区大余县丫山为我们提供了精彩的样本。2007年，当地政府邀请在深圳创业的乡贤唐向阳返乡投资。唐向阳组建章源集团公司，创造性地推出了"四级受益模式"，有效激活了林区乡村居民的既有用地。

第一级受益模式。旅游资源、房产使用费。章源公司把大龙村村民的房屋、土地全部租用，集体建设用地全部集约使用。对村民房屋无偿给予外观改造和装饰装修，以达到景观化的要求。公司用不上的房屋，居民可继续居住生活。开发旅游需占用的房屋，公司给予高额补偿，而房屋的所有权依旧归村民所有。

第二级受益模式。资产性收入。无论公司盈亏，村民都能得到每户民居600元/月的无风险经营保障金。公司要求每栋民居的村民安排一个老弱做该民居的看护打理工作，公司给予每月300元/人的守护补贴，解决了弱势群体的赡养补贴问题；有劳动能力的村民优先录用进章源公司工作，根据岗位每人可得2000—3000元/月的工资；另外，章源公司还给予村民免费居住使用景区设施每年每人30天的优惠。

第三级受益模式。协助创业。章源公司针对不同文化定位的景区节点，安排相应特色旅游业态，如民宿、餐饮、酒吧、竹工艺加工展示等。在经营前期，章源公司负责项目的创意、研发、包装、宣传，并培训村民如何科学经营，让村民既无投资风险的后顾之忧，又能安心协助拓展景区业态。当村民认为可以独立经营该项目时，只需向公司提出申请，经检验后，就把经营主动权返还村民。

第四级受益模式。农产品采购。丫山号称"除了盐之外都是自己产的"，其有机食材深受游客青睐，除现场消耗，每年被游客的"后备厢"载走超过5000万元的食材。这些农产品除本村自产一小部分，大部分从周边乡镇订单采购。

截至2021年5月，丫山600多个固定员工中，80%为本村居民，其中贫困户33名。通过上下游产业的延伸，在周边7个乡镇创造了近2000个就业机会，间接受益人数在万人以上。2015年，江西全省乡村旅游提升与旅游扶贫工作推进会在丫山举行。2018年，"丫山旅游扶贫模式"入选世界旅游联盟旅游减贫案例。2020年6月，入选国家森林康养基地（第一批）名单。

丫山样本给我们的启发在于，发展森林康养，建设森林康养小镇的出路不在"调规""要指标"，而在真正深入群众，发动群众，落实共建共享，激活林区居民的既有用地和集体建设用地，将林区村落和乡镇整体打造为森林康养小镇。丫山风景区解决了近万人的就业兼业，而江西林区尚有60余万职工及家属亟待共同富裕，需要再建50个以上的丫山，打造成生态价值实现的示范样本。

七、构建完整的知识产权体系打造热敏灸康养产业链

（一）热敏灸技术先进，热敏灸旅游康养尚未破题

温泉、避暑、森林，三种旅游康养胜地建设均依托江西得天独厚的自然地理条件，属于不可移动的旅游康养资源。热敏灸却是基于知识产权的可移动的旅游康养资源。因其可移动，既可择地打造有一定规模的热敏灸康养小镇，又可引入其他康养胜地，成为其支撑项目。这类基于知识产权的可移动旅游

康养资源最具创新活力和渗透能力，最具"现代化+本地化"的特征，可打造成肯德基、麦当劳那样的模式化品牌，是江西省旅游康养产业向高端迈进的关键着力点。

热敏灸是江西省中医院陈日新教授荣获国家科技进步二等奖的科研成果、专利技术。江西省委省政府高度重视热敏灸事业的发展。2019年5月省政府印发《关于促进热敏灸产业发展的实施意见》，2020年6月省委省政府印发《关于促进中医药传承创新发展的实施意见》，2021年5月省政府办公厅印发《关于加快中医药特色发展若干措施的通知》，布局建设了武宁、高安、泰和、玉山4个热敏灸区域诊疗中心和9个热敏灸小镇。

其中，建设热敏灸小镇是发展热敏灸旅游康养的关键政策。调研中，我们见到江西省建设的几个热敏灸小镇，公益服务量还不够，从业人员的热敏灸技术规范培训尚未覆盖，完全未形成游客流。在网上搜索，一些洗脚屋等也宣传可以提供热敏灸服务，一条推广文甚至宣传热敏灸不但使人美容减肥，对宠物狗也有奇效，如此恶搞，科技成果的严肃性荡然无存。

（二）应构建完整的知识产权体系

没有市场主体、缺乏社会信任、没有龙头品牌已成为制约江西省热敏灸旅游康养发展的瓶颈问题，其症结是尚未构建完整的知识产权体系。需要构建：①对艾草等药物的道地药材生产认证体系；②专门的技师培训认证体系；③施术场所的标准认证体系；④热敏灸康养小镇的等级评定体系；⑤热敏灸康养小镇的特许经营制度体系。完整的知识产权体系才能孵化完整的热敏灸康养产业链条，在江西形成像麦当劳、肯德基那样的高质量、高利润、充分内部化、整条产业链都在江西的规模产业。

此外，婺源人、新安医学世家、中国中医科学院院长、中科院院士黄璐琦心系家乡，已在德兴建立了黄璐琦院士工作站。"黄璐琦院士工作站""樟树帮""建昌帮""赣食十味""新安医馆""旴江医馆"等都可以通过构建完整的知识产权体系，培育为江西现代化科技旅游康养的拳头产品。

八、结语

江西以传统观光产品为主的旅游发展模式,潜力已基本耗尽,旅游投资的边际效益快速下滑,转型升级向旅游康养突进已成为普遍的共识。旅游康养是一个内涵不断丰富、外延不断扩大的概念,发展旅游康养不能眉毛胡子一把抓。没有重点,就没有政策,江西省的政策应聚焦温泉、避暑、森林和热敏灸四大特色优势资源,建设旅游康养小镇,构建旅游康养产业链条,做好旅游康养文章,做全国的"先行者"。

文章在写作过程中得到省政协毛流明、三清山管委会诸立、明月山管委会胡三红、篁岭景区吴向阳、省文旅厅黄欢、省中医院陈日新等专家学者的精心指点。

作者:

曹国新　江西财经大学协同创新中心副主任、江西省重点智库现代产业发展研究院研究员、江西省第二届省情研究特约研究员

后 记

  本书的顺利出版，得益于广大省情研究特聘专家的辛苦劳动和无私奉献，得益于江西人民出版社的鼎力支持和辛勤付出。对此，我们表示衷心的感谢！

  因篇幅限制，本书只收录了部分省情研究特聘专家的调研报告，还有不少的优秀成果，只能忍痛割爱。这也是我们深感遗憾之处。

  由于时间仓促，水平有限，疏漏难免，敬请广大读者批评指正。

编者

2021 年 12 月